与成长对话　为青春导航

——哈尔滨工程大学研究生成长故事汇

主　编　吕开东　于欣欣
副主编　刘　铁　许钟元

HEUP 哈爾濱工程大学出版社

图书在版编目(CIP)数据

与成长对话 为青春导航:哈尔滨工程大学研究生成长故事汇/吕开东,于欣欣主编. --哈尔滨:哈尔滨工程大学出版社,2017.10
ISBN 978-7-5661-1702-1

Ⅰ.①与… Ⅱ.①吕… ②于… Ⅲ.①研究生-思想政治教育-中国-通俗读物 Ⅳ.①G643.1-49

中国版本图书馆 CIP 数据核字(2017)第 260666 号

选题策划 李 翔
责任编辑 张忠远
封面设计 博鑫设计

出版发行 哈尔滨工程大学出版社
社　　址 哈尔滨市南岗区东大直街 124 号
邮政编码 150001
发行电话 0451-82519328
传　　真 0451-82519699
经　　销 新华书店
印　　刷 哈尔滨市石桥印务有限公司
开　　本 787 mm×960 mm 1/16
印　　张 13.75
字　　数 281 千字
版　　次 2017 年 10 月第 1 版
印　　次 2017 年 10 月第 1 次印刷
定　　价 49.80 元
http://www.hrbeupress.com
E-mail:heupress@hrbeu.edu.cn

编委会名单

前　言

哈尔滨工程大学，其前身是创建于1953年的中国人民解放军军事工程学院（简称“哈军工”），现隶属于工业和信息化部，入选首批“211工程”建设高校，进入国家“985工程”优势学科创新平台项目建设高校行列，是首批入选“卓越工程师教育培养计划”的高校，并设有研究生院，是我国船舶工业、海军装备、海洋开发、核能应用领域重要的人才培养和科学研究基地。建校以来，学校为国家培养了12万多名各类高级专门人才，其中包括200多名共和国的将军、部长、省长、院士，2000多名高等院校、科研院所、大中型企业的技术领军和高级管理人才，为国防现代化建设和国家经济社会发展做出了重要贡献。

《关于进一步加强和改进大学生思想政治教育的意见》中指出，要坚持教育与管理相结合，建立长效工作机制，使自律与他律、激励与约束有机地结合起来。《关于进一步加强和改进研究生思想政治教育的若干意见》中进一步强调了“加强和改进研究生思想政治教育是深入推进素质教育、全面提升研究生培养质量、推动高等教育改革发展的需要，是维护高等学校和社会稳定、建设和谐校园、构建和谐社会的需要”。学校党委紧紧围绕立德树人的人才培养根本任务，坚持以人为本，完善全员、全过程、全方位育人体系，将研究生的教育和管理纳入学生思想政治教育的整体规划，在理论和实践层面均取得了一定成绩。2011年、2012年学校分别出版了《哈尔滨工程大学德育创新与发展成果选编》第一、二卷，2015年出版的《大学生心理健康教育案例赏析》入选教育部思想政治工作司组织出版的“高校德育成果文库”，同年出版的《与成长对话　为青春启航——哈尔滨工程大学学生成长故事汇》被列为高校学生思想政治教育创新发展系列丛书之一。

全国高校思想政治工作会议围绕高校应该培养什么样的人、如何培养人以及为谁培养人的问题，提出了要更加注重以文化人、以文育人，广泛开展文明校园创建，通过“注重运用先进典型影响和带动群众”，解决“如何培养人”的问题。学生群体中优秀典型的引导是促进大学生思想政治工作推进的良性方法，是帮助大学生健康成长的有效措施，也是从精英教育向普适教育转化的重要途径。哈尔滨工程大学在编撰《与成长对话　为青春启航——哈尔滨工程大学学生成长故事汇》

的过程中,在对本校的本科生群体进行优秀典型挖掘的基础上,继续挖掘研究生中的优秀典型,将“选育典型、研究典型、宣传典型”这一运作机制范围扩大至研究生群体,精选了近年来我校优秀研究生的成长案例,编撰了这本《与成长对话　为青春导航——哈尔滨工程大学研究生成长故事汇》,解密了优秀研究生典型在成长的道路上如何面对困惑、解决困难、实现目标、成就自我的一系列问题。本书从研究生成长中面对的主要问题入手,分为科研攻坚篇、科技创新篇、实践探索篇、厚积薄发篇、全面发展篇等五个篇章,为高校促进研究生的思想政治教育效果转化和深化研究生思想政治教育工作开展提供切实的参考和生动的指导,并为推进高校思想政治教育工作者的职业化、专业化做出有益的探索。

本书是 2015 年高校辅导员工作精品项目(教育部思想政治教育司)“大学生成长故事会——高校辅导员‘故事育人’平台建设”阶段性研究成果。本书的编撰由学校党委学生工作部牵头,在各院系学生工作干部和入选研究生的密切配合及共同努力下完成。在此要感谢所有支持和帮助我们的人,同时需要说明的是,由于选编时间、编者水平等因素限制,本书在内容体系安排上尚有不足,在某些方面也难免存在问题和错误,为此我们将虚心接受读者的批评和指正。

编　者

2017 年 7 月

目　　录

科研攻坚篇

尽信书，不如无书 …… 5
科研路上的奋斗 …… 10
成功就是再坚持一下 …… 15
我的科研“春天” …… 20
我和我的“振动”人生 …… 25
越努力，越幸运 …… 30
科研如夏花绽放 …… 35
科研中的一些小事 …… 40

科技创新篇

高效能研究生的四种习惯 …… 49
学海漫漫，以行为鉴 …… 54
公平，从努力开始 …… 58
创新三部曲 …… 63
挫败，只能让我更加强大 …… 68
有心者时间自来 …… 72
梦想与现实的距离 …… 77
深海远洋记——感受水声的力量 …… 82

实践探索篇

我是王耀，我为自己代言 …… 91
读博之我见 …… 96
不忘初心　久久为功 …… 101
换个角度看世界——水声人在西雅图 …… 106
努力是奇迹的别名 …… 111
我的生活我做主 …… 116
仰望星空，追梦笃行——实践中磨炼成长 …… 120

厚积薄发篇

水下机器人实验室的男人们 …… 129
心所向，将所成 …… 136
踏实是最厉害的绝活 …… 140
既然选择了远方，便只顾风雨兼程 …… 144
脚比路长 …… 149
读研三问 …… 155
志不强者智不达，言不信者行不果 …… 160

全面发展篇

快乐的博士 …… 169
只要走在路上，就没有到不了的远方 …… 174
行百里者，不为怠倦半九十 …… 179
仰望星空　脚踏实地 …… 184

兼职辅导员的那些事儿 …………………………………………………………… 189
我选我 …………………………………………………………………………… 194
支教一年　无悔一生 ……………………………………………………………… 199
转角遇到成功 …………………………………………………………………… 204
后记 ……………………………………………………………………………… 209

科研攻坚篇

研究生阶段是提高自己学术水平和专业建树的重要阶段，这一阶段是提升自身科研能力、理论水平，将学习技巧更好地转化为学术成果的实践阶段。如何将耐得住性子、沉得下心境，对于所研究的内容一如既往地坚持，对于广大的研究生来讲都是不得不面对的问题。

本篇精选了8个优秀研究生在科研之路上的成长故事，包括如何面对初涉科研时遇到的失败、如何解决科研瓶颈问题、如何面对科研道路上的挑战、如何有效率地进行科研工作等一系列的问题。他们也许有着不同的故事和经历，但是持之以恒的信念、开拓进取的决心、吃苦耐劳的精神，是他们共同的标志。他们从初入校门的懵懂到探索未知的勇气，从一点一滴的摸索到追求卓越的信心，他们的蜕变为许许多多徘徊在求知岔路上的同学提供了宝贵的经验，他们坚定地证明了青年学生同样可以在科研之路上大有作为。

尽信书，不如无书

故事主人公　李　帅

李帅，男，中共党员。本科就读于哈尔滨工程大学，2012 年保送至哈尔滨工程大学船舶工程学院攻读船舶与海洋结构物设计制造专业硕士研究生，2013 年获得硕博连读资格，在哈尔滨工程大学船舶工程学院攻读船舶与海洋结构物设计制造专业博士研究生。研究生期间获国家奖学金 1 次，发表 SCI 文章 8 篇，EI 文章 6 篇，目前是博士三年级学生。

江河不惧沟壑，虽曲折，终入大海；雄鹰不问艰难，纵跌倒，翔于天际。在大学的学习中，挫折和磨砺教会了我矢志不渝，初心不忘，厚积必有薄发。

一、过程比结果更重要

刚入大学时，我对各种活动都充满了兴趣和好奇。大一时我参加了“鸡蛋撞地球”的比赛，这个比赛要求把鸡蛋放入自己设计的缓冲装置中，从十米高处扔到地面，前提是鸡蛋不被摔破，速度快与质量小者更优。我和队友经过激烈的讨论，设计了两种不同的装置。两个作品的设计原理分别是两种极端：第一种装置十分保守，鸡蛋肯定不会摔破，但是装置的体积和质量都相对较大；第二种装置我们希望用它来险中求胜，在去掉大量的缓冲物品后，装置质量极小，完全只依靠一种特殊的缓冲结构。结果不出所料：第一种装置里面的鸡蛋完好无损，但是成绩不佳；第二种装置里的鸡蛋碎得稀里哗啦。最终我们没有获得任何名次。

大三时，我和两位同学组队参加了美国数学建模比赛。为了比赛，2010 年的冬天我没有回家过年，整个寒假都在学校学习。最初是跟着理学院的老师学习一些数学建模基础理论和数学软件的使用方法。当然，仅靠这些知识储备去参赛还远远不够，还有很多与比赛相关的东西需要学习，如信息检索、专业英语写作、文章排版等。虽然十分辛苦，但当自己能够用学到的理论知识去解决实际问题的时候，那种获得感和满足感在以往的学习生涯中是体会不到的。真正的比赛是在三天四夜的时间内，根据赛题撰写一篇规范的英语学术论文，由于比赛问题比较灵活，解决思路又各式各样，每一队最后的解决方案都不会一样，关键就在于思路的独到性和创造性。比赛一开始，我们在选题上就出现了矛盾，整整一个上午我们都处在审题和选题阶段上，通过几番讨论，最终在当天下午做出了决定。确定选题后，在数学建模的过程中又出现了意见不一致的情况，经过几番激烈的争论，排除掉完全不可行以及不合理的方案，我们从剩余的方案里选出了最后的解决思路。思路确定后，我们便开始查找文献，并得到了预期的结果。这个过程十分考验我们的团队协作能力，不能因为自己的思路被否决了就不开心或者觉得没面子。这与篮球比赛一样，缺少任何一个队员都不行，没有单靠一个人就能够完成的比赛。由于任务的艰巨性，我们每人每天晚上的平均睡眠只有 4 个小时，比赛完毕后我整整瘦了 12 斤。后来我经常跟同学调侃："想减肥吗？去参加比赛吧！"

几个月之后组委会宣布比赛结果，我们只拿到了"成功参赛奖"。失落肯定是有的，但是我们都觉得达到了参加比赛的预期，从准备比赛到比赛结束的整个过程都让我们自身有了很大的提高，掌握了很多科学研究应该具备的技能，对于科学思维的锻炼也很大。随着科研的深入，越来越坚定了我对这次比赛的认识。后来进入实验室后，我发现很多在数学建模中学会的技能和思维对科研的帮助很大，例如文献检索，如何快速搜集有用的学习资料，面对新课题如何迅速找到解决方法，等等。

参与本身就是一种收获。通过这两次失败的比赛经历，我更加深刻地理解了"过程比结果更重要"这句话。

二、不疯魔不成活

我进入正规的科研是从本科毕业设计开始的。由于我是本硕博连读，毕业设计的课题是由现在的博士生导师确定的"水中气泡群耦合作用的数值模拟"。相关的基础知识由一个师兄带我学习，师兄让我去读一篇博士论文，同时给了我一个基本程序让我学习，但是程序中每个变量的含义我都不知道。师兄安排给我的任务是我进入大学以来遇到的最大的挑战，面对一个自己从未接触过的领域，我感到十分迷茫，对自己的能力也产生了疑惑。在跟父亲的电话中，我告诉他："不知道我能否拿到博士学位，感觉自己距离博士学位实在是太遥远了，我不知道能否坚持下来……"。父亲十分理解我当时的处境和心态，但是除了鼓励和理解，也不能直接带我走出困境。后来，我决定先坚持学习一段时间，看看自己是否适合科研工作。之后，我每天大早起床就拎着电脑去图书馆，一边学习相关理论，一边对照程序学习，试着揣摩程序中每个变量的物理含义，试图将程序与理论公式联系起来。每天我都会解开一些心中的疑惑，但是同时也会出现新的问题。最疯狂的几天里，我在晚上做梦的时候都在想问题。由于大脑活动过于剧烈，很多晚上都不能完全入睡。室友都劝我好好休息，说我当时的状态都要走火入魔了。

就这样，两个月过去了，我终于在气泡动力学方面学到了一点皮毛，也算是入门了，自己对程序有了较好的理解。后来，我逐渐可以大幅地修改程序，优化程序，以及编写新的程序了。这是一个让我脱胎换骨的阶段，至今仍记忆犹新。当时调程序犯下的各种各样的错误都让我获得了宝贵的经验，使得现在的我编写和调试程序更加如鱼得水。

现在我也带一些师弟入门，我觉得一个人在困难的时候能得到他人的指点，可以少走很多弯路，节省许多时间，这固然是好事。但是如果没有指导就怨天尤人，甚至成了自我放弃的理由，那就是自身的问题了。其实，无论是潜心思考、渐入佳境，还是得人指点、答疑解惑，很难说哪种学习方法更高明。但不管是哪种路，只有自己走过了才知道。还是要记住一句话：不疯魔不成活。对一件事情如果没有百分之百的付出和投入，就很难取得成果。

三、尽信书，不如无书

研一时，我经常向师兄们请教气泡动力学相关问题。当时我对“多涡环模型”十分感兴趣，但是实验室还没有完全掌握该数值模型的精髓。我也是初生牛犊不怕虎，跑去问师兄“多涡环模型”是否可以建立起来。当时师兄就笑了，说道：“这个数值模型不可能建立起来，全世界都没有。”随后一年的时间里，在闲暇的时候我经常会想起这段对话，也在不断加深对“多涡环模型”的思考，总是觉得理论上这个模型应该是可以建立起来的，只是数值方法上可能比较困难。随后的研究中，我发现要深入研究气泡动力学行为，“多涡环模型”的建立具有重要的意义，只是目前的研究水平还达不到。所以，经过不断推导，我把这个模型的相关公式推导了出来，并尝试着编写程序实现这个数值模型，但是很多次的尝试都以失败而告终。就在这个问题已经搁置了一段时间之后，某一天我突然有了灵感，把程序的相关参数重新检查了一遍，发现某个积分路径似乎出错了，我将其修改之后发现程序通了！我终于成功了！不过，这个程序十分不稳定，某些问题能够解决，某些问题却不能解决，这让我百思不得其解。我又开始了一段时间的思考。

后来，导师请了一位国际上的学者来实验室交流，这位学者是“单涡环模型”的提出者。我觉得这是难得的好机会，一定要向他讨教一番。没想到，他对“多涡环模型”的建立也持怀疑态度，他也觉得这是一件不可能完成的任务。我向他说明了我的思路和方法，他觉得我是在瞎做研究，思路不对。和这位学者的讨论虽然没有得到任何帮助，但是我心中已经下定决心要将“多涡环模型”完全建立起来，让这位学者心服口服。

再后来，我静下心来慢慢琢磨每一处细节，找到了一个稳定性强的数值处理办法，使得所有相关问题都能够得以解决。剩下的就是要验证我所建立的“多涡环模型”的有效性了。我和导师以及师兄沟通了自己的想法，想通过实验对数值模型进行验证。通过与多组实验结果进行对比，数值结果与实验结果吻合度良好，这说明了我的模型是有效的，而且精度也很高。通过这个数值模型可以模拟环状气泡撕裂后的动力学行为，可以发现更多新的物理现象，解释许多以前没有认识的机理。我把数据进行了整理，撰写了一篇学术论文，投到美国物理学会旗下的 *Physics of Fluids* 杂志上，而且推荐那位学者作为我的审稿专家。经过几轮返修，我的论文最终被该杂志接收。后来那位学者又来到我们实验室交流，为我这篇文章的工作竖起了大拇指。

整个“多涡环模型”的建立可能经历了三年左右的时间，其中听见了许多“不可能”。面对“权威”，要敢于质疑，有自己独到的见解，才能做出创造性的成果，正所谓“尽信书，则不如无书”。当然，自己独到见解是否正确，取决于前期的累积和思考，并不是凭空出现在自己脑海里的。就像毛主席的教导——没有调查就没有发言权。经过这几年的经历，我觉得成功就是勤奋努力、坚持不懈、无畏也无惧。作为新世纪的大学生，我们就是要敢于迎难而上！

同学感言 1

李帅在我眼中是一位积极上进的有为青年。他在学习工作中比一般人都要踏实刻苦，总是能够整天地泡在实验室或者图书馆，精力也十分充沛，在研究生期间发表了多篇 SCI 论文。读了他的故事之后，我发现他的成功是必然的，而非偶然的。从他大一的经历就可以发现，他是个喜欢思考、勤于思考的人，而且失败也无法阻止他前进的脚步。他的科研之路在开始就遇到了困难，但他还是坚持不懈。勤于思考和扎实的理论基础总能为他带来源源不断的灵感。我们应该向李帅同学学习，一起头脑风暴吧！

——船舶学院 2015 级博士　李彤

同学感言 2

李帅同学有扎实的理论功底，聪明、勤奋好学。他是实验室中最为勤奋的几个人之一，而且工作效率高，总能快速有效地完成科研项目。而且他总是具有创造性的思维，能够把许多知识融会贯通，运用到科研工作中。面对习以为常的事情，在李帅眼中可能看到的是事物背后的东西，他善于思考，追求事物的本质和内在的机理，与他讨论问题时总能让人豁然开朗。这与他的勤奋有关，日积月累地学习让他能够扎实掌握基础理论。正如爱迪生所说，“天才是百分之一的灵感，百分之九十九的汗水。”灵感有了，汗水也有了，成功还会远吗？

——船舶学院 2013 级博士　韩蕊

辅导员点评

许多学生都认为现在所学的知识没有实际的用处，做事都十分浮躁，急功近利，而李帅同学能够在这个浮华的环境中静下心来学习知识，不骄不躁，做一些有用的事情。他冷静执着，在追求真理的道路上不惧权威，敢于挑战，迎难而上。李帅同学在同届学生中第一个发表SCI学术论文，他科研路上的成功值得我们思考和学习。

——船舶学院研究生辅导员　苏智

导师点评

从小学开始，中国实行的便是填鸭式教育方法，这似乎让很多学生都失去了思考的能力。“死读书”“尽信书”，这都是我们不愿看到的现象，我们希望学生们对事物有自己的思考、有自己独特的认知，李帅同学就是一个成功的典范。李帅同学是一个勤于思考的人，对新奇的事物、未知的领域都有着求知的欲望，这种求知欲是不会被困难所阻挠的。他经历过失败，遭遇过困境，更受到过质疑，但他依旧敢于“天马行空”，不断努力和尝试，成功就在不远处。

——船舶学院教授　张阿漫

科研路上的奋斗

故事主人公　宿　柱

宿柱,男,中共党员。本科就读于哈尔滨工程大学,2012 保送至哈尔滨工程大学攻读动力工程及工程热物理专业硕士研究生,2013 年获得硕博连读资格,在哈尔滨工程大学攻读动力工程及工程热物理专业博士研究生。研究生期间曾获研究生国家奖学金、“黑龙江省三好学生”、“校优秀学生干部”、“校优秀共青团员”等多项荣誉称号,2015 年被评为哈尔滨工程大学十佳学术之星;曾在 *International Journal of Mechanical Sciences*, *International Journal of Applied Mechanics*, *Composites Part B:Engineering* 等权威 SCI 期刊发表论文多篇;先后参与基础科研、预研、基金项目等课题 5 项;参加本领域国际学术会议 The 22nd International Congress on Sound and Vibration(ICSV22) 1 次。目前为博士四年级。

非常高兴可以和大家分享我的故事。其实每一个研究生的科研之路都看似简单枯燥但又与众不同。可能在别人的眼中,我是一个学霸,每天在教室、实验室忙忙碌碌,但是在我看来,这看似简单的生活中有开心、有欢笑,也有痛苦、有折磨。我经历过本科和研究生之间改头换面的转变,品尝过成功的欣喜、挫败的滋味,我也很幸运地遇到了和蔼可亲、认真负责的导师助我不断进步,我的这条路并不是一帆风顺的,但是我始终坚持着、奋斗着,无怨无悔。

一、调整状态,整装待发

2012 年,我结束了四年的本科生活,开始了全新的硕士研究生阶段的学习。为了更快地适应新的学习节奏,整整一年,我每天都奔波于教学楼和图书馆之间,将自己的所有时间都用在了学习和科研上,一方面我认真准备课堂作业及考试,为自己奠定理论学习的基础,另一方面通过对研究方向更深入细致的学习,力求在科研上有所突破。经过一点一滴的积累和不断完善,我慢慢形成了良好的学术素养,在论文写作上的能力得到了很大提升。于是在研一下半学期,我开始着手撰写人生的第一篇 SCI 论文,从理论的消化吸收到各种公式的推导,再到程序的设计编写,我查阅了无数文献资料。功夫不负有心人,勤勤恳恳忙碌了半年的时间,我终于成功了。看着自己的文章在 SCI 核心期刊发表,真的是说不出的高兴。由于自己的出色表现以及在学术上踏实认真的态度，研一结束后我以年级第四名的优异成绩获得了硕博连读的资格，成为一名博士研究生。

现在回想起来，研究生阶段的那一年其实很短暂，稍纵即逝，但是对于我来说，正是这短短的一年让我快速成长。研究生阶段的学习同本科阶段有着太多的不同，知识的学习不再局限于书本和课堂，时间的分配也不像之前那样宽松，在学习方法上要更加灵活，面对问题更需要自己去思考解决。因此，无论是学习还是科研，我都尽力做到最好。新的阶段需要新的开始，新的征程需要新的姿态，无论本科时是否接触过科研，无论以前自己的时间规划得多么合理，在步入研究生学习阶段后，我们都需要重新调整状态，尽快完成从本科到研究生的过渡和角色的适应，提高学习、科研中的主动性，培养自己独立思考独立解决问题的能力，以新的姿态新的热情尽快投入到全新的生活中，以不变应万变。

二、持之以恒，名师点灯

如今已是我读博的第四个年头，我曾经无数次质疑过自己当初的选择是否正确，现在回想起来，是那种和我们导师一样的哈工程教师身上的持之以恒的精神一直鞭策着我。记得当年写第一篇英语论文时那种有口难言的憋闷，明明心中有话语想表达，笔下却难说清楚，专业的生词和语法规范对于我这个刚刚接触科研的学生来说感觉是一件比登天还难的事情。研一结束后的整整一个暑假，我把时间都用在了英文文章的语言组织和词句推敲上，学术问题其实是次要的，最头疼的是词汇和语法。从仿写到修改到最后成为自己的语言，我真正体会到了什么叫作“字斟句酌”，一词一句都透着我打磨的印记。在这个过程中，最需要感谢的就是我的导师靳国永教授。在我做准备工作时，他就提出了很多对我有帮助的建议和意见，这时教授是“专业教师”。在文章初稿完成后，他又逐字逐句帮我修改润色，这时教授又变成了“英语老师”。在指出学术问题的同时还帮我修改语法和修辞错误，事无巨细，面面俱到。从开始写文章到一遍遍修改成型，直至文章终稿完成并投寄出去，期间所付出的艰辛只有自己最清楚。科研是一条漫长而艰辛的道路，每思考一个难题、每推导一个公式、每写出一行程序，甚至每使用一个英文单词，都可能会遇到很大的阻碍，几经放弃又几经重拾信心再次出发都是对自己勇气、信念的考验，正是自己的持之以恒让我懂得有付出才有收获。不断地写文章锻炼了我的英语写作能力和书面表达能力，为日后更深入的科研工作打下了基础，也让我对知识有了更深的理解和更好的掌握。现在的我已经不再惧怕写英文文章，相反地，我慢慢找到了科研的乐趣和无法比拟的成就感。

人不可能仅凭一人之力便独当一面，每个成功人士的背后都会有无数默默支持他的伙伴。在科研路上，闭门造车是事倍功半的，与前辈、同行的交流是达成目的的关键，有时仅仅是一句简单的鼓励都有可能成为我们坚持下来的动力。所以,我格外珍惜每一次与导师交流、与同学商讨的机会。每一次汇报,每一次组会,我都会认真准备、仔细倾听,往往在汇报结束后我还会和导师探讨很久。我要在此再次感谢我的导师,在我最迷茫的时候为我指点迷津,在我想放弃的时候鼓励我继续前行,在我最失落的时候安慰我重整旗鼓。因此,持之以恒是成功的基础,名师的点拨更是成功的助推器。

三、实事求是,勇于创新

我的研究方向偏向于理论研究,在写文章时总是要与其他文献的结果作对比,或者在进行参数分析时不能与已知的规律相违背。在研究的过程中会有很多的限制、遭遇很多的波折,尤其是数据处理的过程中并不总是那么顺利。

因为要凸显对比,或者要在其他研究成果的基础上加以创新和改进,所以论文的撰写过程有时需要依据其他文献的说明编写程序,这需要对文献中的理论掌握得透彻清晰。但经常会出现程序编好后的运算结果与文献所记录的实验结果不符的情况,这就需要重新检查程序的准确性,判断是否是自己的理解出现了偏差,究竟是哪里出现了偏差。有些程序命令长达几千条,检查的时候往往会耗时几天甚至几星期。这个查找过程是漫长且痛苦的,但不能有一点马虎和敷衍,更不能弄虚作假,修改数据。有时不眠不休在实验室运行几天也不一定会有实质性的进展,这对人的心理是一个极大的考验。这时就会发现,科研绝大多数时候都不是灵光一现的,需要一步一步脚踏实地去探索。面对一个毫无进展没有头绪的问题,怎样去解决,何时能解决都是未知的,越是这样就越要有平和的心态,不急不躁,直到打通每一个环节,因为科研不容许一丝一毫的虚假和偏差。实事求是,这不仅是科研工作的准则,更是做人做事的准则,是每一位研究者必须具备的素养。

另一方面,对事实的追求并不是毫无意义的,在检查的过程中也会有另外的收获,这也是科研的魅力所在。比如在查找错误指令的过程中,我也会验证其他理论的正确性,甚至发现了原参考文献阐述不准确或者错误的地方,进一步加深了我对知识的理解。有的时候不能迷信已有的成果,要跳出惯性思维,甚至要有敢于挑战、质疑权威的精神。

做科研,实事求是一方面,勇于创新也是不可或缺的一方面。对于一个课题,已经有前人做过相关的研究,我在运用这些研究成果的同时也会验证结果的准确性。但对于该课题的验证过程我会另辟蹊径,用自己的一套方法来测试文献结果,久而久之便锻炼了我的创新思路和创新能力,使我在接到一个全新课题时能应对得更加得心应手。有时科研中的创新不是翻天覆地的变化,可能只是一些细节上的改进与完善,科技的进步也不是突飞猛进、日新月异的提升,而是一点又一点的创新与持之以恒、经年累月作用的结果。

三年多的研究生生活，让我从原来的科研"小白"成长为同行中的佼佼者，这一切都离不开我的导师靳国永教授的悉心教导和栽培，离不开学校和学院提供的良好的科创平台和学习环境，当然也离不了自己的奋斗与努力。通过及时调整状态，让我赢在了起跑线上；通过持之以恒的努力和导师的点拨，让我收获了能力积累了经验；坚持实事求是和不断创新的精神，让我在科研路上可以走得更加长远和坚定。我愿意并且会始终奋斗在科研路上，用自己的行动与成果回报导师、回报母校、回报祖国。

同学感言 1

对于研究生阶段，不同的人有不同的度过方式，但既然已经成为研究生，我们终究是要在学术上有所获有所得。宿柱同学给我们树立了一个很好的榜样，面对新的人生阶段，及时调整心态去适应；面对科研上的困难，要持之以恒，坚持不懈地去克服；同时在科研上要有实事求是的态度，积极进取的心态，努力坚持下去，我们终会有所得。

——B414030012　张春雨

同学感言 2

任何事情的发生都不是偶然的，宿柱同学之所以能够取得如此之多的科研成果，除了导师的悉心指导和师兄弟的帮助外，与他自身的努力和坚持是密不可分的。任何人步入一个新的学习阶段刚开始都可能有些许不适，及时调整姿态是不可或缺的。正是由于宿柱同学及时适应了研究生的学习生活，把精力和时间都投入到了学习和课题当中，才为他日后取得成功奠定了坚实基础。也正是由于宿柱同学在科研路上的坚持不懈和积极进取，才让他在科研路上走得更远。从宿柱同学的事例中我们可以得出，面对新的开始，我们要想取得进步，就必须及时调整姿态，持之以恒，并积极进取。

——S315030078　师康康

辅导员点评

宿柱同学是一位在学习和科研中都能刻苦努力、求真务实的人。他是很多同学心目中的学霸和学习的榜样，是老师心目中值得骄傲的学生。他能够准确定位自己的角色，合理分配自己的时间，并且能够几年如一日地坚持下来，这份持之以恒的精神是值得很多人学习的。求学之路不可能一帆风顺，科研的道路更是布满难题，希望大家都能够向宿柱学习，不怕吃苦、勇于创新，用成果回报自己的付出和努力。

——辅导员　李唯一

导师点评

对于每一位同学来讲，能够取得研究生资格，这本身就是对自身能力的一种肯定，经过研究生阶段的学习和锻炼后，每个人获得的收获有多有少，造成这种结果的原因不是他们的能力不够，重点在于他们没有坚持。宿柱同学在这一点做得非常好，只要功夫深，铁杵磨成针，科研也一样，只要你懂得努力，懂得坚持，成功的大门终会为你敞开。

——导师　靳国永

成功就是再坚持一下

故事主人公　叶天贵

叶天贵，男，中共党员。本科就读于哈尔滨工程大学，2012 年直博至哈尔滨工程大学动力与能源工程学院攻读轮机工程专业博士学位。博士期间获得博士生国家奖学金 2 次、校三好学生 2 次；在本领域权威学术期刊 *Applied Acoustics*，*International Journal of Mechanical Science*，*Archive of Applied Mechanics*，*Composite Structures*，*Journal of Vibration and Control*，*Shock and Vibration* 和《声学技术》等期刊以及国际会议 ICCM、ICCEMCMS 上发表论文 20 余篇，其中 10 余篇被 SCI 检索收录；先后参与基础科研、预研、基金项目等课题 5 项；申请国家发明专利四项；承担主持动力与能源工程学院研究生天使基金一项；出版英文学术专著一部。目前毕业留校任职。

很荣幸有这个机会来分享我的故事，我的故事很简单，但却并不平凡。本科的第二年，我从化学工程与工艺专业转到了动力与能源工程学院的轮机工程专业。由于基础较好，成绩始终保持前茅，并在 2011 年 9 月保送本专业直博。

一、文献破译时感受“角色转换”

当我满怀信心迎接博士的新生活时，就遇到了我求学生涯中的最大的难题。还记得导师第一次将一份英文文献放在我面前让我阅读并理解的时候，我的内心是恐惧的。恐惧来源于对新事物的畏难情绪，更有对自己的不自信。那是我第一次正式接触外文文献，尽管我自认为我的英文基础不错，但其中还是有近一半的单词是之前从未见过的，绝大部分是专业词汇。于是，痛苦的“破译”过程开始了。翻来覆去地看，逐字逐句地翻译，大部分时间都用在了查单词和记单词上，更不要提理解里面的理论、方法和内容了。一个星期过去了，文章只看了一遍，对其中的内容也似懂非懂，于是我开始请教导师和师兄师姐。在他们的帮助下我逐渐找到了阅读外文资料的窍门，开始有意地总结、整理一些常用的专业词汇，并慢慢积累，保证每天的外文资料阅读量。渐渐地，在掌握了一两千个专业词汇后我发现阅读变得顺畅了许多，刚开始是四五天看完一篇文献，后来是一两天，再后来是几个小时。由少到多的积累是进步的关键，直到现在，我还保持着每天阅读外文文献的习惯。

对一个学生来说,最难的恐怕并不是某一个课题,而是进入角色和适应工作。那篇外文文献现在回过头看来只是一个简单的数学推导,但对于那时的我仿佛是世界级的难题,如同赤手空拳上战场,对周围的一切一无所知而带来的恐惧感使我面对全新的问题时手足无措,这也许就是“万事开头难”的原因。然而,当逐渐适应了工作,进入了角色,再遇到难以解决的问题时最起码已不再是赤膊上阵了。正是克服了“开头难”,让我在日后的科研路上走得更加自如。

二、编程纠错中体会“坚持不懈”

“罗马不是一天建成的。”这句话我们耳熟能详,它告诉我们:赢,贵在持之以恒。“恒”,完成幼苗茁长为参天大树的抱负;“恒”,实现小溪汇成江河的理想;“恒”,成就了骏马至之千里的志向。

我的研究方向偏学术,有时要先查阅几天甚至几星期的资料,理解一个理论,再根据理论设计、编写程序,最后依照程序的运算结果撰写论文。但程序的编写过程往往是很痛苦的,面对一堆复杂的公式,一个个烦琐的程序,我经常熬夜到凌晨三五点,简单小憩了几个小时后就又开始新的一天的工作。无论吃饭还是睡觉,脑中浮现的尽是那一堆复杂的公式,一个个烦琐的程序。

一次,导师给了我一个比较复杂的题目,在对它充分理解后我便开始编程。一个多月过去了,经过我的日夜奋斗,从我手中诞生了一个长达几千条命令的程序。可悲的是虽然它十分壮观,但根本算不出结果,而在如此众多的命令中找出几条错误语句就如同大海捞针。我也请教过师兄,将程序简化了许多,但仍旧没有解决调试结果不正确的问题。于是,烦琐而枯燥的复查工作开始了。接下来的两个多星期我都是寝室、教学楼、图书馆三点一线;每一行命令,每一个字符,每一个变量我都仔细一点一点地检查。相比于重新编写一遍程序,检查的过程要痛苦得多,不仅要与原本的思路衔接,还要跳出这个思路去寻找问题,每一个小小的错误都有可能是问题的关键。

这样一天天下来,痛苦逐渐转变成了烦躁,这种烦躁压抑在心里,久而久之,就像是一团枯叶中的火星,慢慢烧了起来。终于,当我复查了两遍依然没有发现问题时,我逐渐失去了耐心,打算从头再写一遍。但想到之前编程花费的时间,我权衡了一下,和自己做了一个约定,再检查最后一遍,如果还是没有发现问题,就重新写。就这样,我生生把心里那团已经燃起来的烦躁压了回去,横下心来做“最后一搏”。第三周周六下午,我坐在图书馆自习室靠窗户的位置,继续检查着令人眼花缭乱的程序。突然一个之前从未注意到的变量进入了我的视线,抱着试一试的想法,我重新演算了这个变量,确实发现了一点问题。我瞬间紧张了起来,或许真的是这个问题。错误修改后我怀着忐忑的心情调试了一遍程序。成了!我不敢想象,真的成功了!几个星期以来压抑着的所有感情一下爆发了出来,这种感觉也许是这辈子最爽的一次,从未有过!如同一块堵在河道上的大石瞬间爆裂,河水喷涌而下的感觉。我真的不由自主地跳了起来。也许是乐极生悲,我挨着的窗户是开着的。这一跳,头正好磕在了窗户上,破了两个口子。我只能放下程序,去找图书馆管理员简单包扎一下。管理员也很奇怪,第一次见到有人编程编得头破血流。

如果不是再坚持一下,我真的会把原来的程序推倒重来,然而不管重新编程的结果如何,都将是我的一种损失,人生中将少了那份爽快,更少了对克服困难的执着。当想要放弃的时候,再坚持一下,也许就不虚此行。作为一个研究者,一路走来,正是一个个小小的经历让我逐渐收获,不仅仅是学术上的成果,更有人生的感悟。困难中再坚持一下,让我的科研之路走得更加踏实坚定。俗话说:"山重水复疑无路,柳暗花明又一村。"成功总是留给坚持到最后的人的,布满荆棘的科研之路上,如果我们能够再坚持一下,总会找到通向成功大门的钥匙。

三、国际会议上感悟"独立自主"

所有的第一次总是充满了发现,所有的发现总是一段经历,所有的经历都会令我们成长。

记得我第一次参加的国际会议是在加拿大蒙特利尔举办的"复合材料大会",我碰巧与另外一位航建学院的老师同行。毕竟从未参加过这样的会议,再加之语言交流并不很顺畅,因此会上一些具体的学术问题我已记不得了。但令我印象深刻的是一位80岁高龄的日本老教授。这位在该领域从事研究已达50余年的老教授在会上做了一个简短的报告,虽然双腿已经十分不灵便,但他依然坚持自己走上讲台,不要他人搀扶。吃饭时我留心观察了他,从取餐到用餐的过程中,他都保持着独立性,尽管行动不便,但仍是只要力所能及,便不随意麻烦他人。

也许这仅仅是一个老人的固执,但我宁愿相信这是一位老科研工作者的品德和职业素养。独立自主是一个人乃至一个国家建立核心竞争力的关键,只有坚持自己的东西,才能创造出前人没有的东西。独立自主并不是闭门造车,而是在吸收精华、去除糟粕后留下自己的东西,而非一味地模仿"山寨"。中国现在正在努力由制造业大国发展为制造业强国,其中的关键就在于科技创新能力,我们想要实现这个目标,必须要走独立自主的科技创新道路。而我们能做的就是从自己做起,培养自己的科技创新意识,提高自己的科技创新能力。只有如此,我们自己的竞争力才能越来越强,我们国家的制造业强国梦才能成真。

前辈的成绩是令人羡慕的,但前辈的处世之道更值得我们深思。这次参会,我学到的不是解决问题的具体方法,而是解决问题的思路,那就是独立自主,做自己的东西。这种思路也将一路伴随我,让我走得更远。或许现在的同学们,对于科研方面都喜欢依靠别人，缺少独立自主思考的能力。但我认为，我们要学会去独立，独立才能使我们成长。

回想起直博的这些年，看似枯燥无味，却也丰富多彩。其实这主要取决于我们对待困难的态度，每个人都会遇到困难，但是如果我们把它看作一个提升自己的机会，每次克服困难都会有一种成就感，我们就会有不断的乐趣，不断的经历，不停的收获。遇到的每一个人或事都能给我带来感悟，每一个感悟中都有无尽的味道。品味这味道，让我脚下的路越走越宽，越走越远。希望我的故事能帮到各位学弟学妹，也希望大家能像我一样找到一条最适合自己的道路，并且越走越好。

同学感言 1

叶天贵是大我一届的师兄，也是我的朋友；我们在同一个研究所里，处在同一个学习室，他就坐在我的背后。常常如此，与不熟悉的人的距离会加深我们对一个人传奇故事或者成就的传奇感觉，渐渐地，他也就成了一个传奇。我对于他最开始的认识就是这样的：他是一个传奇。当我渐渐有机会去了解和接触他之后，我了解到传奇的他是一个有故事，励志却可触摸，有品质，低调行事，为人真诚，有思想，露于行不显于色的人。之于我，多些这样的朋友，难能可贵！

——B414030015　张相元

同学感言 2

“如果你做一件事，就尽可能把它做到最好。”这是叶天贵师兄经常对我们说的一句话。小至论文中一个图片的修改，大至生活中的为人处事，师兄都以切实的行动向我们印证了他既是这么说的，也是这么做的。正是由于这种严谨务实的求学态度，才使其在短短三年的博士生涯中取得了绝大多数人望尘莫及的科研成果。值得一提的是，对于我们这些初入研究领域的师弟，师兄总是尽可能地予以最大的帮助。即便对于一个很小的问题，叶天贵师兄也是耐心解答，这一点使我们深受感动。相信叶天贵师兄会越来越好。

——B414030006　韩超

辅导员点评

很多同学在刚刚入学时，对于科研具有很高的热情，但是真正坚持下来的同学却很少。而像叶天贵这样的同学更少之又少，能把自己沉淀下来，勤恳钻研，严谨治学。我相信，这些品质和经历定会让他在以后的人生路上一帆风顺。

——辅导员　李唯一

导师点评

天贵同学在读博期间的科研、学习以及工作都是优秀出色的，并得到了多项荣誉。相信这些经历和积累都将成为其人生道路上的宝贵财富。希望其在以后的工作和学习中，继续保持并发扬严谨治学的作风，兢兢业业，争取取得更大的成绩。

——导师　靳国永

我的科研“春天”

故事主人公　陈峰峰

陈峰峰，男，共青团员。本科就读于烟台大学，2013 年考入哈尔滨工程大学自动化学院攻读控制科学与工程专业硕士研究生。硕士研究生期间发表 SCI 论文两篇，目前签约至中航工业雷华电子技术研究所预研部。

大家是否有过这种经历，小的时候被别人问到长大后的理想的时候，都会回答“想当科学家”，这是很多人儿时的梦，也是我的梦。与别人不同的是，随着年龄的增长，我的科研梦越来越强烈，越来越清晰。然而，随着高考的结束，我觉得自己的科研梦想进入了“冬季”……因为我本科上的是非“211”院校。而今天我想跟大家聊聊我的科研“春天”，我知道这个“春天”与“211”“985”无关。

一、坚强和执着

研究生与本科生的主要区别在于对理论和学术二者要求的深浅，研究生阶段主要培养我们独立思考问题的能力。在一开始准备考研究生的时候，我只是想了解一些学术前沿的东西，尽自己努力做出一些成果。经过与导师的协商和讨论，我确定了研究方向。跟着博士师兄做阵列信号处理的波束形成（空域滤波）课题，师兄对我的帮助非常大。从一开始的选课题，手把手地教我查资料，到最后对我的文章把关、提建议，使我得到了很大的成长与收获。可以说，我的劳动成果凝聚了实验室的集体智慧。

学术研究是一个很枯燥的过程，而且一般周期比较长，非常考验毅力和耐心。我的学术生涯是从师兄给的一篇 TSP 的文章开始的。这篇文章对我后来的学习起了至关重要的作用。看学术论文第一个拦路虎就是英语，这不只看你英语基础怎么样，还有你的专业基础。通篇文章全是英文专业词汇和数学推导公式，对我来说确实是一个比较大的挑战。第一篇文章，我是一边翻译一边查阅相关专业书籍，真是度日如年，最终花费了一个星期的时间才看完一遍，还是有很多知识没有看懂，但是对我也算是一种鼓励。一篇好的文章看一遍是远远不够的，尤其是 TSP 期刊上文章，每看一遍都有不同的收获。结合自己看文章的经历以及自己走过的弯路,我提以下几条建议供大家参考。一是,选题目之前多问问师兄和师姐,多请教他们,毕竟他们的见识和经验要多一些。当然如果有博士师兄或师姐带着,那最好不过了,尤其在写文章和硕士毕业论文时,师兄和师姐都能为你的文章和硕士毕业论文把关。二是,选定好题目以后,就要潜心做研究,尽自己努力做出一些成果。三是,做学术当然离不开阅读文献,首先要学会怎么查文献,看哪些文献,最好从中文的硕士和博士论文看起,这样入门比较快,而且没有语言障碍,为以后看英文文献打下坚实的基础。四是,文献最好打印下来看,这样看起来比较方便,而且容易做标记,多总结和对比,这样才能掌握得更牢靠。看完一篇文章以后,它的参考文献以及哪篇文章引用过它,都是我们以后学习的重点,由点及面,如果到最后你发现文章后面的参考文献都看过,那么你的平台已经形成了。

二、毅力和耐心

我从研一下学期(2014 年 6 月)开始看学术论文,到开始写第一篇 SCI(2014 年 10 月),这期间基本保持考研时期的作息习惯,早出晚归。找到第一个创新点,说写就写。10 月 1 号动笔,10 月 30 号提交论文,短短一个月的时间一直在加班加点,这期间虽然累,但是比较充实。尽管之前看过一些文章,但是直到自己亲自动笔写文章,才发现还是有点手足无措,还好有之前的一些准备,不至于无从下手。首先按照指定期刊的要求把自己的内容加进去,初稿用了两个星期完成,接下来就是改论文,这绝对是一个蜕变的过程。虽然导师在国外访问,但是他还是每天给我改论文,我们每天都保持交流,经过两个星期的奋斗,文章已经脱胎换骨,已经基本满足老师的要求。我的导师本身就是期刊的审稿人,他对我的指导都具有代表性,切中要害,使我受益匪浅。当然,这过程中我一直和几位博士师兄交流学术问题,他们也给了我很大的帮助。经过一个半月的审稿,初审意见不容乐观,三个审稿人都提了很多要求,还有一个审稿人直接就说看你的文章很不舒服,这对我的打击比较大。但是我很快就根据审稿人的意见找到了修改方法,然后又经过两个月的编写,认真地给编辑和审稿人写了回信。其中内容更加丰富了,也用 Latex(专业排版软件)重新进行了排版,在过年之前把文章又送出去了。当然在这期间,我又找到了另外一个创新点,一起写完,一起提交论文。到了过年回来,两篇文章的审阅结果都已经下来,结果令人满意,总算对自己的劳动成果给予认可。结合自己的投稿经历,我提以下几条建议供大家参考。

(1)写文章是一件苦差事,需要毅力和耐心,但是这个过程很充实。其实当初应该首先投 EI 练练手,再投 SCI。这些可以循序渐进,不会被多次拒搞。

(2)在选择期刊时,多听听导师和师兄、师姐的意见,选择了期刊,就要对这个期刊有所了解,去指定网站了解其要求和投稿流程。写完文章多找一些同学看一下，这样就会大大提高命中率。

(3)平时多下功夫，这样不至于在写文章和写回信的时候无从下手，一定要在回信中多引用一些有名的文章来证明自己的观点。在回信时，语气要委婉，但态度要坚决，回答问题有理有据。虽然审稿人见识要比咱们广，但是我们也要有自己的意见，如果审稿人提出的意见有失偏颇，我们也要及时指出来，大家一起探讨。

(4)平时多总结和对比，温故而知新，这对我们以后学习有很大的帮助。养成定期查看文献的习惯，勤动手做笔记。而且图书馆还会定期举办一些关于查阅文献的讲座，感兴趣的话，可以去听一下。

(5)看完文章，如果有时间的话，可以做一下仿真实验，这样不仅可以提高编程能力，也可以更好地理解文章的精髓。文章虽然看了几遍，感觉已经对这篇文章足够理解，但是，想的和做出来的结果不一定吻合，这就需要多分析和查阅文献。如果确实不能解决其中的问题，就要求助于实验室的师兄、师姐和同学，也可以向文章作者要仿真程序。

现在回头看这其中的经历，还是有点兴奋，感叹研究生生活没有白费。其实我在投稿前，一直对这篇文章没有把握，但是如果不试一下，就永远不会成功。只要自己尽力了，结果已经不重要了，无悔就行。但是我相信只要我们坚持下来，总结出适合自己的方法，成功就不远了。

三、迎来我的科研“春天”

从决定考研开始，我就决定以后进军学术界，得益于导师和实验室师兄师姐和同学的帮助，在硕士期间就能够发表两篇 SCI 论文，大家觉得是很神奇的事情。在今年的秋季招聘会上，我顺利找到了自己满意的工作，已签约中航工业雷华电子技术研究所（中航工业 607，无锡），进入预研部，可以做一些自己喜欢和熟悉的有关文献方面的工作，而且部门支持在职读博，这是主要吸引我的地方。虽然，在职读博比较辛苦，但是，既然自己已经选择学术，就是遇到再大的困难也要坚持下去。今年七月份的时候，我已经写完了我的硕士毕业论文，因此我能在求职季安心地找工作。暑假期间去了一趟北京，发现北京虽然压力比较大，但是无论是信息还是资源，都是其他城市难以比拟的。你会接触到各种名牌大学的高才生，也会接触到各种有思想、有作为的前辈。我之前曾去几家公司面试，公司领导甚至同事很多都是毕业于清华或者北大的。到这个时候，我已经比较理性看待“出身”的问题了。其实，只有学到手的本领才是自己的，大家没必要太执着于自己到底是哪类学校毕业的。我主要进行的是理论研究，而实际上私企对于实际操作和推进发展还是相对更重视一些的，所以在私企应聘上我并没有突出的优势。但是在面试一些国企和研究所时，他们对文章还是比较看重的虽然我本科不是“211”，但是还是顺利进入了研究所。我知道在自己的工作岗位上做好自己的工作，就一定会有所发展，不管在哪里，我的存在就一定要有我所存在的价值。最近几个月，相关事务都陆陆续续结束了，但是我也没有对自己完全放松，依旧会经常看一些专业文章和专业知识方面的书，就是为以后工作和读博做准备。

路漫漫其修远兮，吾将上下而求索！我的路才刚刚开始，我会用自己的执着与坚强、毅力与耐心，为我的“科研梦”洒下一路阳光，铺就一条无障碍通道，为自己创造出一个又一个春天！

同学感言1

作为一名研究生，我深切地感受到了陈峰峰同学身上那种孜孜不倦的精神以及敢于钻研、善于钻研的品格。正是由于他善于钻研，他找到了第一篇SCI文章的创新点；正是由于他敢于钻研，他才能够在短短一个月之内将SCI完成。可以说他的这些性格特点克服了一道又一道普通人眼中难以逾越的困难，我想这就是我们最应该学习的地方吧！

——自动化学院2013级研究生　杜家波

同学感言2

任何人的成功都不是偶然的，陈峰峰同学的成功一方面是来自他的天赋，但更重要的是他为此付出的辛勤和汗水。这使我想起一次比赛的准备过程中，他为了一点在我们看来无足轻重的小问题反复查阅资料，最终举一反三，又产生了一系列新颖的想法。我想，这大概就是我们需要从他身上学习的地方吧！

——自动化学院2013级研究生　吴敬言

辅导员点评

大学四年加上研究生期间，不同的同学有着不同的度过方式。但不管是哪条路，最开始总会遇到挫折，前进中总免不了遭遇失败。面对这种情况，面对失败和挫折，心态是尤为重要的。要在这种情况下还能坚持，而不是心灰意冷言放弃，才能越过路上的阻碍，缩短和成功之间的距离。正如小学课本的一篇文章所说：走一步再走一步。陈峰峰同学在我看来几乎没有为任何事情忧愁过，这种乐观向上的态度值得每一位同学学习。

——自动化学院研究生辅导员　李欣

导师点评

研究生阶段最重要的是具备独立思考问题的能力，这一点在陈峰峰身上展现得淋漓尽致，以至于我产生了一种幻觉：这小子的独立思考能力是与生俱来的。除此之外，他每次提的问题总会展现出他思想上的独到之处，甚至使我对他产生了“畏惧感”。我认为，如果所有学生都具备了陈峰峰的这种特点，梦想的实现就在咫尺。

——自动化学院研究生导师　沈峰

我和我的“振动”人生

故事主人公　王青山

王青山，男，中共党员。2012 年本科毕业于哈尔滨工程大学机电工程学院，因学业成绩优异于 2012 年获得推免资格，在哈尔滨工程大学机电工程学院攻读机械工程专业硕士研究生，于 2013 年获得硕博连读资格，攻读哈尔滨工程大学机电工程学院攻读机械工程专业博士研究生。研究生期间，获研究生国家奖学金 1 次，发表 SCI 论文 5 篇，EI 论文 5 篇；申请国家发明专利 5 项，授权 2 项。2017 年毕业后签约中南大学。

一、一个电路板带来的改变

兴趣是什么？兴趣就是让你自己都不由自主地想去做的事情，就是让你全身心投入并彻底疯狂的事情。刚上大学的时候，我处于迷茫的状态，对于未来充满困惑，起初我是看周围的同学喜欢做什么，我就跟着做什么，玩过游戏、看过小说，但是时间一长，觉得没有挑战性，就再也提不起兴趣了。一时间，发现生活中能令人提起兴趣的东西还真是难以寻找，就这样我浑浑噩噩地过完了我的大一生活。

大二时，一次偶然的机会，我参观了我班班主任的实验室，一些我从未见过的电路板勾起了我的好奇心。那个晚上，我一直在想这些电路板到底是做什么用的。第二天一早我就去找班主任请教，他详细介绍了这些电路板是单片机，一种控制芯片，水下 AUV 潜器的运动轨迹和动力系统都需要通过它进行控制。这让我感觉非常惊奇，小小的单片机竟然可以实现如此多的功能，它到底是怎么工作，又是如何实现这些功能的呢？带着这些问题，我开始了单片机知识的学习，随着学习的深入，我深深被它吸引住了。在学习的过程中，班主任给我很多的帮助和指导，后来看我总找他问问题，就帮我在实验室找了一个工位安营扎寨了！

经过班主任半年的悉心指导，我有了很大的进步，刚好学校举办“五四杯”科技创新竞赛，我觉得是时候检验一下自己的水平了，于是我就和几个同学参加了比赛，这对于我来说是一次巨大的挑战。对于参加科技创新竞赛，我刚开始也只是头脑一热，对于很多事情都没有仔细考虑，但是既然已经开始，那就一定要坚持下去。在班主任的鼓励和指导下，我们决定自己设计一个水下 AUV 潜器，我主要负责电路控制和整体布局。从确定具体作品到比赛结束的三个月里,我几乎每天都在实验室奋战到晚上十点钟才回寝室。这期间,我遇到了很多一时无法解决的问题,也曾想过要放弃,但必须完成自己所承担的工作,决不拖队伍后腿的责任感使我坚持到了最后,最终顺利地完成了作品,并获得二等奖。那一刻,我终于体会到了什么是努力付出的喜悦。

每每回忆此事,我都觉得,想要在某一领域取得一点点的成绩,兴趣是我们最好的领路者。一个人如果去做一件自己不感兴趣的事情就会非常乏味、没有激情,如果去做一件感兴趣的事情则可以全身心的投入并付出巨大的心血去完成。

二、一项任务带来的"振动"

进入研究生阶段后,我的兴趣转移到舰船减振降噪领域,这是我国船舶工程技术的难点和热点,具有极高的军事应用价值。刚进实验室的时候,所有的师兄师姐都很忙碌,看着他们都在讨论着各种课题,其中所提到的很多专业词汇和软件对我来说都很陌生。什么是有限元分析软件,什么是振动噪声,什么是 dB? 这个时候的我就像一张白纸,不过,我想好好地在这张白纸描绘我的振动人生。那时候,我鼓起勇气,找到导师向他表明了我对参与科研项目的热情与渴望。导师给我布置的第一个任务是帮师兄完成他的工作任务。师兄给我安排的第一个工作是为一个潜艇项目提取数据,由于数据量很大,我就在实验室连续通宵工作了 4 个晚上,终于完成了任务。看着师兄肯定的目光,我告诉自己,一切付出都是值得的! 随后,师兄给我布置了第二个工作,为一艘外贸轻型护卫舰建模,当时我对如何完成这项工作,如何使用建模软件都一无所知,师兄在电脑上为我演示了一下软件的基本操作,并告诉我完成工作的时间。在后来的一个月里,我几乎都在实验室度过,碰见不会的,上网找资料,上各种 CAE 论坛发帖咨询,有好几次我都在寝室中通宵工作,最终我顶住压力、克服困难,顺利地完成了任务。在这个过程中,我慢慢地由一个门外汉,开始向内行人进行转变。不久后,导师找到我,让我自己独立完成一个项目。在这个新项目中,我还有很多的专业知识不具备,例如声学知识、振动噪声、船体结构等。但是我没有被困难所吓住,所有的知识积累都是从不会到会的过程。因此,我又一次开始了我苦行僧般的实验室生活。在这个过程中,我积极向老师、师兄请教问题,学习新知识,多去思考为什么。当我碰到一个噪声现象解释不了时,我就去查阅相关的资料,直到弄明白为止,因为我知道,这是对自己负责,也是对项目负责。正是本着这种积极负责的态度,我顺利完成了任务,在去甲方进行结题汇报的时候,对于评审专家所提出的问题都进行了解答并得到了专家们的认可与肯定。

开始攻读博士时,我正好赶上学校修改博士毕业标准,要求发表 2 篇 SCI 论文才能毕业,而机械工程学科学生发表 SCI 文章难度较大是普遍的共识,这使得我更加焦虑，让我彻夜难眠。但是，慢慢地，我通过一些博士课程，与一些志同道合的博士生同学进行交流，自然而然地，我的压力慢慢变小，并逐渐转化为我的动力，为什么别人能行我就不行？在后来的时间里，我不再害怕寂寞，每天都在看文献，找资料，和别人交流学术想法。在博士一年级结束的时候，我的第一篇文章被上海交通大学学报录用了，虽然这只是一篇 EI，但这对我的博士生涯却尤为重要，正是这篇文章鼓励了我，让我觉得写文章好像也没有这么难嘛！后来，我开始慢慢地尝试写一些英文的文章，最终也被录用了，所以我觉得，只要你能耐得住寂寞，就一定能见到繁花盛开的美景。

博士期间，我发表了 SCI 论文 5 篇、EI 论文 5 篇，申请国家发明专利 5 项，授权 2 项。这看起来或许很耀眼，却都离不开个人的辛苦付出，忍受孤独寂寞。刚进入博一时，我每天想的事情就是好好查资料，看文献，找创新点，然后做出来。几乎每天都是三点一线，寝室、实验室和食堂。早上七点起床，七点半去食堂吃饭，八点之前到实验室，中午十一点半吃饭，回实验室，晚上五点半吃饭，然后回实验室，晚上十点半离开实验室，回寝室，洗漱，晚上十一点半睡觉。每天都是这样，周而复始。刚开始我也觉得这样的生活很无聊，感觉没有意思，也曾想过放弃。但是每当想起自己的责任，自己的梦想，便觉得这种生活是对我人生的一次考验与洗礼。

在科研工作中，我们总会遇到很多自己闻所未闻的新问题，碰见很多难以预见的困难和瓶颈，它们大都来源于个人知识的局限性。这时候我们能做的，就是尽量告诫自己安下心来，调整好心态，鼓起勇气，从文献中、网络中、前人的经验中以及身边的同学中，找寻答案，敢于直面挑战。在科研工作这条漫长而充满乐趣的道路上，时常会遇到壁垒和荆棘。作为科研工作者，最宝贵的就是攻坚克难的乐观态度，这份坚定的意志都是在一次次的迷茫甚至失败中一点点磨炼出来的。

三、一份责任带来的坚持

说到责任，首先想到的是我的父母。他们用勤劳的双手，给我提供优越的生活。我记得很小的时候，我的母亲每天都会很早起床做我爱吃的瘦肉米粉，然后送我去上学。我们大多数人都是在这种伟大的爱中长大的，父母宁愿自己多吃苦也不愿亏待自己的孩子。那作为孩子的我们，有什么理由不懂得感恩呢？可能很多人都觉得自己在父亲节和母亲节给父母发个祝福的短信，这样就算感恩了，但是我想说，感恩应该要付诸行动。求学阶段是你塑造能力的时候，这也决定你未来发展道路的关键阶段。只有自己具备这样的能力以后，未来才能给父母创造出良好的环境。也只有这样，你的父母才不会为你担心，才能高高兴兴地做自己想做的事情。而对于我们来说，只有勇于承担这样责任，你才能真正长大，才能付出自己百分之二百的努力，才能有能力给你的父母丰厚的回报！此外，国家给我们提供了如此舒适、和平的学习环境，而世界上很多地区的孩子还都生活在战乱和饥饿的环境中，每天都在用自己的生命学习。正是我们祖国的繁荣强大，我们才有如此优越的物质条件和学习环境，因此，我们也要回馈我们的祖国，为祖国的繁荣强大贡献自己的一份力量。只要在你心中具备了这样的社会责任感，那么你在以后的学习道路上，就会身体力行，努力学习专业知识，积极承担自己的社会责任。

转眼间，即将走上社会，将来无论我在哪里，我都会坚守自己的初心，继续用心描绘我的“振动”人生，为自己、为家人、为祖国！

同学感言1

看了王青山同学的故事，让我明白一个道理，做事情之前一定要学会做人，一定要勇于承担责任，这样才能不辜负父母和国家对我们的培养。此外，还让我知道了兴趣就是最好的导师，在学习的过程中不应该死记硬背，一定要找好自己的兴趣点。还有，在科研工作中，要有勇气啃“硬骨头”，要学会如何积累一点点小的知识，最后都能派上大用场。从他的故事中也让我学到了如何将“寂寞的事情”变为不寂寞。作为同一届的本科、硕士和博士生而言，他就是我学习、奋斗的榜样，以后我将学会承担责任，勇往直前！

——2013级博士班　刘星

同学感言2

我们常常会说我的母亲、父亲对我们这样好，而我们在学校里面往往做的事情就是拿着父母给的生活费，去玩游戏、买游戏装备。而往往忽视了父母给我们提供的优越的学习生活环境，也忘记了自己的父母终有老去的那一天。而通过阅读王青山同学的故事，我们可以发现，在你大学学习的这个阶段，首先就应该学会承担责任，只有你勇于承担了责任，才能不那么肆无忌惮地“吃、喝、玩、乐”，只有勇于承担责任，我们才能努力去学习。通过阅读该故事，也让我学会了兴趣是最好的导师，有的时候我们的学习大多数时候都是在为了学习而学习，而这样的效果往往只能取得一个较为漂亮的分数，对于自己的实际能力并未得到充分的锻炼，在碰见棘手的问题时，就会显得能力不足。所以说，无论何时，我们一定要善于学习积累经验，要学会主动去学习，要学会如何分析问题，如何解决实际问题。

——2013级博士班　张满慧

辅导员点评

经常看到博士生们纠结于毕业标准的提高而忽略自身应付出的努力和汗水，学校的发展、科技的进步、中国梦的实现离不开每一位同学的辛勤付出，也是每一位同学肩负的责任和使命，此外还有为人子女者为父母和家人应尽的孝道和责任。王青山同学以兴趣为牵引，以责任为原动力，坚持不懈，付出了足够的努力与汗水，在博士阶段取得了优异的成绩。他也在这一过程中，明确了自身的理想与肩负的责任，为每一位渴望成功的同学提供了宝贵的经验和精神财富。

——2008 级辅导员　刘鸣

导师点评

教育不是管束人，而是发展人，是心灵与心灵的沟通，人格与人格的对话，灵魂与灵魂的交融；教育不是灌输知识，而是激发创造；不是模仿他人的思考，而是激发自己的思维。王青山同学在研究生阶段对于学习的热情源于他将责任根植于心，并始终怀有一颗感恩的心，以此来作为进步的原动力，激发出了他的潜能，取得了傲人的成绩。愿他的成长故事能够为广大学生在前进的道路上点燃一盏明灯。

——导师　史冬岩

越努力,越幸运

故事主人公　张路蓬

张路蓬,女,中共党员。本科就读于哈尔滨工程大学,2011 年因学业成绩优异获得推免资格,保送到哈尔滨工程大学经济管理学院金融学专业攻读硕士研究生,于 2013 年获得硕博连读资格,在哈尔滨工程大学经济管理学院管理科学与工程专业攻读博士研究生。研究生期间学术成果包括国家自然基金委指定 A 类期刊 4 篇,B 类 3 篇,C 类 5 篇,EI 会议 1 篇;获得 2012 年硕士研究生国家奖学金,2015 年博士研究生国家奖学金,校一等奖学金 2 次;2013 年度黑龙江省优秀毕业生,多次获得"校优秀共青团员""三好学生""优秀学生干部"等荣誉称号。2017 年进入清华大学公共管理学院管理科学与工程博士后流动站工作,兼任中国工程科技发展战略研究院助理研究员。

九年的哈尔滨工程大学生活即将结束,离开学校前,总想留下一些经验,与学弟学妹们共勉。至今,我还清晰地记得 2007 年入学时,辅导员韩微老师的一句话:"大学是培养学习能力、社交能力的地方,要以学业为主。学习能力是 1,其余都是 0。如果没有这个 1,0 再多都只是 0,而有了 1 之后,0 越多数值越大,走向社会后你被认可的程度也就越高。"因此,我的故事就从"1"和"0"开始了。

一、梦开始的地方

2007 年我考入了哈尔滨工程大学经济管理学院金融学专业,金融学烦琐、复杂的学科体系以及对于变幻莫测的市场走向的掌握,要求我们必须培养扎实的基本功和敏锐的市场嗅觉力。从小就梦想当老师的我,在辅导员韩微老师的"1 和 0 理论"下隐约懂得,学习能力的培养将是我实现梦想的第一步,哈尔滨工程大学,成为我梦开始的地方。

二、给自己讲课

圆梦的途中有很多事情要做,最重要的就是学习能力的取得。所以,要想实现成为大学教师的理想,我就必须要不断地学习,而且我的学习生涯要比很多人长。除了本硕博期间的课程学习，最重要的还有学术能力“1”的培养。

大一下学期，我慢慢发现了大学老师与中学老师的不同，他们不再手把手、一遍遍、一对一地教给你知识、带着你做题，而是把最主要的知识点教授给你，至于如何吸收、消化，全靠自己。所以大学有图书馆，有读不完的科普书籍与专业书籍。我相信对于大多数学生来说，每个人都会有一套适合于自己的学习方法。而我的方法，就是给自己“讲课”，它是帮助我顺利完成又一个9年(4年本科+2年硕士+3年博士)教育的“法宝”。每当期末复习时，我都会将这一学期某个学科的知识点进行穿线，通读老师所用的教材，再结合课堂笔记和老师讲义，总结关键词，有不懂的地方向老师询问或者自己去图书馆查阅资料。在一遍复习之后，合上书本进行自我总结，总结的过程中，不断给自己提问，自己解答，发现有磕磕绊绊的地方记录下来，重新学习。不断重复着总结、自我讲解的过程，直到可以一口气完成一学期的重点知识回顾时，我就慢慢地从死记硬背过渡到自然掌握，知识也就学到了自己脑中。这一过程不仅培养了我的学习能力，更锻炼了自己的语言表达、问题思考能力。

就这样，我一直带着边学边讲的方法，以专业第二的成绩保送了哈尔滨工程大学的硕士研究生，又以专业第一的成绩保送了哈尔滨工程大学的博士研究生。

三、先有意思，后有意义

每个老师的教学方法不一样，我很荣幸，大三时候认识了经济管理学院苏屹老师。我的一篇论文是大三时候，在苏老师的指导下完成的。经管类论文与理工科论文的写作有很大区别，尤其对于管理类论文来说，没有相关的实验仪器，也不用在实验室进行实验培养，要从文字、统计数据与数学模型的角度出发，对问题进行论证，这对于逻辑能力与语言功底的要求相对较高。由于我刚刚读大三，对于学术论文的选题、写作规范、文献查阅等均一无所知，更别提思维的逻辑性与缜密性了。因此，苏老师从如何查找文献开始，一步步教我。从文献查阅过程中寻找论文的选题，通过大量的文献阅读确定文章的可创新之处，最后确定文章的结构，直到论文的完稿。现在回想，论文的第一稿写得真是一塌糊涂，缺少基本的学术论文写作规范，没有任何创新点，但是苏老师没有放弃我的论文，从摘要到结论，每一部分怎么撰写，都会很详细地给我讲解，甚至亲自给我修改标注，让我自己不断体会。同样一句话的表达方式不同，就会产生不同的逻辑效果。论文的写作正好赶在了2010年寒假之时，虽逢春节，但是我每一次修改论文发给苏老师之后，总会在第一时间收到论文的修改意见，大到段落的表达，小到标点符号的错误，苏老师都会认真地给我指出问题。论文的多次反复修改，让我一度感到厌烦，甚至几个小时内就匆匆改完返回给苏老师。也许是因为我焦虑的态度被苏老师捕捉到了，因此，苏老师开始要求我放慢修改速度，在每次的修改意见中都会强调“认真体会与阅读”“不要着急”。在我想放弃写作的时候,是苏老师不断给我鼓励,并在我焦急的时候让我摆正心态、仔细斟酌、思索沉淀。

第一篇论文从撰写到修改直到投稿,一共经历了13次,每一次我都会学到新的东西,每一次都会受到苏老师的鼓励。就这样,我发表了学术生涯中的第一篇CSSCI来源期刊的论文。也是因为苏老师对我在论文写作方面的指导,让我在本科期间就系统地感受到做学术的严谨、不易与魅力所在。当我第一次收到论文的录用通知时,我科研的“1”被完全激发出来。

“兴趣是最好的老师”,在苏老师的指导下,我开始热爱学术,喜欢读文献后发现选题的激动感,也喜欢论文完成被录用后的成就感。“先有意思,后有意义”是我读博士期间的座右铭。读博士的这些年,我听到最多的一句话就是“男人、女人、女博士”。今天,当我被现实划分为第三类人的时候,我已经能从愤怒的抵抗转化到骄傲的接受,因为我知道,我的坚持是为了“就算洗尽铅华,同样的工作,我可以有着不同的心境;同样的家庭,我可以有着不同的情调;同样的后代,我可以让他们拥有不一样的素养。”

比起本科与硕士时期的丰富生活,博士期间,陪我最多的就是打印小五字体的中外文文献、厚厚一摞的专业书籍,以及电脑、实验室。没有白天黑夜,分不清工作日节假日,每天对于我来说就是要快马加鞭地读文献、写文章、做课题。于是,仅利用博士一年级一年的时间,我完成了学院的博士毕业标准,博士二年级又获得了博士国家奖学金。博士二年级期间,我的论文已经渐渐有了门道。我的导师曹霞教授,开始教我们撰写课题申报书,实验室充满了学术氛围,每周的例会,每周的学术报告,师兄师姐的谆谆教诲鞭笞着我不断前行。

那一年,我知道了,科研生涯也如逆水行舟,不进则退。就这样,努力做感兴趣的科研的同时,我于2015年顺利拿到了博士研究生国家奖学金,加粗了我学术生涯的“1”。

四、努力培养的“0”

有人会认为,9年的非义务教育生涯,仅仅做了科研,学了知识岂不是太没意思。回想在哈尔滨工程大学的这9年,除了科研和学习,我也有着丰富的课外生活。而让我记忆最深的,就是参与大学生创业中心提供的实训平台,学校“第三空间”创业咖啡厅的经营。有了这一年的经营经历,不仅让我零距离接触了“企业”的简单运作模式,将所学与实际相融合,更培养了我的团队协作能力。

2010年包括我在内的6个人组成的团队,在学院的帮助下,顺利拿下了“第三空间”创业咖啡厅的经营权利。于是,在我们6个人组成的小团队中,沟通能力较强的我,更多的是负责员工的招聘、排班。除了要对招聘的人员进行面试选择,发掘适合他们的工作岗位之外,每个月还要对员工工作情况进行总结。这就要求我需要快速记住每个员工的特点、工作优势及不足，同时要选择适当的方式与不同性格的员工进行谈话总结。在创业计划大赛中锻炼出的沟通能力，让我在经营咖啡厅、面对员工时更加从容，也让我真切地感受到，只要努力，什么都不会白费。

一路走来，除了努力，我也要感谢那么多帮助鼓励我的人。感谢9年来对我生活无微不至的关心、像朋友一样处处为我们着想的辅导员韩微老师；感谢在科研道路上不辞辛劳帮我修改论文、鼓励我前进的导师曹霞教授、张玉喜教授、苏屹教授；感谢一路走来，父母、朋友对我的支持；更感谢哈尔滨工程大学给了我成为幸运儿的平台。

越努力，越幸运。总有一天，你会站在最亮的地方，活成自己曾经渴望的模样！

同学感言 1

张路蓬同学在做科研方面很有灵性，作为与她同班的博士同学，我经常与她交流学术问题，从她那里受到许多启发。她的科研经历和创业经历对于管理专业的学生来讲是将理论付诸实践的过程，我从她身上学到了积极乐观地面对科研压力的精神，以及对于创业实践的热情。

——2013 级博士　杨早立

同学感言 2

张璐蓬同学做事情有很明确的目标，并且愿意为了目标坚持不懈的努力。她对于问题认真求解的精神和反复论证的严谨态度给了我很多启发，对于学术就是要有这种不厌其烦的精神，要慢工雕刻、精雕细琢，这样成功才会来得必然、持续和顺理成章。张璐蓬同学在学术求知和创新实践方面均是我们的榜样，很荣幸能与她同门。

——2014 级博士　王宏颖

辅导员评价

张路蓬同学学习目的明确，学习态度端正，相比于其他大多数同学而言，她有明确的理想，并且有清晰的实施计划，在大学学习生涯的每一个环节都能够严格要求自己，学术上精益求精，学生活动中积极活跃，是一名在各个方面都注重均衡发展的学生。她一路成长收获了许多，这其中有学校老师的帮助，也离不开她自身的努力。因此，若想要成功，要做好时刻的准备，用时刻准备着的心态去迎接挑战，用时刻准备着的状态去充实自我，也用时刻准备着的姿态去收获硕果。

——研究生辅导员　韩微

导师评价

张璐蓬同学有着很好的学习基础，也有着对学术科研的浓厚兴趣和执着精神。她的思维活跃、治学严谨，能够将理论与实践结合，善于与其他同学进行学术交流，喜欢将自己的学术观点、生活经验与其他同学分享，是综合素质和综合能力较强的学生。在进行学术科研研究的过程中，学生们不仅需要培养出严肃的理论精神，还应当注重对于学术交流能力的培养，这在很大程度上也决定了学生在学术科研道路上能够走多远。

——导师　曹霞

科研如夏花绽放

故事主人公　吕锐婵

吕锐婵,女,中共党员。本科就读于哈尔滨工程大学,2010 至 2012 年工作于中航光电科技股份有限公司,2012 年考入哈尔滨工程大学材料科学与化学工程学院化学工程与技术专业攻读硕士研究生,2013 年获得硕博连读资格,在哈尔滨工程大学材料科学与化学工程学院攻读材料科学与工程专业博士研究生。研究生期间,以第一作者身份发表 SCI 论文 12 篇(均为 JCR1 区文章,其中 IF >6 的 7 篇,含 IF >8 的 4 篇),曾获校级"优秀共青团干部""三好学生""优秀宣传委员""十佳学术之星"等荣誉。目前在美国纽约州立大学进行博士后研究工作,于 2016 年 7 月获德国"洪堡学者"基金资助,并被西安电子科技大学聘为教授。

一、路转:我真正想要做的是什么?

我在本科的时候也是一个小学渣,对专业没有兴趣,因为那个时候并未真正接触到科研。我也一直在想,是什么时候我才喜欢科研的?也许就是因为本科毕业后两年的工作让我真正明白自己的兴趣所在吧。工作的前一年,我每天像只勤奋的蚂蚁乐于其中,可是,一年后,我发现自己还是在原地踏步,做着同样的工作,重复昨天刚解决、今天又出现的工艺问题。那天,清晨的阳光洒在我青春的脸庞,而我依然重复着昨天走过的路,行走在公司的主道上,一种愤怒突然产生:我的生活不应该是这样的!而新的想法也随之而来:我要考研!年轻的意义在于去发现,而不该只是周而复始地做着重复的工作。2011 年 9 月,我买了考研资料,利用下班后晚上的两个小时和不加班的周日时光,坚持了 4 个月后,我走进了考场。回想那段挑灯夜读的时光,自己都能被自己感动。那四个月的夜,是我最闪光的日子。

读了很多的鸡汤文,我们都知道:"最幸福的事情就是拥有喜欢的工作和爱人,这样 12 小时是快乐工作,12 小时是快乐生活。"既然走上了研究生的路,就应该全心投入。人类对于任何东西都会日久生情。等我真正进入实验室后,在各种文献、各种实验的覆盖下,我很快爱上了科研。所以,不论你曾经爱或不爱科研,此刻开始每天试着用专业文献熏陶自己,一段时间后,你应该会发现,科研还是很有意思的。

研究生期间,做实验、写论文的状态成了我内心的热爱,这也是为什么我可以忍受“周一到周日不休息,除了吃饭睡觉就是做实验写论文”的生活状态,因为我觉得这就是科研人应有的生活方式。当发现改变实验参数能够生成均匀漂亮的功能型结构时,当构建的复合材料能够具有更优异的光催化性能时,当载药后的多孔材料在光照下能够将癌细胞全部杀死时,这些美好的实验结果都会引发我的开心和激动,小小的成果和进步都会促使我更好地前进。直到现在,还能记得当我第一次使用扫描电镜拍摄出单分散的空心小球时的那种发自内心的感动和兴奋,我也依旧记得第一次将这种成果发表在 *ACS Applied Material and Interfaces* 上的成就感。

二、启航:勤奋是必备的

施一公老师曾提出优秀学生必须具备的第一优点就是“时间的付出”。他说:“每天至少工作 8 小时。这 8 小时,绝对不包含任何休闲的时间,而是完全都在集中精力做研究。如果你的专业是生物科学的话,你要站得两腿发麻,像灌了铅似的,像这样刻苦的学习,才叫工作。时间的付出非常非常重要。”对于我们材料科学与工程的研究生来讲,同样适用。

虽然有了做科研的兴趣,但仅仅喜欢科研而不付诸行动,就只能在科研圣殿的门外徘徊做忠诚的门外汉。我会将这种喜欢执行在实际行动中。我们实验室要求的工作时间是周一到周六,早 8 点到晚 9 点半。这是导师杨飘萍老师的要求,这种要求也反映了勤奋的重要性。发自内心的讲,如果这 10 小时我们能够做到充分利用,已经足够完成学校给我们的博士任务了。当然,我们每个人都有惰性和情绪,这样会使得实际工作时间是小于 10 小时。我本身的性格比较情绪化,这一点是不利于科研的。对于做科研的人来讲,应该是平心静气、具有成熟心态的。所以,我弥补自己情绪化的方法就是更加努力。除了在老师要求的时间范围内进行科研外,中午的两个小时、周日及假期,我都会用来做实验写论文。我们实验室的工作环境比较艰苦,很多人挤在一间屋子里进行实验,而在中午或者假期这个时间段内,实验室人少,比较安静,不论是在此期间分析问题、做实验或写论文都能够发挥最好的状态。所以,如果想做好科研,每天仅仅是按部就班地当和尚撞一天钟是不行的,我们要在海绵里挤水,否则,科研路上就是死路一条。我们必须把一切都献身给科研事业,如果你立志在这一行干下去的话。

需要提醒的是,勤奋的同时也要注意劳逸结合。之所以我能够在高强度的实验投入中依旧保持较高效的工作状态,是因为我会定期跑步、游泳,进行体能锻炼,从而保持健康蓬勃的良好状态。人生本来就是马拉松,不仅要走得快,还要走得够长久。在这里,我也有一种感受:每一种努力进取的人生都是值得尊敬的。

任何你今日付出的努力，在日后终究会有所回报。我一直相信，世间有种永恒的力量在维持着这种平衡和因果。这不是宿命，而是一种生活的经验。

三、坚持：思维养成

如果我们喜欢科研而且愿意将其付诸行动，这已经能够让我们取得些许成果。但如果想有更高的追求，想要在科研路上勇攀高峰，敢为人先，那就还需要具有科研思维。否则，在我们的研究生生涯结束的时候，我们只是在沿袭别人的路的技术员，而不是能够主动开路创造科研奇迹的科学家。关于简单的科研思维的形成，是有章可循的。要快速地与自己领域内的科研主流融为一体，实施方法就是高效看文献，掌握自己学科领域的科学史。有取舍地看也是为了节省时间看更多的精华，让自己的科研嗅觉更敏锐，科研水平更有深度。

四、成长：离不开团队支持

一滴水怎么才能不干涸？答案是，把它放在大海里。同样，花开，如果没有土壤的滋养，只是昙花一现，要想让自己能够一直灿烂绽放，必须有一个支持其成长的环境。我很幸运遇到了我的导师杨飘萍老师。他对我以及我们整个团队的科研水平的提高起着至关重要的作用，大到课题组的人才培养、课题方向等的发展理念，小至论文的投稿修改，他都能准确地把握。更加难能可贵的是，他完全支持我们进行创新实验，这也使得喜欢科研的我能够如鱼得水。同时，导师的严谨和勤奋也言传身教到我们每个人的学习工作中，也正因此，课题组学习氛围特别浓厚，每个人都能够互帮互助、顺心得意地进行科研工作。我们课题组是学校重点发展的“兴海团队”，这个称号既是对我们前期工作的肯定，也是对我们以后工作的鼓励支持，这也使得团队能够天高任鸟飞地进行个人的创新发展。

五、一直在路上

四年前我决定读研的时候，我清楚地记得我弃工作读书是因为梦想，不想年纪轻轻就平庸一生。读研开始的状态，是痴迷的，一心扑在实验上。但是时光是残忍的，成长的残忍，使得我们慢慢放弃梦想。尤其对于女性，有时我们的焦虑、急躁、担忧、畏惧是因为我们深知自己不是天才，环境时机都不对，物质的牵绊也让我们忘了坚持自己最开始的梦想。我们会优柔寡断，不断在选择中纠结。这些都是负面的因素。而我们需要做的就是及时调整心态，在年轻的时候，把想要做的事情做到极致，把每天当作最后一天来活。特别喜欢《百万美元宝贝》上的Maggie，她让我们明白，不论哪天离去，都是心安理得的，因为“我觉得我做得不错”。

毕业在即，我选择加入美国纽约州立大学 Paras N. Prasad 课题组进行博士后研究工作。借用纳米界大牛戴宏杰的话，“今后十年，将决定我到底能成为一个什么样的人，它的开头是在思考、痛苦和希望中来的，它的行进也会是艰难甚至是悲壮的，它的结尾则一定是辉煌的。”所以同学们，保持拼搏的状态，有一天，在材料科研路上，会点石成金的。

同学感言 1

读了吕锐婵师姐的科研心得，感慨颇深。师姐毕业前的半年多我刚进实验室，老师让她带我，我们都亲切地管她叫“婵姐”。在那半年多的时间里，师姐耐心教我实验基本操作，教我如何寻找实验想法，如何克服实验中遇到的种种困难……总而言之，师姐对我的影响是非常多且直接的。“婵姐”科研上的成功绝非偶然，她热爱科研事业，爱思考、会钻研，思维活跃；她勤奋至极，为了实验和论文常常废寝忘食；她具有很强的团队协作精神……师姐的这些优点会永远影响着我，帮助我在科研之路上越走越远。最后，祝“婵姐”在美国顺顺利利，早日学成归来。

——2015 级博士　徐加廷

同学感言 2

读了师姐的科研心得，自己真的感触很深，就像师姐说的一样，在每一个转折点上要有目标，知道自己想要的是什么，只有明确的方向才能指引着我们前行，虽然路途遥远，但是我们是有理想、有目标、积极向上的年轻人。对于师姐的观点我也特别赞成，勤能补拙是良训，一分辛苦一分才。也就是说那些缺乏天赋、缺乏悟性的人，那些缺乏成功条件的人，只要勤学苦练，就能弥补自身的各类缺陷与不足。只有弥补了缺陷与不足，才能够走向成功。首先，一个勤奋的人，一定是一个勇于实践的人。哲学中的实践论已经证明：实践增长才干，实践出真知。所以，勤奋可以让我们每个人都获得以前没有的才干，勤奋可以让我们每个人都发现一些真知灼见。其次，一个勤奋的人，一定是一个勇于战胜困难的人。所以，无论有什么不足与缺陷，一个勤奋的人都会百折不挠地克服它，战胜它，最终取得成功。自己也是这样，相信能用勤奋的付出会有收获，科研路上我们还应该像师姐学习，不断地拼搏进取。

——2015 级博士　冯莉莉

辅导员点评

从吕锐婵同学的成功案例中，我们可以观察到两点：一是要在适当的时机把握好自己的选择；二是选择之后要坚定目标，不断倾心地付出努力。面对初入工作岗位的平淡无奇，一眼看到未来的她毅然决然选择考研，使自己的人生在重要路口做出了重大转折。也许有人认为为何不本科毕业直接读研，但是在那个时间点进行转折对她来讲也许是刚刚好，那个转折点激发出她心底的愿望。另外选择了继续深造这条路之后，面对严肃的科学世界她能够更为严肃认真地对待，将自己倾情付出于这条坚定了的道路上，从而激发出了自己更大的潜能。

——研究生辅导员　李阳

导师评语

每个人的成长道路都充满艰辛，做好本职工作，脚踏实地方能展翅高飞。吕锐婵同学硕博期间表现出色，科研功底好，善于思考，勤于钻研，同时能够保证高效、勤奋的工作。对于她在学习和科研工作上的表现，我比较满意；也期望她在以后的工作路上能够更加完善自己，改正不足，发挥优势，创造出更好的成绩。

——导师　杨飘萍

科研中的一些小事

故事主人公 张栋铭

张栋铭,男,中共党员。本科就读于哈尔滨工程大学,2012 年因学业成绩优异获得推免资格,保送到哈尔滨工程大学材料科学与化学工程学院攻读硕士研究生,2013 年获得硕博连读资格,保送至哈尔滨工程大学材料科学与化学工程学院攻读博士研究生。在本科学习期间,获得国家励志奖学金 1 次,“优秀共青团员”称号 1 次,学院“优秀三好学生”称号 1 次,校级二等优秀学生奖学金 3 次。博士研究生期间,以第一作者发表 SCI 学术论文 11 篇,申请国家发明专利 7 项,其中 6 项授权,2015 年获得研究生国家奖学金。2015 年 7 月赴葡萄牙阿威罗参加“2015 年先进纳米材料会议(ANM2015)”,2015 年 8 月受邀参加哈尔滨工业大学承办的“第十八届全国电化学大会”,均做大会报告。2016 年 6 月至今任中北大学教师。

一、科研起步阶段

在本科阶段,我的成绩尚可,但并不是最突出的,那时候对于科研的认识还很不清晰,单纯是为了想要保研而注重学习成绩。我是在大四下学期开始进入实验室做实验的,当时,实验室老师安排的实验就是本科毕业设计。起初进入实验室,一切对我来说都很陌生,也很迷茫,很想尽快全身心地投入到科学研究领域中发挥自己的创造力,将自己的激情尽快转化为科研产出,但同时又发觉自己一无所知、无从下手。那么对于初入实验室的小白来说,应该如何开展研究呢?在实验起步阶段,我认为,首先,要向自己的指导教师问清楚自己的研究方向,对于老师的安排,要认真听取,对于老师提到的知识点以及研究重点,自己更要查阅相关文献进行详细地分析学习,对所涉及的知识点要善于总结。此时,一般我们的指导教师会安排特定的师兄师姐对我们进行辅导,因此,接下来我们要做的就是要把我们对即将要进行的实验内容以及所不清楚的地方向师兄师姐进行请教,认真听取他们的建议,多向他们学习。刚进实验室,对实验室的设备以及实验操作都比较生疏,更谈不上逐步需掌握的实验设计。所以,对于刚加入实验室准备做实验的同学来说要从了解实验室做起。在向师兄师姐请教完所做实验的注意事项后,要向他们了解完成自己实验所需的实验设备、实验药品以及注意事项。因为在实验室中有很多药品是有毒性的，或者易燃易爆的，比如酸、碱，以及一些可燃气体，它们都是具有一定危险性的，我们在使用前一定要详细了解它们的特性，以及遇到危险后的处理办法。另外，实验室有很多设备都是很贵重的，所以在操作前一定要请师兄师姐进行辅导，以免对实验设备造成损害，影响大家实验的进行。完成这些初步的准备工作后，自己就可以正式开始做实验了。进行科研，对实验的充分准备，对实验室的了解是一个必备的过程。尤其对于我们这个专业来讲，实验室的安全十分重要。在进行实验之前，对于仪器、药品、作用现象要尽可能地掌握，还要掌握实验一旦出现问题时的处理措施，这不仅是一种科研态度，更是一份科研责任。

二、科研进行阶段

虽然在实验前已经做出了准备，并对可能遇到的问题向师兄师姐进行了学习和请教，但对于刚开始做实验的同学来说，实验中仍然会遇到各种各样的没有预料到的困难，甚至使得实验无法进行下去。这时，一定不要气馁，这不仅不是失败，反而是我们取得进步的最佳阶段。只有遇到这些问题，并将它们解决，我们才能取得更大的进步。当在科研和实验过程中遇到困难和问题时，我们往往会变得焦虑、烦躁，但是此时也是我们最有突破可能的重要阶段。尽快将焦虑、烦躁的情绪平静下来，转化为不克服困难不罢休的动力和韧力，这正是否极泰来的关键点。在这个关键点上，我们要么被打倒，从此自信受损，最终碌碌无为无所得；要么打倒它，战胜自我、突破自我，站上新的学术高度。那么通过什么方式可以尽快将焦虑、烦躁的状态调整好呢？此处所说的解决问题的办法，就是老师以及师兄师姐常强调的多读文献，多思考。多读文献是非常关键的，大量地读，大量地涉猎，大量地做笔记，大量地分析，这个过程很枯燥、痛苦。但是"读破万卷书，下笔如有神"这个说法其实是不无道理的，从积累的文献中找寻所研究问题的创新点，从阅读的文献中梳理所研究问题的前沿水平，从接触的文献中也可以潜移默化地学习到学术语言的应用规则。要结合文献，结合自己的实验，分析自己所遇到问题的原因，如何解决以及如何合理地进行理论分析，同时向师兄师姐们请教，询问他们是否在实验过程中遇到相似的问题，寻求他们的帮助。我们常常在学习理论课时说课太难，听不懂，当我们通过阅读大量的文献，并向老师以及师兄师姐请教，解决掉我们实验中遇到的问题后，我们的理论知识会得到很大的提高。搞学术不是闭门造车，做实验不是不与别人交流，学术和科研需要相同或者相关专业的学者经常交流问题，交流的过程中很可能就碰撞出新的火花，对于所研究问题的创新之处就会有所突破。所以，在刚着手实验的过程中，多读文献、多请教是有效提高自己能力方法。

刚进实验室所做的一些实验，更多的是自己初步着手以及学习的过程，是为自己以后进行实验或者科研打好基础，所以这个阶段要有认真学习的态度，以及做好打持久战的心理准备，必须要有耐心。

在认真完成老师所安排的实验后，自己的知识积累以及实验操作等有了一定的基础，自己就要学习设计实验了。要想设计一个实验，首要的仍然是多读文献，只有多读别人的工作，并善于思考、总结、创新，并将所学到的知识应用于自己的研究，才能进一步提高自己。此外，进行科学研究，一定要刻苦，即使你有很多想法，也一定要勤于动手，将自己所学到的知识应用在自己的实验中，这样才能取得成果，不然，所有的想法只能停留在设想阶段。我们要善于将自己的想法进行整理和记录，可以准备一个随身携带的小本子，一旦有灵光闪现的想法就及时记录下来，并且时常翻看，将新旧想法结合，也许就会出现好的思路，构建好的体系，这也是一种"念念不忘，必有回响"吧。因此，学术科研的道路上，我们既要培养好的思维品质，还要形成好的行为习惯。

三、科技论文的发表

在完成一个实验后，要将自己的实验成果进行写作和发表，这是衡量一个研究生学术成果的标准之一。对于学术论文的写作，起初我们要认真地阅读几篇高水平的科技论文，学习别人的语法句子，关键是要使一篇论文具有较强的逻辑性。刚开始写论文，肯定会遇到各种各样的问题，而且写起来较慢，此时要多读文章，并且要将所写好的论文进行多次修改，最好能请老师或者师兄、师姐进行阅读并帮助修改。

进行科学研究的过程中，一定会遇到很多挫折。在面对这些困难时，要有克服它们的信心和勇气才能使自己真正的提高，当不断进取并且付出很多努力后，自己的科研水平会有一个很大的提高。

四、国际会议之行

2015 年 7 月，我参加了在葡萄牙阿威罗举办的"2015 年先进纳米材料会议（ANM2015）"，并做了大会报告。参加学术会议的过程中不断听取国内外科研工作者的学术报告，开阔了自己的眼界。而且，在参加国际会议时，学到的不仅仅是学术的知识，而且在很大程度上提高了自己与国外相关领域学者的沟通能力，将自己、自己导师所带的团队，乃至自己的学生展示在国际舞台上，获得更多的关注，促进学术方面的交流与合作。在国内时，大多数情况是汉语交流，外语仅仅在写作时会用到。但到了国外就是检验和锻炼自己外语水平的最佳时机，刚开始时，很多外语无法听懂，但此时仍要敢于同外国人说话，学习他们的对话方式，丰富自己的阅历，提高自己的外语水平，这对科研也是很有帮助的。

同学感言 1

非常恭喜栋铭师兄获得了国奖，真心为他高兴。栋铭师兄通过这几年不懈的努力和在学术道路上的坚持，以 11 篇 SCI 的科研成果证明了自己，获得国家奖学金，当之无愧，实至名归，持之以恒的精神更是我们大家有目共睹的。每天早上栋铭师兄都是第一个来到实验室，查找文献，研读文章，掌握电化学的发展动态，有时更会通宵在实验室做材料，研究材料性能，他这种刻苦的精神是非常值得我们每个人学习的。“宝剑锋从磨砺出，梅花香自苦寒来。”只有像师兄这样潜心研究学问的人才会在科研道路上有所成就、有所作为，只有踏踏实实地为自己的理想、未来而奋斗才能创造机遇，才会把握机遇，这种人更值得我们每个人敬佩。最后，真诚祝愿栋铭师兄前程似锦，更相信他会在未来大展宏图。

——2014 级博士　张宏宇

同学感言 2

有志者事竟成，破釜沉舟，百二秦关终属楚；苦心人天不负，卧薪尝胆，三千越甲可吞吴。俗话说得好，机会总是垂青于那些有准备的人。科研是一件孤独而枯燥的工作，有的人因受不住这份枯燥而放弃努力，而有的人却一直坚持了下来。栋铭师兄就是坚持下来的典型，当别人还在呼呼大睡的时候，他已经在实验室做实验；当别人已经离开实验室的时候，他仍在实验室学习，失败了总结经验再继续努力。他之所以获得如此之多的科研成果与他的努力和付出是分不开的。一分耕耘一分收获，要想获得成功，就一定要付出比别人更多的努力。

——2015 级博士　宋聪颖

辅导员点评

张栋铭同学十分勤奋，他的科研能力如此之强与他本人的刻苦、勤奋、能够耐得住寂寞、善于自己和自己战斗的精神是分不开的。他有很高效的学习技巧，也有很严谨的学习态度，还有孜孜不倦的乐观的学习劲头儿。科研是枯燥的，需要每天对着实验室中那些瓶瓶罐罐和各种药水，需要研究各类软件和分子方程式结构，但是他能够保持住长效的学习精神，面对这些不觉得无趣，这种状态的保持源于他对于所学专业的热爱以及持之以恒的毅力。他的坚持与执着是广大学生应该吸取的优点。

——研究生辅导员　李阳

导师点评

张栋铭同学在博士研究生学习阶段，认真学习，努力钻研专业知识，作为他的导师，回顾他三年来的博士学习、工作以及生活都是非常满意与欣慰的。他的成绩与他这三年来对科学研究的勤奋努力是分不开的。他在博士研究生阶段的科研、学习以及工作都是非常出色的，相信这些经历和积累都将成为其人生道路上的宝贵财富。希望张栋铭在以后的工作和学习中，继续保持并发扬严谨的科研作风，兢兢业业，争取取得更大的成绩。

——导师　王贵领

科技创新篇

“科技是国家强盛之基，创新是民族进步之魂。”当前，大众创业、万众创新的理念正日益深入人心，政府的政策扶持、社会的广泛关注、高校的全力配合都为大学生的创新创业提供了强有力的保障。

在倡导“科学技术是第一生产力”的今天，科技创新始终是在校学生提升自身价值的重要途径。本篇的8个人物是开展科技创新的典型代表，阅读他们的故事一定会对你有所启发。研究生的科技创新故事包括他们如何将科研成果转化为技术产品、如何把握参加创新竞赛的机会、如何挖掘专业带来的商机、如何将理论模型研发成现实产品促进科技发展，等等。我们所说的创新很多时候来源于一点一滴的积累，是量变到质变的飞跃，是通过勤学苦读的修炼和脚踏实地的付出所得。顺应形势、开阔眼界、开拓思维，创新，其实也可以很简单。

高效能研究生的四种习惯

故事主人公　宋庆飞

宋庆飞，男，共青团员。本科就读于哈尔滨工程大学，2013 年保送至哈尔滨工程大学航天与建筑工程学院攻读航空宇航科学与技术专业硕士研究生。在研究生期间获得一等奖学金 3 次；参加了航天与建筑工程学院举办的首届研究生职业生涯规划大赛和研究生征文活动并获奖；加入学院研究生会组织部；承担多项课题，其中包括纵向 863 国防课题 1 项，国家自然科学基金 1 项，横向课题（分别与哈尔滨工业大学、航天一院合作）3 项；发表 3 篇学术论文，均已被 SCI 检索。目前已签约中国中车集团。

俗话说“习惯形成性格，性格决定命运”，可见习惯是决定人生命运的重要因素。可能开始是我们形成习惯，后来是习惯造就我们。在大学本科甚至研究生生活中，习惯是至关重要且不可或缺的，它同时也能帮助我们更快地走向成功之路。下面，我将为大家分享我所养成的习惯，希望能带给你一些思考。

习惯一：以终为始，方能长进

无论你是考研还是保送，其实这只是一个开始。在读研的过程中，导师确定项目后，学生负责协助导师完成项目和任务，在重要节点导师会对所做工作进行有效干预和指导。在这个过程中，重要的是读研时心态的摆放，要不停地问自己“为什么读研究生?”刚刚读上研究生的我觉得读了硕士，导师的课题多，能够增长见识，拓宽视野，自己以后的发展就一定会很好。然而目睹了身边很多师兄在就业时的种种经历后，我开始明白，无论是学校还是导师，都只是为学生提供了一个平台和开端，让学生有个比较好的空间施展自己，而以后能够发展到什么程度，还得看我们自己的努力程度，能够将导师交付的任务百分之百完成，甚至自己主动去找导师要课题做，坚持下去，相信最后的结果一定会很好。如果是想要混个文凭为了以后容易找工作，那么真的不建议读研。因为根据我自己找工作的经验，应聘时技术面试具有一定难度，完全是根据已有知识进行发散设计，所以单纯为了混一个文凭而读研是很难通过面试的。如果是真的想要学点东西,我想,那么就踏踏实实地跟导师做课题积累经验,这样能够学到东西,最后无论是找工作还是读博,结果都不会差,这就是在最开始摆正心态的重要性。这也是我读研的开始。

大四确定保送研究生之后,即开始跟随导师做课题。而我也就从那时候开始决定,一定要在这段时间多学东西,原因就是研究生这两年半将会是我最后一个系统学习的时间,如果不抓住这段时间,那么将会是后悔莫及的,因为以后工作将不会有这样一整段的时间可以用来积累知识。所以我努力汲取知识,经历了几个课题之后,从一个什么都不懂的学生,到现在有了一定的长进。

习惯二:积极主动,机会多多

在我确定了自己的心态和定位之后,就需要努力发掘自己的潜在能力。其实,在选定学校和导师之后,个人所拥有的平台就已经显示出来,而在这个大的平台上,需要我们勾勒出自己的目标,并且为之努力奋斗,所以说读研的学校和导师选择是很重要的。无论导师给的是什么课题和方向,都要努力去做。导师给学生提供的是一个方向,但是不要局限在这个方向,多跟师兄弟还有同学交流他们所涉及的内容,虽然会听不懂,但是多了解下,绝对是有好处的,尤其是在找工作时候。

从读研开始,导师交给我的任务多是热学和力学方面的内容。但是我没有局限在这个方向上,个人又涉猎了其他方面的文献,做了相关的实验,将方向扩展到其他内容,包括拓扑优化等比较有难度的内容。在以后的工作中,专业对口情况很少,在读研期间,多涉猎一些内容,无形中给自己增加了很多砝码,对于个人以后的发展将是很有助力的。

习惯三:论文与报告常伴左右

对于科研而言,平时的数值模拟和实验测试,最终都以论文和报告的形式展示,所以有一个好的写作思维是很重要的。有的人做了十分有可能才写一分,这体现的是一个人写作的能力。在写论文和报告的时候,平时看论文所积累的知识就显得很重要了,如果没有这些文献知识的积累,那可能词不达意,无法用精炼准确的语言描述自己想要表达的内容。而在平时读文献的时候,可能一个文献中只有一句话或者一个数字有用,这就需要大量的文献查阅。文献能够提供给我们的不仅是这些有用的数据,更多的还有针对某个实验或者数值模拟的具体研究思路。有些人刷文献,其实不建议如此,最好是找到一篇或者几篇比较合适的,然后打印出来研读。发论文一般是导师要求学生一定要去做的事情,不要求是 SCI 或者 EI,但是一定要有一篇或者几篇,那么就要抓住这个机会,无论是从作图还是改动措辞的角度,都能磨炼自己的能力。如果这个任务不能完成,那么以后工作也会无法完成,因为工作也是做项目,同样涉及撰写报告,其过程和读研过程中做科研是一样的。

对我个人而言,自从大四保研就开始大量阅读文献,我记得为了找到某一种材料的参数,查阅了将近 30 篇文献,最终找到了此参数。如果中间放弃了或者自己胡乱编造一个数字,那么最终结果就可想而知了。

习惯四:贪多务得,细大不捐

对我来说,科研永远不可以明日复明日。科学研究要有严格的时间表,无论是针对纵向课题还是横向课题,都要严格按照时间进行实验或者模拟,这是因为课题已经严格规定了验收时间,如果到规定的时间不能够交出成果,那么面临的后果将会很严重。所以不能够有“明日复明日”的拖沓,这样不仅会失去导师的信任,甚至会影响毕业和工作。我在国防 863 项目中期验收之前,实验内容和数值模拟还没有做完,而日期规定的技术报告恰恰需要这些内容,所以只能够连续通宵做实验和模拟,最后终于在规定日期之前交了上去,完成了任务。而在以后的科研生活中,我就充分避免了这点不足,任何事情都提前完成。

科研永远不能眼高手低。“纸上得来终觉浅,绝知此事要躬行。”这是对科研人的真实写照,对于感兴趣的人,科研是很有意思的一件事,而对于不感兴趣的人,科研则是枯燥无味的。有时认为实验或者模拟最后的结果就是某些文献上的那样,而自己亲自去做的时候则是完全不同的结果,所以一定要亲自动手去完成每一个细节。而一个比较极端的情况就是,自认为结果就会是那样所以没有抓紧时间去做,最后时间不够了而要交的成果还没出来。就我而言,一整套大实验中的一个小实验,开始我想当然地认为结果应该如此,而其他的实验要考虑到此小实验的结果,最终导致了其他实验的错误。而亲自去做了一遍之后,结果完全不同。所以,任何的细节都要自己亲手去完成。

科研永远不要怕脏怕累。这点对于经常做实验,并且在实验过程中涉及大型设备的人员是最有体会的。各种各样的设备和材料,都需要人力去搬动,在此过程中有时候来不及戴手套或者穿外套,很容易刮伤自己或是弄脏衣物。记得在一次实验过程中,由于要制备的试件需要高温试验,即升温高达 2 000 ℃。针对这一情况,需要有冷却设备,冷却水进行降温,而在冬天温度零下情况下,冷却水在室外铁质水管中会凝固不流动,导致整套冷却设备失去了作用。因此,在晚上十点做完了实验之后,还要爬到高达 6 米高地方把水放出来,所以这不仅仅是危险而已。不怕脏不怕累才能得出实验成果,才能完成课题要求。也许在此过程中我们获得的收获是隐性的,不会马上显现出来,但是在以后的实际学习生活中,一定会体现出强于别人的一面。

科研不只是研究那么简单。科研是一项综合的活动，在这个过程中会涉及各个部门，比如发论文时候，会涉及涉密审查，到财务处借款事项；购买实验设备时，要涉及借款，开具发票等活动。所以科研绝对不仅仅是研究，不会有人将各种东西都准备齐了供你去做实验，每个人不仅需要设计实验，还要跟各个部门打交道，到最后获得实验成果，作图完成技术报告，整个过程都将是学生自己完成的。

以上就是我的个人经验和经历。明确自己的目的，读研的最终结果是什么，自己要达到什么程度，而后就是百分之百地努力来完成任务。总结起来其实就是一句话：摆正心态，明确目标，但行好事，莫问前程，用好的习惯和毅力让自己做一名优秀的高效能研究生。

同学感言 1

作为一名研究生，我很能感受宋庆飞同学对于“科研”的理解。其实有些人，在大学里很容易迷失自己，在困难来临的时候就选择放弃，通过沉迷于网吧来度过每一天。对于这些人来说，生活注定就是一种失败。然而宋庆飞同学不论是在学习还是在科研工作中都选择克服这些困难，把这些困难踩在脚下。对于每一个人来讲，成功之路是一条寂寞艰辛又荆棘密布的道路，没有任何捷径，必须要通过坚持来克服困难，进而到达彼岸。

——航天与建筑工程学院 2013 级研究生　罗娜

同学感言 2

很多事情的发生都不是偶然的，宋庆飞同学获得的国家奖学金和各种荣誉与他的坚持和努力是分不开的。作为一名研究生，被导师耳提面命是一件很平常的事情，难就难在如何既很好地完成老师交代的任务，又能让自己的兴趣爱好得以施展。很多研究生在第一条路上已经失败，第二条路更是连想都没有想。然而宋庆飞却做到了，不仅让自己的导师满意，还能让自己的兴趣爱好得以施展，最后成功发表论文，这需要很强的韧性才能做到。这对于其他人也是一种很大的启示，唯有坚持，永不言弃，才能获得成功。

——航天与建筑工程学院 2013 级研究生　郭凤至

辅导员点评

大学四年加上研究生期间，不同的同学有着不同的度过方式。但不管是哪条路，最开始总会遇到挫折，前进中总免不了遭遇失败。面对这种情况，面对失败和挫折，心态是尤为重要的。要在这种情况下还能坚持，而不是心灰意冷言放弃，才能越过路上的阻碍，缩短和成功之间的距离。这一点宋庆飞同学做得就很好。不论是学习还是搞科研，能坚持下来并有所成就的人比较少。成功也许有许多因素，但最重要的一点，就是他们在面对挫折的时候选择了继续坚持的心态和永不言弃的信念。

——航天与建筑工程学院研究生辅导员　张德伟

导师点评

宋庆飞同学是大四确定保送研究生之后进入我的课题组开始做项目的。直到研究生毕业这段时间，一直尽职尽责地完成我所分派的任务。对于以实验为主的课题组，项目多且难，但是宋庆飞依旧能够百分之百完成，这是很难得的。在完成本职工作的同时又教会下届师弟师妹，完成了交接工作，宋庆飞是我的得力助手。

——航天与建筑工程学院硕士生导师　于佳

学海漫漫，以行为鉴

故事主人公 赵文圣

赵文圣，男，中共党员。本科就读于哈尔滨工程大学，2010 年保送至哈尔滨工程大学动力与能源工程学院攻读动力机械及工程专业硕士研究生，2013 年保送至哈尔滨工程大学动力与能源工程学院攻读动力工程及工程热物理学博士研究生。2015 年 8 月至 2017 年 2 月获国家留学基金委资助，在新加坡国立大学机械工程系做联合培养博士研究生。研究生期间公开发表学术论文 6 篇，申请及协助申请软件著作权 7 项，参与申请发明专利 8 项。目前是博士四年级。

很高兴能有这个机会同大家一起分享我的故事。2015 年 8 月，我很荣幸地获得了新加坡国立大学联合培养博士研究生的机会，在我回国后总有人问我这个问题，在这几个月里我出国都经历了什么？又收获了什么？那么我今天就来说一下我在哈尔滨工程大学和在新加坡国立大学经历。

一、循序积功至千里，事事尽心终绽香

我始终相信机会总是留给有准备的人，其实学校里很多人觉得搞科研的人都是那种每天泡在实验室，两耳不闻窗外事的书呆子，其实不然，这完全是以偏概全。我就是那个“例外”的活跃分子，本科期间我是院系的学生会副主席，研究生阶段又很荣幸地担任了班长、校学生工作处助理、院系兼职辅导员等。虽然一项一项繁重的工作经常压得我抬不起头，占用了我大量的时间，经常搞得自己手忙脚乱，有时甚至需要花费学习时间去做好必要的事情，但每一项工作都让我受益良多，我的交际能力、处事能力在这期间都得到了很大锻炼与提升。认真工作的过程中必然会遇到许多困难，尽管这些困难可能会使我们沮丧，会使我们对自己丧失信心，然而在我看来，只要尽自己最大的努力去做，无论结果如何，我们都会有收获，而且收获的时候会得到更大的快乐与满足。我始终相信现在所经历的痛苦、学习的技能、积累的经验，在未来的某一天一定会派上用场，他们在未来都会成为我们在竞争者中脱颖而出的关键。果不其然，在我出国的这一年多的时间里，我良好的人际关系处理能力的确让我在异国他乡收获了不一样的温暖，让我感受不到身处异国他乡的孤独与寂寞。所以，这短短几年的学生干部经历，让我

受益匪浅,我认为这是我一生中极其宝贵与重要的财富,它使我在之后的工作、学习生活中少走许多弯路,更是我克服困难,完成任务的关键因素。

我现在依然记得研究生阶段第一次独自出差搞项目,对方是国内某高校,项目的具体内容是要给对方的柴油机台架进行电控化改造。该柴油机的控制器是我们学院动力装置电控技术研究所自主开发的,我虽然对控制器比较了解,但是缺乏配机的经验,而此次出差的任务就是配机。导师为了让我得到一些锻炼,就让我自己负责这个问题。我心怀忐忑地接受了这个任务。到达现场时已经接近下班时间,对方高校老师看到来的仅仅是个研究生,就不够信任,态度也比较冷淡,见面寒暄过后就问第二天工作的详细计划和安排。这让我感到有些难受,毕竟当时我仅有理论,而欠缺经验,虽然没有慌乱,但回答得也缺乏底气,对方老师半信半疑地先下班走了。此时实验现场还有几个对方实验室的硕士,我决定以他们为突破口,先熟悉一下工作环境。此时,之前担任学生干部的经历就起到了至关重要的作用,前期锻炼的交际能力让我很快地融入了进去,愉快交谈的同时我还了解到很多关于该项目的研究进展和细节。这样一来,对于接下来的工作我心里便有了底,也更加有信心做好这个工作。

第二天开始工作时,对方老师看到我跟他的学生打成一片,对我的态度也渐渐发生了转变,不再如最初那样怀疑与冷淡,我的压力也小了很多,工作自然就进展得比较顺利。当天工作结束后,我们共进晚餐,交流项目的同时互相加深了了解。就这样,我先与对方高校学生建立友情和信任,然后在他们的帮助下逐步取得对方老师的信任。因此在这个项目中,即使遇到问题,大家也会心平气和地分析原因、解决问题,项目就在这种愉快的氛围中圆满完成了。这件事更让我确信了一个道理,一个拥有良好交际能力的学术型人才,才能更加成功。这更坚定了我努力提升人际交流能力的信心,争取做到在各种场合都能妥善解决问题。我相信此时的付出一定会在未来收获到令人惊喜的结果。我深深感受到之前付出的正确性与重要性。

二、多闻良师语,省却曲折途

研究生第一学年,我的学习成绩和综合成绩都是专业第三,当时无论提前攻博还是硕博连读都没有问题,而且我的导师马修真教授也非常支持我读博。他从整个学科发展和行业发展的角度为我剖析了读博的必要性,然后结合我的兴趣帮我选择了一个合适的研究方向。遗憾的是,那时的我对行业发展和工作性质了解非常有限,却自以为是,没有听从两位导师的建议,打算硕士毕业就找工作。然而等到真正求职的时候,才发现硕士学历已经很难找到自己感兴趣的工作,加之两年研究生的学习,我也意识到自己掌握的专业知识不够深入,继续进修十分必要,于是又选择了读博,这时已经耽误了一年时间。此时我才深刻地理解了一个优秀的老师对我们的巨大帮助。

读博以后，马老师又建议我争取机会去国际顶尖大学交流一段时间，看一看顶尖大学的研究方式，开拓下自己的眼界。在那之前，我只是对出国交流抱有一点点想法，并不强烈。经历过上次的事件，这一次我决定听从导师的建议，开始积极准备雅思考试，联系外方导师，申请联合培养项目，直到后来获得资助，来到新加坡国立大学做访问研究。针对导师当前的研究方向和硬件条件，我又结合自己的兴趣对研究方向进行了微调，微调后的研究方向恰恰是当年马老师帮我选择的研究方向，但是这一切晚来了三年，不能不说是一种遗憾。虽然目前在新加坡仅仅学习了四个月的时间，但由于受到了不同研究思维的洗礼，我的思维能力得到了显著提高，视野也得到了较大的拓展。我坚信，经过接下来一年多的学习，我一定会收获更多。在人生这个过程中，我充分意识到导师们的眼界和认识是我们年轻人所不具备的，我们需要的就是放下轻狂，塌下心来听取他们的建议，这样我们会少走很多弯路。一个良好的导师给我们的不仅是学术上的帮助，更多的是对生活对人生的帮助，有了他们，我们能少走许多弯路，这样我们才能走得更远，取得更大的成就。

三、正道沧桑欲细火焚金，前途漫漫需积滴凝海

自大学以来，我学过的所有数学类考试成绩都在 88 分以上，但这都是应试教育的结果，我的基础其实并不扎实，掌握得也不够系统。读博后这些弊端尽显出来，当年偷懒所缺的课程，现在需要花好几倍的精力慢慢补回，浪费时间不说，更耽误了项目的进度，补回的过程更是苦不堪言。

在科研的过程中，我也深深体会到了这点。图省事、急躁冒进是一定节省不了时间和精力的，这些敷衍跳过的工作，在接下来的过程中，轻则需要花几倍精力来弥补，重则导致整项工作的失败。还记得在一次研究开发新控制单元的过程中，有一项比较枯燥的实验。当时考虑到研究进度，我对实验进行了简化。这的确加快了当时的进度，也对下一步的工作影响不大。但当工作再继续深入下去的时候，我突然发现简化的那部分实验对整个控制效果产生了极大的影响，最终只能重新补做，加上实验台变动耽误的时间，整个工作进度反而受到了拖累。这件事过后，我便吸取经验教训，脚踏实地地走好每一步，最终的结果才会令人满意。所以每一点进步都不会凭空获得，每一阶段的成功也不是靠运气就可以获得的，而是勤勤恳恳、日积月累的结果。同时我也相信，“成功需要脚踏实地”不仅适用于学习和科研，也适用于走上职业生涯后所从事的每一项工作。这件事使我认识到，做事就要脚踏实地，一步一个脚印，图快速、图方便的事万万不能做，有时一时的方便带来的后果就是花费更多的时间与精力去弥补。

以上是我这些年来学习生活中得到的一点经验和体会，现在分享给师弟师妹

们。无论是经验还是教训，希望大家都能引以为鉴，有所收获。一晃，在工程大学已经度过了这么多年了，我已经深深爱上了这里，希望所有的工程人都能度过充实快乐的大学生活，找到一个理想满意的工作。

同学点评1

三人行，必有我师焉。每次和他一同出去，心中就莫名产生了一种自卑感，他对任何方面都有所了解，可以说上知天文，下知地理，也激励着我们多读书，多掌握知识。

——B414030015　张相元

同学点评

作为他的室友及同学，他生活中的点点滴滴都是那么严谨，让我感觉到我的生活中都不需要镜子，因为他就像一面镜子，无时无刻不照映着我们，使我们找到了前进的方向。

——S315030078　师康康

辅导员点评

赵文圣同学作为我们动力学院的一名尖子生，可以负责任地说，这是我见过最能吃苦的学生之一。我经常可以见到他与他的导师或者同学争论问题，而且与众多的导师保持良好的关系，亦师亦友，这让他的学习生活随时随地充满热情。

——辅导员　李唯一

导师点评

俗话说：书山有路勤为径，学海无涯苦作舟。在我看来，赵文圣同学仿佛学海中的菲尔普斯，畅游书海，甚至说达到了无书不欢的地步。正是由于读书多的缘故，他的见识远远超过其他同龄人。他是我的得意门生之一。

——导师　马修真

公平，从努力开始

故事主人公 陈 晓

陈晓，女，中共党员。水声工程学院2005级本科生，2009年保送至水声学院硕士研究生，2011年9月提前攻读博士研究生，现在是博士五年级学生。研究生期间发表EI文章1篇，获专利2项，获校一等奖学金2次，校CASC一等奖学金1次，获“校三好学生”荣誉称号。

非常高兴能与大家分享我的成长故事，今天的题目是：公平，从努力开始。为什么选择这个题目？最近有学妹问我，我们专业女生找工作好找吗？其实无论哪个专业女生找工作都处于相对弱势的地位，这个问题是我们无法回避的，也必须接受这个事实。那么之后呢？无非就是两个选择，要么抱怨，要么努力。我记得有句名言，“与其抱怨黑暗，不如点亮蜡烛”。我认为与其抱怨对女生的不公平，不如以男生的姿态去努力。我的成长故事主要分为三个部分。

一、学习时忘掉性别

工科的学习不仅包括理论学习，还包括实践动手能力的学习和提高，我并不因为自己是女生而减少或者放弃这方面的学习机会。这部分我要跟大家分享两个故事。

1. 机器人大赛的故事

2013年6月，作为哈尔滨工程大学机器人队的队员，我与团队一起，代表学校参加在国防科技大学举办的亚太大学生机器人大赛国内选拔赛。这次经历让我印象深刻，真可谓一波好几折啊。这第一个波折就是坐火车。为了节省开支，队里只给上场的操作手买了硬卧，其他队员则是硬座，从哈尔滨坐到湖南长沙大约30个小时左右，我是第一次坐这么长时间的火车，下车后双腿已经肿了。从正常时候的小象腿，变成合格的大象腿。第二个波折是坐集装箱。第二天需要把机器运到一个大学的体育馆进行赛前调试，为了保证机器不在运输过程中受到磕碰，影响比赛，我们所有人和机器一起在一个小型货车里，但是由于这种车是不允许在装货箱载人的，所以只能把门都关严以防被发现（由于时间紧迫，我们只能这么做，实际上，这是违反交通规则的，我们的做法是不对的）。湖南的夏天啊，在一个集装箱里挤了十几个人,密不透风,真是汗如雨下,当时我还傻傻想:流了这么多汗可以减肥了,所以心里也没有辛苦和委屈的感觉。后来才知道,这种方式消耗掉的不是脂肪,而且容易导致身体脱水,怪不得当时感觉晕乎乎的,总想睡觉。集装箱里没有坐的地方,我们就这样扶着机器,再互相扶着,离体育场的距离本来就很远,加上这种"乘车方式"更是让人觉得路途遥远。我们在体育馆的篮球场搭建了比赛场地,开始调试。中午大家以乒乓球台为饭桌,陆续吃完后继续工作,有的实在是困得受不了就躺在篮球场地上睡一觉。第三个波折就是体验湖南的暴雨,给我这个北方人的印象就是,那个雨下来给雨伞的压力,感觉雨伞都快撑不住了,更悲催的是,有一天所有人都没带雨伞到体育馆,晚上该回宾馆休息,雨一直都不停,最后我们就与我们的机器"分享"了他们的雨衣:塑料膜。刚走出不远衣服就已经被雨水湿透了。到达宾馆后,衣服已经开始滴水了。第四个波折是受伤。在马上比赛前,调机器的过程中,一次机器车程序跑飞,正好我在旁边,结果小腿被车刮了三条口子。为了不影响上场操作队友的情绪,我和看到的几个人商量不要说出去,我特壮士地坚挺着装作啥事没发生一样,默默走开去处理伤口。后来,那几个队友称我为勇士,他们说:"真正的勇士,敢于面对流血的小粗腿儿"。

机器人大赛虽然一波四折,可我确是乐在其中的,先不说能收获什么,我很享受一群人为了一件事而全情投入的感觉。

二、我和蚊子的斗争

因为是保送本校研究生,所以在大四就提前进入课题组跟项目。我觉得这一段时间不可小看,说起来我比同届生多了一年的收获呢,因此我在研究生刚入学的时候就能够跟着导师参加外场实验了。2014 年 9 月,我跟随课题组去青岛某码头进行整装调试,课题组是分两批去青岛的,我和老师是后过去的,我和我的老师,两位"女将"背着调试用的电路板还有一些必备工具,背着处理数据的两个笔记本,大概每个人负重两个笔记本加生活用品等。到达目的地时天已黑了,夏天的码头晚上蚊虫特别多,即使是在白天,调试间也都是黑色的被亲一口就会起一大片包的蚊子。我们就忍着痒痛坚持调试,实在忍不住,于是想到一个好方法,就是用透明胶布把露在外面的皮肤缠起来,防止被蚊子叮到,我就想人类的智慧应该都是与大自然斗争中产生的吧,我还跟同学们调侃想针对这项发明申请个专利呢!但是你想啊,撕的时候那感觉,很酸爽很难忘啊。但是为了不痒,我们只能这样了,而且还挺神奇,如果已经被叮咬的地方贴上胶布忍一会儿,也不痒了。

我认为技术、理论如果没有得到实践验证,就失去了意义和活力。而验证并且将其应用的过程是很微妙的,你会亲眼见证正确理论的强大,就像一个预言家,下一步会是什么结果,会有什么样的现象,仿佛一些东西已被你主宰,其实是很酷的。

当然,出差、实验是非常耗体力也非常考验毅力的一件事。可是同时我也在问自己,如果在学习时因为自己是女生的原因放弃甚至是排斥这样的机会,那么我们如何要求单位在工作时忽略你的性别呢?

下面我讲成长故事的第二部分。

三、沟通时记着性别

从性别角度来看,我认为女生在沟通方面应该具有先天的优势,感性,有亲和力等。所以在沟通时,我很注意把这方面的优势充分发挥出来。有效的沟通,就是借力用力,它可以帮助我们以直线距离到达目的地。我还记得已经毕业的实验室师兄教我关于 DSP 平台的知识,还有实验室的博士师兄教我算法,还有师姐教我织围脖,教我游泳。一次老师们开玩笑地说:“指出一个途径,你就能挖掘出宝贝来!”在这里我也特别感谢师兄师姐们毫无保留的传授。真正让我体会沟通的力量的是下面这个故事:

课题组 2015 年 3 月份准备利用工控机完成一个项目,我负责算法在这个平台完成工程实现。工控机买来了,问题也来了,卖方口头上保证是宽带输入的,结果发现不是,加上课题组没有人会使用它!怎么办?只能与卖方协商了,但是东西卖出去了,卖家的态度,你们懂的。我对卖方说:“能不能核实到纸面上?这个指标对我们工程实现很重要,而且目前我们也发现了有点不对劲。你如果不能立刻答复,我可以等你一段时间,可以给你时间去公司确定。但是麻烦您一定要给我们真实的、确定的回复。”当时感觉自己还蛮强势的,但是感觉气氛略僵。后来我反思了一下,转变了态度,包括后来遇到问题谦虚地去询问技术支持,他刚开始是很真诚地说没有办法。后来又说,看你是个学生,还这么谦虚认真,我就帮你问一下我的客户们。说得我还颇为感动。就这样经过多次沟通,问题终于得到了解决。

我室友曾经说过,人活着把姿态放低点会更快乐,更轻松,想想也有一定的道理。很多时候很多人,对我来说,都在可帮与不可帮之间,关键是我们的态度。古人说的三人行必有我师,真的很对。我觉得能教我东西的人比比皆是,世界上最不缺少的,就是比你强的人。

下面是我成长故事的第三部分。

四、找工作时让单位忽视性别

水声专业近几年的就业形势非常好,身边的同学大约在 10 月份都已经签了单位,而且质量都很高,大多能找到自己满意的单位,签约研究所的很多。但是,单位在招聘时还是会考虑男女差别的。我在找工作时就想在水声行业内工作,所以我锁定中船重工集团的研究所。我一共得到了4个offer,有715所和726所,国内做水声的核心单位,750所属于试验场,701所属于总体所。这4家单位面试的时候都跟我说过女生的问题。

记得面试时726所人事说过,其实我们不是歧视女生,只是比如经常需要合作出差,有时候比如去部队出差,连个女厕所也没有。之后面试的715所有人事也曾说,出差对于女生来说很辛苦。我当时脑袋一热,马上回了句:只要有女厕所就行,当时被自己笑喷了。

应该说他们在招录女生时是有犹豫和担心的,但是最后我都获得了他们的offer,我觉得正是我忘记性别的努力和有效的沟通,才使得用人单位忽视了我的性别。另外,我还想与大家分享一下我701所面试的故事。

我大约是在9月中旬中船专场时投的简历,11月份接到笔试、面试通知。701所面试时问的第一个问题是为什么想来701所,第二个问题让我做三分钟的自我介绍。我分析第一个问题就是提醒我在面试的时候要对你所面试的单位有较为深入的了解,比如企业的文化、经营理念等,这也是对企业的一种尊重,也体现了你认真诚恳的求职态度。第二个问题是提醒我在找工作前要有所准备,包括短小精悍的自我介绍、精炼的求职简历、面试和笔试的内容流程等,这些只要我们用心,在网上都可以查到。在这里可以推荐一些有意去BAT的同学,想试试这三家的可以注册"牛客网",那里有历年的网测题,还有面经。听师姐的建议,我当时还准备了英文简历,只是没遇到机会投出去。刘延东是继吴仪之后新中国的第4位女副总理,她有句名言:"工作中要忘记性别,生活中要记住性别",送给姐妹们共勉。总之,你不努力,永远不会有人对你公平,只有你努力了,有了资源,有了话语权以后,你才可能为自己争取公平的机会。这就是我作为一名工科女生的故事,非常欢迎大家和我交流。

即将毕业,感谢水声学院6年的培养,带给我美好的回忆,教会我应该如何做一名合格的水声人。最后祝愿所有的水声人都能度过充实快乐的大学生活,找到自己满意的工作!

同学感言1

陈晓同学的故事让我看到了一个坚忍不拔的女孩,让我看到了一个勇于拼搏的女孩,让我看到了一个自强不息的女孩。她的故事诠释了:先天的不足可以通过后天的努力来弥补。性别对于一些女同学来说也许就是先天的不足,性别的问题让她们处在找工作的劣势中,这不是歧视,只是出于工作强度的考虑。但是,当你不够优秀的时候,你的不足就是你找工作的障碍,因为这让你的不足很明显;当你足够优秀的时候,性别的问题就会被忽视,因为你的优秀会让你的不足显得微不足道。对于努力的人来说,他们可以找到公平,对于自怨自艾、无所作为的人来说,他们的生活将充满不公平。在生活的河流中,人就像逆流的鱼,要想改变命运的安排，到达自己的人生高度，就需要不断逆流而上。

——2014级研1班　杨梦准

同学感言2

常有人说，工科女生不好找工作，容易受歧视，陈晓同学的故事却告诉我们，虽然无法改变事实，但是改变自己也可以让自己拥有同样的机会。性别，既可以是劣势，也可以是优势，而在不同的场合应用会收到不同的效果。劣势不是绝对的，而恰当地应用所谓的劣势，可能反而会收到意料不到的效果。所以，当你无法达到预期目标的时候，与其去自怨自艾或者怨天尤人，倒不如换一个方式，换个姿态，只要努力，就可以更接近成功的大门。公平，从努力开始，曾经的汗水和泪水将灌溉出灿烂的未来。

——20130513班　李金谕

辅导员点评

即便在倡导男女平等的现代社会，工科行业依然会依据性别划分出一条潜在的分界线。陈晓同学则用自己的故事向同学们重新诠释了公平的定义。大学的平台证明了女生具有不逊于任何人的聪明才智，可是大多数女生却被工作的环境恶劣、条件辛苦筛选出去。公平正如陈晓同学所说，当你不再强调自己的独特应受恩宠，而是以拼搏的姿态勇于承受别人所承受之苦时，公平之门就会向你打开，机会总是留给有准备的人的。公平从来不是抱怨可以换来的，自身能力的强大，是获得它最直接有效的途径。

——研究生辅导员　谭琦

创新三部曲

故事主人公　韩　笑

韩笑,男,中共党员。水声工程学院2007级本科生,2011年被保送至水声学院硕士研究生,2013年9月提前攻读博士研究生,现在是水声工程学院博士三年级学生。研究生期间获国家级学术成果奖励3项,发表SCI论文3篇,EI论文3篇,获专利2项,获国家奖学金1次,校CASC二等奖学金1次,校一等奖学金2次,获"校优秀学生干部标兵"荣誉称号。

大约10月份的时候,我接到了学院的任务,让我与大家分享一下我的成长经历。然后我就在脑海迅速搜索有什么可以跟大家分享的故事,但是貌似得到的结果是"没有与搜索条件匹配的项"。开个玩笑,只是觉得自己的故事比较平淡,害怕耽误大家的时间,但是在于书记的鼓励下,我今天还是讲述一下我的学习生活经历。

2007年8月,我考入哈尔滨工程大学水声工程学院,2010年9月获得保送研究生资格,2013年9月通过硕博连读方式成为一名博士研究生。在研究生阶段我觉得大家可能听到最多的词就是创新,写文章需要创新,写专利要有新颖性,硕士博士开题需要有创新点,因此我们竭尽全力、绞尽脑汁地追求创新,被虐得很是痛苦。那到底什么是创新呢?我认为创新不单纯是"人无我有",别人没有想到的你想到了,创新还是别人想到的没有去做的你去做了,别人想到了也去做了但是没有你做得好,即"人有我优"。那么到底如何才能做到创新呢?也就是我今天故事的题目,创新三部曲。

一、跟着走——做笔记的能力和科研的能力同样重要

创新的第一步是跟着别人走,重点是模仿式的学习,学习前人在这方面积累的知识、经验和所达到的高度。我认为这个阶段,我们自己的积累是非常重要的,而这种积累只靠脑袋是不行的,必须要做笔记,做笔记的能力和科研的能力同样重要,我跟大家分享一下我与笔记本的故事。

我第一次与我的导师见面时他送我的礼物是一个笔记本。当时我还很激动,想着导师很看重我,第一次见面就给我礼物,后来才知道对于每一个进组的学生

他都会送一个笔记本。

当时导师要求我们用这个笔记本记录阅读文献里面比较好的句子或者新颖的方法，每次和导师交流学术问题的时候也都需要带着这个笔记本，某些创新的想法就能被及时记录下来，类似于图片展示。说实话当时我没有太在意，心想不就是记笔记嘛，现在这个本子我快用完了，我已经明白老师的用心良苦。如果没有笔记本，没有这个良好的记笔记的习惯，我不会取得这些成果的。从某种程度上说，记笔记的能力其实是与科研能力是同样重要的。

我的笔记主要分为两类：一是文献笔记。4 年来，我累计阅读文献 120 篇。按照通信体制的不同，我把下载的文献分类整理，比如说 OFDM 水声通信的文章我就单独建立了一个文件夹。在 OFDM 这个研究方向比较有代表性的就是 Milica Stojanovic 和 Zhou Shengli 等人，然后我就以他们的名字建立新的文件夹分别保存他们发表的相关文章。当然也不是所有的文章都是自己感兴趣的或者跟自己研究方向密切相关的，因此我还建了一个文件夹用于专门存放那些让我受益匪浅的文章。除此之外，我个人还比较喜欢读纸质的文献，目前纸质文献笔记 50 篇，这样方便我在文献上做标注。我一般边看文献，边打开 Word 文档，边整理文章出彩的部分，然后复制过去，标上文献的标题和作者等相关信息，方法操作简单，将来要查询和反复的时候会有很大帮助。二是试验笔记。对于试验数据处理结果我也及时保存下来；一方面有些结果可能是经过长时间运行得到的，如果不及时保存再次运行程序会浪费很多的时间；另一个方面这些数据的处理结果可以直接成为我们撰写文章的素材。

大家也许认为没有技术含量，大家都会做，但是正像刚才提到的别人会做而没做的，这也是一种创新，这个习惯是我前行的基础。

二、并肩走——交流比埋头苦干更重要

创新的第二步是并肩走，这里的并肩走并不是说你已经到达这个学术方向的顶端，而是指我们要积极地抓住机会甚至是创造机会与同方向的学术牛人交流，深入了解这个方向的问题。这里我想与大家分享一下我与斯克里普斯海洋研究所 MPL 实验室 H. C Song 教授的故事。

哈尔滨工程大学每年都会拿出经费支持研究生出国进行短期的学术交流或者参加高水平的国际会议。我有幸先后参加了第 164 届、第 166 届和第 169 届美国声学学会。

2012 年 10 月第一次去参加美国声学会议，会议在美国堪萨斯城召开。第一次当着许多外国学者做报告，我非常紧张，10 多分钟的英语汇报，最惨的是还有交流，全程下来我衣服都湿了。国外学者特别注重交流，对于你报告中不太清楚的问题他们会很果断地向你询问，即使由于时间关系没能现场提问，他们会后也会

找机会跟你交流。

当时的分会主席就是 H. C Song 教授，当时我对他不是很了解，直到 2013 年我决定申请国家留学基金委的联合培养博士生项目的时候，才知道他来自美国加州大学圣地亚哥分校斯克里普斯海洋研究所，是时间反转镜水声通信方面的牛人。H. C Song 教授也是我联系的外导之一，我把我想要去他那边联合培养的想法告诉了他，并且为了能得到他的回复，我把国际会议期间与他的合影一起附到了邮件里。没想到很快得到了他的回复，并且很乐意接收我去那边做联合培养。说起出国留学这个事情，我想很多同学还是非常感兴趣的，去国外好的高校或者科研院所学习确实能给自己带来不少的收获。参加国际会议其实是一个很好的结识自己专业领域国际顶级学者的机会，能够大大增加自己成功申请留学单位的概率。

2013 年 12 月，我第二次去参加美国声学会议，本次会议在美国旧金山召开。由于会议之前就做好了功课，所以这次会议我有针对性地跟一些学者进行了简单的交流，包括自己正在从事的相关研究以及读他们文章里面一些比较感兴趣的问题。

期间有一个小故事跟大家分享一下，我把他叫作一个问题引发的思考。记得当时我在听一个关于信道相干时间测量的报告，H. C Song 教授突然坐到了我旁边的位置，然后问我如果让我去设计一个 OFDM 系统，我会怎么设计它的数据块长度。听到这个问题的时候我的脑袋里是空白的，后来他让我结合信道的角度去思考，我才恍然大悟，原来他是想让我从信道相干时间的角度设计数据块的长度。他后来解释，其实任何一个搞水声通信研究的人都不能脱离了水声物理层面，只有对声学的本质认识比较透彻，才能设计出可靠有效的通信系统。我才意识到自己平时设计水声系统的时候并没有对于通信参数有过多的思考，其实这在实际应用中会存在很大的问题。这件事后我再思考问题时，思路自然就开阔多了。

前段时间我读了 H. C Song 教授关于自适应时间反转镜的几篇文章，采用这种方法处理自己的试验数据时总不能取得较好的效果，然后我就把自己遇到的问题以及自己处理数据得到的结果发邮件给 H. C Song。我很快就收到了他的邮件，在邮件中他提出了我可能存在的问题，然后建议我应该怎么去做。按照他的方法，我很快就完成了算法的改进，得到了想要的数据处理结果。

三次国际会议让我明白，交流比埋头苦干更重要，至少现在我不会因为语言障碍而放弃交流的机会，我的交流也不仅限于导师和师兄，还有文章作者、学术上的牛人，现在我仍然与 6 位国外教授保持着邮件往来。

三、领着走——拓展学术能力比完成科研任务更重要

创新第三步是领着走，同样要指出的是领着走并不是指你已经成为这方面的学术大牛了，而是指在这个方向上找到突破口，找到创新点。这一步我认为拓展

学术能力比完成科研任务更重要,或者说我的目标不应该仅仅是拿到硕士、博士学位,而是提升自己学术能力,这里与大家分享一个故事,外场试验的故事。

2012 年 8 月份我第一次参加了课题组组织的外场试验,试验地点在黑龙江省牡丹江市莲花湖。第一次参加外场试验的我跟很多人的心情是一样的,非常兴奋,充满了期待。第一次参加试验我就给自己定了一个目标:通过这次试验我要学会相关仪器设备的使用以及如何开展水声通信试验。

试验的第一天是在船头和船尾开展仪器联调,把所有的仪器搬到试验船上后,有些觉得任务已经完成的同学就躲在阴凉的地方乘凉。而我围绕老师身边认真学习每一个仪器的连接及使用方法,发射端包括信号源、功率放大器和发射换能器;接收端包括水听器、放大滤波器、采集器等,以及其他一些水声通信必要的辅助仪器,如声速剖面仪。这样一天下来我基本已经掌握了试验仪器的使用方法。

经过了一天的仪器联调,所有的试验仪器达到了最佳工作状态,第二天就正式开始了通信试验。不同于前一天的岸边仪器联调,现在发射设备和接收设备分别放在了两条船上,试验人员也被分成了两批。为了更加熟悉仪器设备的使用,我就每天去不同的船。试验过程中老师先是近距离发送信号,然后将发射、接收船距离逐渐加大,采集不同信噪比下的试验数据。试验过程中还将发射换能器和接收水听器布放在不同的深度。当遇到问题的时候我也会及时向老师或者师兄师姐请教,比如发射换能器为什么要布放在这个深度?声速梯度对水声通信的效果会产生什么影响等问题。现在看来那次莲花湖试验我基本实现了既定目标,学会了常见仪器的使用方法,又了解了开展水声通信试验的大体流程,这也为我今后作为试验主要负责人奠定了很好的基础。

经历了几次这样的试验,我逐渐积累经验,现在我已经能够自主组织通信试验,并成功开展了大连市小长山岛、冬季松花江等试验,获取了宝贵的试验数据。当然我说的这些经验没有技术含量,甚至简单到可以不屑一顾,但是如果不学习就一定不会,更不用说作为组织者组织试验了。我觉得这是一个工科生的基本素养,无论是本科生、硕士生、还是博士生都应该掌握,什么时候意识到都不晚。

跟着走,并肩走,领着走的过程就是模仿—学习—创新的过程,我把它称为创新三部曲。这就是我的故事。转眼间我已经在学院已经渡过 8 个年头了,一路走来,我特别感恩于学院的培养。在国家大力推动海洋强国战略的大背景下,我觉得在未来的很长一段时间我们水声人将大有可为,我的故事就讲到这里,我们水声人的故事会一直传承下去。

同学感言 1

看了韩笑师兄的故事,让我明白一个道理,那就是作为一名研究生,要想让自己在某个领域有所作为,就一定要静下心来有所积累,才能由量变再到质变。俗话说得好:不积跬步,无以至千里;不积小流,无以成江海。同时积累也并不是只看就行的,好记性不如烂笔头,韩笑师兄的故事也让我更加明白,记笔记的习惯对于积累学术知识是多么重要。有了积累,你才能从中总结规律,发现这个领域的前沿方向,让自己在科研的道路上少走弯路,并且可以从文献中做得不足的地方寻找创新的突破口。韩笑师兄的成长经历不仅为我树立了一个很好的榜样,同时也为我指明了科研道路上前进的方向。

——14 研 4 班　景杨

同学感言 2

一个人的力量是有限的,人们也常说一加一大于二,现代社会也越来越强调合作沟通的重要性。通过聆听韩笑学长的故事,我更加懂得在学术研究的道路上,沟通比埋头苦干更重要。沟通能够让别人帮助自己认识到自己的知识盲区,还能在这个领域交流不同的想法,给自己不同的启迪。通过和不同的人沟通,自己思考问题的角度也能更全面。韩笑学长的成长经历也让我意识到参加国际学术交流会议的重要性,可以站在这个领域的制高点,去学习国际上的领先想法和技术,做到与时俱进。通过和国外专家交流,既能锻炼自己的表达交流能力,也能学习别人的先进经验,是一个提高自己非常好的机会。自己也要积极努力做出成果,争取有机会参加国际交流会议,提升自己的综合能力。

——15 研 4 班　朱炜晔

辅导员点评

科研工作是辛苦的,创新的历程是痛苦的,把每一项工作都做到“人无我有,人有我优”更是要付出比常人更多的心血。韩笑同学的故事就给我们呈现出了这样一个优秀的科研工作者。从跟着走到并肩走,再到领着走,韩笑从一名实验室的“新人”,成长为一名可以独当一面的“大师兄”。这其中从量变到质变的成长经历值得大家效仿,他勤于思考,埋头苦干的科研精神值得大家学习。研究生是一个学生快速成长的阶段,在这个阶段需要学习的不仅仅是全面的专业知识,严谨的思维方式,明确的科研方向,更需要养成锲而不舍的钻研精神,永不言弃的坚韧品格。所以韩笑“模仿—学习—创新”的创新三部曲值得每一位同学学习和思考,在国家大力推动海洋强国战略的大背景下做一名合格的水声人。

——研究生辅导员　谭琦

挫败，只能让我更加强大

故事主人公 郭蕴霆

郭蕴霆，男，共青团员。本科就读于东北大学，于2013年保送至哈尔滨工程大学信息与通信工程学院攻读信息与通信工程专业硕士研究生。研究生期间获得硕士国家奖学金1次，发表二区SCI 1篇，中文EI 2篇，受理专利2项。目前已签约京东金融。

接到学院“分享成长故事”的任务，心中的确是百感交集。欣喜于自己的成长受到学院的肯定，忧虑于自己的经历是否算得上“指路明灯”。但也确实有无数的话在心里蠢蠢欲动，想将自己的经历和经验述于笔尖纸上，希望能为学弟学妹们的成长提供些许帮助。

一、有的放矢

有的放矢，“的”是靶子、目标，“矢”是箭，引申为努力。只有有目的地奋斗，才能不荒废光阴。这四个字，正是我用几近荒废的大学四年换来的教训。

本科时期，由于性格偏内向，朋友圈和信息渠道狭小，没有足够的见识和眼光来为自己定下大学奋斗的目标，也未能抓紧有限的时间，真正地定位自己并规划未来的发展。因此，我本科期间内所有的学习目标，都仅凭着自己的兴趣，盲目制定：尝试过Java、C/C++和C#等编程语言；了解过Html、Xml等网页格式语言；实践过Linux操作系统；学习过数学建模、参与过大学生创新竞赛；考取过计算机四级和软考中级网络工程师的资格认定；学习过Photoshop、Vegas、AE等图像视频编辑软件；也摸索过三维模型建立软件，甚至学习了手绘和素描等美术技能。看上去琳琅满目，听起来无所不知，但实际却是略懂不精，转瞬就忘。

我一度困惑于我付出的时间和我收获的无知，不平于我尝试的努力和我取得的结果。本科毕业，在保送读研之前面试华为：面试官对我的要求是从socket脚本编程，降低到数据结构，再降低到快速排序算法。我眼睁睁地看着面试官的表情从期待到失望，再到无奈；而我最后提交上去的答卷只是一份简单到不能再简单的冒泡排序。那一刻，四年来的努力，四年来的点点滴滴都回荡在我的脑海中。我有些恨我自己，多年来我曾为之沾沾自喜的小小成就，有多少是在浪费时间，突然间四年来的那么多努力像是一面镜子咔嚓破了,镜里的繁华烟消云散,原来这些表象的繁华只是我自己的一个梦,我始终没有一个方向,又何谈前进?我突然懂了,我的努力是漫无目的的,我学习了表象却没有钻研内在。没有目标驱动着我的前进,我一直在原地瞎转。我兜兜转转略知一二,却始终没有明确自己的方向,也就是一直在四处兜圈子,做了无用功。

与其广而不精,不如专深一处。试问,没有瞄准靶子的胡乱射箭,除了浪费了箭矢与体力,还能有怎样的收获?

二、努力比起点重要

起点决定现在,但决定未来的是目标。其实所谓成功,不过是在朝着目标孜孜前行的路程中必然会出现的风景。

2014 年初,也就是我研一即将结束的那段时间,我听到了很多好消息:例如我本科两个找工作的室友,分别跳槽至网易和百度这两个互联网企业的巨头;本科另一个保送本校的好友,在仅半年多的时间里,就发表了他的第一篇 SCI。那时候,由衷为他们开心的我,却突然深刻地感受到什么叫羞愧,也深刻地感觉到什么叫差距。我在本科毕业后的一年里,收获了什么?只有平淡无奇的成绩和一知半解的学术。那种被知根知底的好友突然拉开巨大差距的感觉,五味陈杂。那时候我就决定,研究生期间要发表一篇高水平 SCI,毕业要找个不比他们差的工作。也只有这样,我才能给他们,给父母,也给自己一个交代。但同时,畏惧和迷茫却无时无刻不在啃噬我的内心,我知道“一步先,步步先”的道理,而当时相较于他们的成果,我的起点连他们的背影都看不到。我也犹豫过是否定一个相对容易的目标更好,但内心的傲气终究无法接受这样怯懦的想法——连目标都不敢定下,何谈超越自己,追赶别人。

唯有加倍努力,无论数以倍计,抑或数以十倍计。既然失去了清晨,只有与星辰为伴。不管梦想有多远,伸出手梦想就更近些。在每一个慵懒的午后,在每一个寒冷孤独的深夜,在每一个鸡鸣未至的清晨,在每一个倦怠来临的时刻,我边咬咬牙向梦想再走一步。功夫不负有心人,如今的我终于达成了我的目标,迎头赶上,并万分庆幸于当时不甘人后的心气战胜了畏缩不前的心魔。如果当初忧心于我的起点,害怕于我要付出的代价,没有设置这样的目标并为之努力,而是随波逐流的话,那我想如今我并不能在这里写下这样漏洞百出却发自真心的文字,也不会有现在松了口气,一身轻松的感觉。

三、失败是成功之母

从小学开始,我就知道有这么一句话:失败是成功之母。然而直到现在,我才真正能明白它的意思。有时在我们洋洋得意的时候,生活会给予我们当头一棒,教会你生活其实并不是那么容易。这是挫折,也是一份惊醒。很庆幸生活一棍子将我拍醒得足够早。

其实,回顾我的学习生涯,除了中考以全县第七的成绩赢得了我人生中的第一台电脑之外,并没有什么成功可言。高考发挥失常、保研择校失利,一连串人生重要节点的挫败向还年轻的我袭来,幸运的是我没有被彻底打倒。经历过这些让我更加强大,比起顺风顺水、一帆风顺,正是这些挫折让我坚韧,让我无惧前途未知的挫折。所以我敢说,即使再来一次这样的失败,我依然能再站起来,将"永不放弃"树立为支撑我不断努力的信念——既然不满于现状,那有什么理由放弃努力。也许失利与失常让我站不到更高的平台,可这些永远不会成为我自甘于此的理由,我的心里永远有一万个不服气,一万个不服输。既然站不到顶点,那我就没资格抱怨。错过了太阳,就不能再错过星星和月亮,我便只有风雨兼程。我相信风景,往往之于迷途。同样站在终点的峰,我的回忆中的起起落落会更加精彩。我不服输,所以我不怕苦!正是这样的信念,让我在一次次的失意这后,总能快步赶超。在研究生毕业之际,与他们走在了相同的起点上。

感受最深的莫过于投稿 SCI 的艰辛之路,这篇 SCI 论文,经历过 6 次拒稿,有一次甚至已经返回了大修决定,却在修回后的最后关头再次被拒。一次次满怀希望,一次次投出自己的心血,得到的回应却是冰冷的回绝,拒稿,拒稿,拒稿!我的心就这样一次次被无情地摔向谷底。我一度升起过放弃的念头,但最终还是坚持下来了。因为一次次的拒稿都会返回相应的审稿意见和拒稿理由,而每一次的仔细修改都是在修补论文中的一个个短板,从语言组织到论文结构,从学术理论到实验数据,每一次修改都是对论文的补漏和升华,我总可以看到论文的一点点进步,看到自己对学术领域认识的一点点进步。一点一滴中,伴随着一次次的修订,我像只蜗牛一点一点向上爬,等待阳光静静投向我的脸。我能清楚地感觉到这些提升和它们为我的成功打下的基础,这也是我能最终坚持下来的理由。从这件事中,我明白了坚持二字真正意味着什么,这份坚持是为了心中的执念,这份坚持不是盲目痛苦的,而是真真切切地看到了坚持带给我怎样的改变。坚持与放弃就在一念之间,放弃了也就放弃了,而坚持意味着一切。也正是从这件事中,我才明白失败并不可怕,可怕的是自己没有从失败中吸取教训,反而选择了自我否定。坚持自己,坚持最初的执念,正像丘吉尔说的:"永远永远永远,不要放弃!"就是这份坚持铸就了我的 SCI!

归根结底,走向成功或者说实现目标的过程,是一个不断学习、永不放弃的过程。只有不断学习,才能不断充实自己,让自己每一次尝试都能站得更高、走得更远;只有永不放弃,才能在遇到挫折和失败的时候,选择再接再厉而非自我否定。就如那句话说的一样——不能够摧毁你的失败,只能让你更加强大。

同学感言1

看了学长的故事,对于我的研究生学习生活产生了巨大的震撼。刚从大学本科迈向研究生生活的我们,对于科研还没有初步的了解,由于一些学业的压力,甚至不愿意主动去了解,这对我们之后的深入研究会是巨大的阻碍。我们必须向学长学习,从开始就明确行业发展对研究生的技能和素质的要求,从而使研究生学习生涯事半功倍。

——2015级研究生　王宇

同学感言2

学长对于成功和失败的看法让我思考起自己的问题,在科研过程中不可避免地会遇到苦难,不仅是新方向的突破还是论文的投稿。如果仅仅靠着一次热情是永远无法成功的,学长的成功不仅来自于自身的目标确定和为之付出的无尽努力,还来自于对于失败的正确认识,这一点在科研过程中尤其珍贵。

——2015级研究生　关亚男

辅导员点评

郭蕴霆本科是东北大学的学生,进入我院学习后能够快速适应研究生学习生活,并且积极地确定自身目标,从各个渠道了解行业需求,从而全面地确立了自身在研究生阶段的培养计划。这种对方向的明确把握和对自身能力的确切定位,让他能够从研一开始就成为同龄人中的佼佼者。

——研究生导员　孙安斗

导师点评

郭蕴霆同学在实验室一直是一名踏实肯干,上进刻苦的学生。在硕士研究生学习期间,不仅能够做到专业课程学习成绩优秀,专业理论架构扎实,而且能够高效地将专业理论知识融入科研项目中,参与并组织多项课题,成功发表了有价值的学术论文。郭蕴霆作为实验室的榜样人物,激励着实验室的学弟学妹踏实学习,勤奋努力,将失败的经验转化为成功的动力。

——研究生导师　赵春晖

有心者时间自来

故事主人公　周艳民

周艳民，男，中共党员。本科毕业于哈尔滨工程大学核科学与技术学院，于2011年免试保送哈尔滨工程大学核科学与技术学院攻读硕士研究生，于2012年获得硕博连读资格继续在哈尔滨工程大学核科学与技术学院攻读博士研究生。本科及研究生期间，获得国家奖学金1次，国家励志奖学金2次，校一等奖学金4次，校二等奖学金1次，校三等奖学金1次；获得校三好学生1次，优秀共青团员和优秀干部各1次，哈尔滨工程大学优秀本科毕业生。

一、志不坚者智不达

经过本科四年在哈尔滨工程大学的学习，我努力掌握科学技术理论知识，四年的时间我没有丝毫放松对自己的要求。也许有的同学经过紧张的高中学习阶段之后，对于大学的学习会产生放松的心态，但是我认为高中的艰苦努力不是为了到大学来享受安逸，而是为了获得一个更好的平台进一步学习专项知识。想要做成一件事情，最需要的品质就是坚定。经过四年的不懈努力，我终于以学习成绩优异而获得了研究生推免的资格，进入哈尔滨工程大学核科学与技术学院继续深造。我的研究生课题是以国家重大专项项目为依托的安全壳长期过滤排放技术研究，主要是针对福岛事故以后的安全壳超压保护问题。在课题的前期准备工作阶段，各项任务顺利进行，所有人热情激昂，对整个项目充满信心。随着准备工作的结束，项目进入正式的研究阶段，开始的一段时间内，进行得比较顺利，各项技术指标均都按期完成，正当所有人准备欢呼雀跃的时候，最后一项技术指标的测试结果却明显低于要求值。为了保证结果的可信度，我们对这项指标进行了反复测试，但结果依旧难以满足要求，这无疑给所有人的头上浇了一盆冷水。考虑项目的进度要求，接下来的很长一段时间内我们都在尝试各种办法，希望能够获得有效的改进方案。然而事与愿违，我们似乎尝尽了所有办法，结果依然不能让人满意。在那段时间里，导师会经常鼓励我们，他常说每一次失败都会让你离成功更进一步，我也坚信，一定有解决问题的办法。因此，在差不多半年的时间内，我整个人都沉浸在与项目相关的信息里，甚至做梦都会思考问题的症结所在。但是，令人沮丧的是，在付出了半年多的努力后，依然毫无进展。这个时候，项目组里的一些同学要毕业找工作，参与项目进一步探索的人员陆续减少，同时也有部分同学对整个项目的未来发展失去信心，认为这是一项不太可能完成的工作任务，出现了消极的工作和研究情绪。最终，项目组从最初的十几人锐减为不到5人。在继续坚持的这些人里，基本都是在成绩上并不是最优秀的，但是，却都有着相同的价值观，都是对于科研和学术有着执着追求，面对困难和障碍不畏惧、不抱怨，想的是如何才能解决问题的这样一群人。我们全都坚信，“志不坚者智不达”。为了解决项目上遇到的难题，我们决定顶住压力，不再追求进度上的突破，而是转向对于机理的研究，希望通过机理研究发现问题并提出可行性的改进方案。当沉下心来开始进行基础研究的时候，一些非常细小而容易被忽略的问题逐渐被发现，而恰恰是这些问题导致了最终指标受限。经过一段时间的研究和分析后，我们再一次提出了改进方案，而这一次我们信心满满，经过测试后，改进后的方案使得技术指标得到了大幅提升。

这件事情，让我的心智得到了极大的磨炼。在以后遇到类似的或者更大的困难，我都不会畏惧，因为我坚信“志不坚者智不达”。

二、有备者方有机遇

由于我所从事的研究课题在国内尚属首例，虽然国外早在20世纪90年代就已经开展了相关的研究工作，但是由于商业竞争的原因，长期对我国实施技术封锁。因此，我们的绝大部分工作都是从零开始的，踩着石头过河，走了很多的弯路也经历了很多的失败。近两年由于核安全的受重视程度不断提高，这一研究课题在国际上逐渐成为热门问题，我们所面对的研究环境才开始有所好转，研究的成果也才开始有所突破。2015年9月份在日本京都举办了世界和谐核电大会，主要讨论与核安全有关的几个重要议题，我向会务组投递了参会论文，同时获得了学院资助的名额。就在准备会议资料的那段时间，我偶然间读到了一篇论文，是与我研究课题直接相关的。论文的作者是日本东京中央电力研究所的一位教授，在读到这篇论文的时候我异常激动，因为这是发表可见的唯一一篇直接相关的技术性论文，在与导师商讨后，我决定通过论文上的邮件地址，尝试与作者取得联系。很快论文作者给我回复了邮件，并且对我的研究内容十分感兴趣。在进行几次往复的交谈后，我提及9月份要到京都参加国际会议，并希望能够参观对方的实验室，做进一步交流。对方爽快答应了，并且建议进行一次专题研讨。因此，在去京都开会之前，我首先抵达东京并按计划进行了为期一天的交流和参观。经过交流得知，对方和我们的研究思路以及研究进度基本相同，面临的问题也非常相似，但是解决的思路完全不同。经过这次短暂的交流，一方面让我对自己的研究更加有信心，同时也与对方建立了长期的合作交流，为以后的进一步发展奠定了基础。

这件事情,给我的震撼和冲击是巨大的,这不仅对我之后继续深入从事相关研究有着长效的影响,更重要的是使我意识到积极主动获取信息的重要性,同时也要做一个善于准备的人,这样在机会来临时,才能够更好地把握住。也就是说,做科研以及做任何需要长久投入的事情时,我们需要不断从现有的研究成果中进行原始材料的积累,增加自己的知识储备。这样在看到有效信息的时候,我们才能够一眼分辨出它的价值。当确定了其价值,我们就要想办法尝试将这个价值转化到自己的研究上来,尽可能地获取更深入的信息,不尝试、不开拓、闭门造车,永远不会有太大突破。

三、有心者时间自来

鲁迅曾经说过:“时间就像海绵里的水,只要愿意挤,总还是有的。”我所从事的课题属于工程类项目,由于有进度上的要求,大部分的时间都在实验内容上。与我一起攻读博士学位的同学大部分做的都是基金类的基础研究项目,撰写学术论文的时间就相对充裕,所以他们的学术成果都会比较丰富。有的时候大家常常开玩笑说,做工程项目的毕业都要慢半拍。说者无心,听者有意,我听了这些话心里很不是滋味。与他们相比,虽然白天的时间相对较少,但是大家晚上的课余时间是相同的,为了证明自己,我决定要把课余的休息时间充分利用起来。首先我要对自己一天的行动内容进行梳理,确定哪些时间是可以被利用的,哪些时间是可以压缩的。经过一番梳理发现,其实可以被利用的时间有很多,其中包括别人休息的时间,做实验的间隔,甚至路上的时间都可以被利用。基于这样的梳理过程,我在别人休息的时候,处理白天的实验数据,一方面为第二天的实验内容做准备,同时也为写学术论文准备素材。在投出自己的第一篇论文后,我忐忑不安,几天后接到编辑部的通知,论文修改后可以发表,看到这个消息让我激动不已,也大大增加了我的信心。在接下来的很长一段时间内,我不放过任何一丝可以利用的时间,别人休息的时间、做实验的间隔,都可以用来思考,这期间也让我学会了统筹方法,将时间的利用率提高到最大。经过时间的最大化利用,我在完成实验进度的同时,发表论文及专利 19 篇,其中英文论文 5 篇,中文论文 9 篇,发明专利 5 篇,这也让我获得了 2015 年度的国家奖学金。

在很多人眼里,由于每天要处理的事项很多,因此时间都被支离破碎地分解了,这样显得时间总是很少。可是深入地想一想,他们眼中的时间只是正常的工作时间,这些时间里还要做一些与工作无关的事情,真正能够用来工作的时间就自然会少得可怜。很多人也会抱怨没有整块的时间专注做事,时常会被各种会议、电话或者紧急的事情打断,其实问题就在于时间并没有被合理地安排和支配,没有考虑如何支配自己的时间,如何利用有价值的时间,如果这些问题提前考虑周全,并对时间进行合理的安排和利用,工作时自然会少一些干扰。

以上是我对自己做科研学术和项目的总结。我认为最重要的事就是要坚定信念，为了信念要积极储备知识，并在埋头若干的同时，还要抬头看路，勇于、敢于、善于抓住机会，这些都是在能够有效、合理地支配自己的时间开始的，做好时间管理是我们获得成长的根本保证。

同学感言 1

我与周艳民是博士研究生的同学，他是一个非常务实求真的人，在科研上敢于挑战，具有很强的开拓精神，解决了很多课题上的难题。从他的成长故事中，我学习到在面对科研项目停滞不前的状态下，还要坚持自己的初心，尽量摒除掉焦虑心态，执着于自己的选择。

——2012 级核学院博士研究生　余志庭

同学感言 2

我是周艳民的研究生同学，我们曾经一起在研究生党支部工作。工作中他很认真，也很负责任，极少抱怨，这也在很大程度上感染了周围的其他人，让大家在工作上更加有激情。我从他身上学习到了乐观、坚韧、永不退缩的精神和刻苦钻研、不浪费每分每秒的求知态度。

——2011 级核学院研究生 1 班　朱晓桐

同学感言 3

周艳民是我的师兄，我们在同一个课题组合作学习，他是一个很有见地的人，在课题遇到困难时总是能够提出有效的解决方案，为课题的进展做出了很大的贡献。他也是一个很负责任的人，平时经常敦促我们多思考、多实践，给予了我很大的帮助。他平时很乐于帮助我们，喜欢与我们讨论项目问题和科研方法，让我明白了在学术上保持交流、开放的重要性，闭门造车不仅进步不大，而且容易丧失信心，有的时候好想法、好建议真的是群策群力才能得到的。

——2013 级核学院研究生 1 班　苗壮

辅导员感言

周艳民同学成绩优异，科研工作认真严谨，发表多篇学术论文，曾获得国家奖学金。热心公益，多次参加学校、学院里的志愿服务工作，为人稳重，几年来对待党支部书记工作兢兢业业，恪尽职守，是不可多得的全面人才。

——研究生辅导员　江凌

导师感言

周艳民同学是一位很出色的博士研究生，工作上尽职尽责，也很有自己的想法，在课题的进展上起到了不可或缺的作用。他平时为人也很乐观、和善，与师兄弟和同学之间关系处理得很好。从整体上看，他是一个比较出色的学生，是学生群体当中的好榜样。

——导师　孙中宁

梦想与现实的距离

故事主人公　孙觊琳

孙觊琳，男，中共党员。本科毕业于哈尔滨工程大学核工程与核技术专业，于2013年通过推免方式被哈尔滨工程大学核科学与技术专业录取。研究生期间综合平均成绩100.28分，其中学习成绩83.28分，SCI、EI及会议论文加分17分。研究生期间获校一等奖学金2次、国家奖学金1次，发表被SCI收录的论文1篇、被EI收录的会议论文1篇，并有1篇SCI源期刊论文正在审稿，1个软件著作权正在审核。2014年7月出席在捷克布拉格举办的第22届核工程大会，参加会议交流并小组宣读论文。参与科研项目工作4项，协助指导本科生毕业设计13人次，拟申请读博深造。

一、理论与实践的距离

第一次参加科研项目是在2013年7月本科毕业设计答辩后，作为保研而来到实验室的我提前进入了科研工作。此时，核科学与技术专业的大部分专业基础课程和公共课，包括传热学、流体力学、编程基础、微积分等课程我都已经学过，但是还没有机会在实际工作中去应用它们。当时，我信心满满地复习了一遍传热学和流体力学，并重新学习了Fortran语言。而科研项目的工作现在看起来十分简单——编制一个实时仿真的除氧器程序。但在当时，没有任何工作经验的我却被这个工作弄得手忙脚乱。我按照教材上的算法列出了相关传热方程，却不会数学求解，也无法将时间项加入到我的方程中。沮丧的心情犹如一大盆冷水浇在我的头上，让我知道我虽然学会了很多理论知识，但是并不会将其应用在工程实践中。

为了解决我所遇到的问题，我反复地咨询实验室里的其他老师、师兄。好在实验室的各位老师和师兄都很热心肠，很乐于为我解答相关问题。按照他们的指引，我去图书馆借阅了一些实时仿真的书籍，并在网上查找了相关材料，最终成功地将时间项加入到质量守恒方程中，并将传热模型动态化，最终完成了实时的动态模型。

然而，成功的喜悦并没有持续多久，尽管我将模型实现了动态计算，但模型的动态响应很不理想，在某些特定的工况下，模型甚至会出现除数为零、程序算死的情况。为了解决这一问题，我翻遍了大量传热方面的书籍，然而，教材上列出的关系式都是针对某一现象的稳态关系式，对于瞬态过程很难有精确的关系式进行描述。正当我沮丧的时候，参与同一项目工作的105所工程师田波帮了我的大忙。他仔细告诉我为什么会出现除数为零的情况，以后该怎么处理程序才能使程序计算结果既能保持连续、符合理论分析，又能避免死区。在他的帮助下，我成功地将模型的动态结果完整地算好。当2014年年底项目鉴定时，我的模型已经能够达到很高的精度和动态响应了。

参加的第一个项目教会了我如何将学过的知识转化为实际的工程应用，让我受益匪浅。从那个项目以后，我便可以顺利地编制换热设备的模型，将传热学上理论的方程转化为实际工程中的模型。

二、失败与成功的距离

并不是每次科研都会顺风顺水，科研项目中遇到坎坷、失败，甚至推倒重来都是常见的。然而，有的同学建立的模型被推倒后，就没有了前进的勇气，不再继续前进。其实，失败是成功的台阶，失败一次两次，甚至多次后，调整自己的状态，解决遇到的问题，成功是一定可以达到的。

2013年9月，在参加第一个仿真项目的同时，我又加入了中国实验快堆仿真机的项目组。一开始，作为师兄的助手参加工作。第一项内容是我与另一名同学共同完成的，就是将师兄们建立好的单张流网图连接起来，成为整体。我们学会了软件的操作后，觉得这个工作十分简单，就是单纯地复制、粘贴、替换、编译和连接程序。于是我们并没有仔细去做，编写了一段脚本程序让他们自己连接起来。结果到了要用的时候，发现错误百出、不能操作。这么简单的工作竟然做失败了，沮丧的打击可想而知。

然而，师兄们并没有责怪我们，他们指出了我们的脚本程序里面有诸多的不足，工作仍然需要手动完成，不能过分依赖程序的自动操作。于是，我们将连好的程序版本废弃，从零开始重新连接。这一次，我们吸取了上一次的经验，全程采用手动编写程序的方法进行连接，并进行了部分测试后交了上去。然而，这次的版本依然存在问题，容器内部的水位已经计算错误超过了容器高度，我们并没有发现这个问题。于是，这个版本又废弃了。

经过我们多次的努力，在废弃了近10个版本后，2013年11月末我们终于成功连接出了可以应用的版本。虽然版本可以应用，但仍存在不少问题。2014年12月末，我们还曾经推到过前一版本，从零开始重新建模。幸运的是，经过多次改版，我们的流网最终可以达到设计要求，并且顺利通过项目鉴定。

一分耕耘自有一分收获。尽管被否定、被推倒的版本耗费了我们大量的心血，然而这些心血绝对不是浪费的。没有这些失败，就不会得到哪里需要改进的信息,更不会得到下一版本该改进哪里的结论。失败在科研工作中是不可避免的,但是失败以后,进行合理总结,将经验归纳出来,在下次的尝试中逐渐改掉缺点与不足,并继续发现新的缺点,最终一定可以将失败转化为成功。我们专业的流网图大多采用 Jtopmeret 软件绘制,该软件的特点就是需要多次调试。很多时候,我们辛苦调试了一周甚至两周的流网,却会在几分钟内被否定。随着资料信息的更新,流网时刻需要重新修改。因此,有些人就会在失败面前停滞不前,最终离成功失之交臂,实在是十分可惜。

三、英语与世界的距离

2014 年 1 月,我向 *Annalsof Nuclear Energy* 期刊投出了我的第一篇 SCI 论文的初稿,仅仅几周就被退回。编辑给出的意见是英语太烂,不符合期刊要求。看到这个评论我觉得自己一口标准的东北英语该改一改了。于是我订阅了 *NY Times* 的电子版,并阅读了大量的英文参考文献。最后,我在同学的帮助下,掌握了英文科技论文的基本写法。在修改了我的论文之后,我将其重新投递给 ANE。这次编辑很快做了审稿处理,经过三次修改后,2015 年 9 月出版见刊并被 SCI 索引。

2014 年 3 月我的论文被第 22 届国际核工程大会录用。学院组织了出国前的试讲,将自己的文章内容宣读并回答提问。在这一环节中,我虽然勉强过关,但是仍深深地感受到自己英文的差劲。虽然可以听懂提问,却在慌乱中难以准确地回答提问者提出的问题。另外,由于宣读论文时过于紧张,导致英语发音颤抖。针对这个问题,我每天找同学做我的陪练,每天对着他练习论文,并让他问我问题。时间一久,我们把可能问出问题的地方都做了详细的准备。2014 年 7 月,当我在会议上真正宣读论文时,我已经没有了试讲时的紧张感,能够顺利、清晰地读出论文内容、工作方案、研究成果等。台下乌克兰大学的同学们的提问,我也顺利做答,对于会议主席的问题,我也清晰地予以回应。

作为研究生,最重要的是要知道目前同行们的研究情况,自己的研究是否属于重复研究。因此,必须尽可能多地与世界各地的同行进行学术交流。而目前,学术交流的通用语言就是英语。因此,我们必须练好英语,做到能够准确描述自己的科研内容、听懂别人的科研内容、听懂别人的提问、准确地向他人提问、准确地回答他人的问题。在此,我深深地感谢孙广睿同学和闫昊同学,是他们的帮助让我的英语有了质的飞跃,而好的英语水平,让我能够发表英文论文、参加国际会议,让我了解核工程行业目前的科研现状,让我有机会与世界各地的研究者、大学生交流自己的思想。2015 年 5 月,我的第二篇 SCI 源期刊论文投向了 *Progress In Nuclear Energy*。由于英语的提高,没有出现被编辑以英文水平问题退回的尴尬场面。目前论文一审已经完毕,修改稿及恢复意见也已完成,正在二审当中。

硕士研究生的生涯即将画上一个句号。这个句号包含着所学与所用的磨合、成功与失败的较量，它是圆满的、幸福的。现实与梦想的距离在我的努力下逐渐缩短，我相信自己终会抵达理想的彼岸。

同学感言1

看了孙觊琳同学的故事，让我明白一个道理，那就是从事科研工作，要想让自己在某个领域有所作为，一定要有拼搏精神，积少成多，最终成功。拼搏依靠的是坚韧不拔的耐力和细心，这两个因素必不可少。孙觊琳同学的故事也让我更加明白，胆大心细对于科研工作是多么重要。只有心细，你才能从中总结规律，发现这个领域的前沿方向，让自己在科研的道路上少走弯路，并且可以从文献中做得不足的地方寻找创新的突破口。孙觊琳同学的成长经历是进行科学研究工作人员的榜样，也是我继续科研的路径。

——2013研1班　朱少民

同学感言2

合作是非常重要的，个人的力量非常有限，在科研工作中无法单打独斗。通过了解孙觊琳同学的故事，我更加懂得在学术研究的道路上，沟通合作比埋头苦干更重要。在科研工作中，沟通合作是成功的基石。孙觊琳同学的成长经历也让我意识到不仅与实验室内部同学交流沟通是重要的，与相关领域其他单位的同行之间进行交流也是十分重要的，它可以开阔我们的视野，让我们得知目前其他单位的研究情况，清楚自己的研究方向。孙觊琳同学的故事对我深有启迪，也是我日后工作的重要经验参考。

——2013研1班　闫昊

同学感言3

在我还没有加入实验室之前，进行本科毕业设计的时候，孙觊琳师兄就曾经大力帮助过我。随着对他的了解，认识到他是一个对学习、科研充满渴望和干劲的人。他对编程的态度，无论是程序框架，还是代码格式，都严格要求，一丝不苟；他对项目工作与课题研究的用心程度，让人觉得科研工作是他生活的全部。它可以为了攻破一个项目难关连熬两夜，对此我深深敬佩，以他为楷模。孙觊琳师兄的故事，将一直激励我在科研学术的道路上不断前行！

——2014研3班　庞勃

辅导员感言

孙觊琳同学成绩优异，具有坚定执着的科研精神，一直严格要求自己，在科研工作中不断前行，勇于挑战自我，不断突破。

——研究生辅导员　江凌

导师感言

孙觊琳同学的个人学习基础和学习态度都很好,他在将所学理论转化为操作实践的过程中遇到问题时,不仅自己潜心钻研,也懂得寻求他人的帮助,这种踏实开放的科研态度将帮助他一步步走向成功。

——导师　薛若军

深海远洋记——感受水声的力量

故事主人公　郭　俊

郭俊，男，中共党员。水声工程学院2009级本科生，2013年通过个性化保研途径保送至水声学院，2016年3月毕业。研究生期间获国家级学术成果奖励3项，获校一等奖学金2次，获“校三好学生”“校优秀共青团员”，“香港城市大学优秀志愿者”等荣誉称号。目前，已经签约中国船舶重工集团715所。

7年的大学生涯即将结束，作为一名即将离开的水声人，今天我带着感恩与不舍和大家一同分享属于我们自己的故事，我的深海实验的故事。2015年5月，由于我所参与研发的深水高精度综合定位系统在实验时需要技术支持，本来在没有名额的情况下，通过实验室老师的极力斡旋，最终作为团队唯一的学生代表，参加了为期80天的海洋实验。

我的故事分为四个主题。

一、海上实验室

首先给大家介绍一下我们乘坐的这艘考察船，考察船一般被称为漂在海上的实验室。我们所搭乘的这艘科考船名为“科学”号，它具有全球航行能力及全天候观测能力，是目前国内最先进的综合性科考船。

从外观来看，这条船，船长100米、宽20米、深9米，排水量约4 600吨，船的设计是短宽型的，因而它的稳定性很好，不容易晕船；从高度上的来说，大概有六层楼高。船上搭载的科考装备有深海拖曳探测系统、重力活塞取样器、电视抓斗等深海探测设备、同时还有多个海洋科学实验室。其中，无人缆控潜水器“发现”ROV号，被称为深海利器，它能够下潜到4 000米～6 000米海深，并配备有深海高清摄像系统和机械手，能够进行海底可视化取样分析。

船上生活区主要有休息区、餐饮区、活动区。休息区一般为四人间，空间与火车上的上下铺基本类似，另外有一个很小的卫生间，虽然自带电视机和收音机，但是基本没有信号。餐饮区则较为宽敞、明亮一些，能同时容纳 40 人就餐。活动区集中于船的前甲板，它也是直升机悬停区，但大多数时候我们在上面吹吹海风，或者散散步。

二、海上的科研人员

接下来给大家介绍船上的人员。这艘船上一共能容纳 80 人。其中固定人员 30 人，主要有船长、驾驶员、轮机管理员、后勤人员、甲板人员。其余为科研人员，大约 50 人。

每个航段根据不同的实验项目会有不同的单位参与。我们这次航段参与的单位有我们学校——哈尔滨工程大学、中科院海洋所、中国海洋大学、中科院声学所。中科院海洋所的主要任务是研究海洋科学，比如分析不同水层的温度、盐度、海洋生物的分布，海底生物如何在没有阳光下进行光合作用形成有机物等。中国海洋大学主要研究海洋化学环境参数的原位探测，也就是海洋环境下的化学实验。中科院声学所依托声学拖体做海底地形绘制。我们则是为这些实验提供高精度声学定位。

此次航程实验中，定位一直扮演着重要的角色，从到达目的地到实验结束，我们的定位系统一直在为所有的水下实验提供定位，并且提供有用信息。

三、海上的感受

第三个主题我想与大家分享这次实验的一些感受。此次实验的地点为南太平洋某海区，从航迹图上可以看出，从我国的厦门港出发，穿过巴士海峡，并沿着菲律宾东海岸向东南方向全速航行约十天到达目的地，全程为 4 200 千米。穿过巴士海峡以后，海深就超过 2 000 米，这是真正意义的深海。而这对我个人来说，是第一次从陆地走向海洋，由蔚蓝走向深蓝。

感受一：理想与现实的差距。最强烈的感受可以用一句曾经很流行的话来形容就是：理想很丰满，现实很骨感。对于一个学了 6 年水声的学生来说，开始听说要跟随一艘国内最“豪华”的科考船进行远洋实验时，我个人充满好奇与期待，大海的深处是什么样子？远洋科考是什么样子？之前想象的大海是这样的，有温暖的阳光、迷人的海浪、柔软的沙滩、宁静的明月。但现实却是这样，拍打在前甲板的惊涛骇浪，持续的阴天，感受最深的是在南半球热带附近，基本保持一天下一场雨的节奏。但风雨过后却是另一番景象：有海上彩虹、落日余晖、海天一色、海上日出。

感受二：本次航行另外一个最大的感受，那就是：寂寞，寂寞，还是寂寞！此次航行的主要目的是为声学定位设备提供技术支持，因设备运行情况良好，没有出现任何问题，所以，我们相对比较轻松。以前在实验室的时候忙得团团转，常常抱怨没有自己的时间。当人在突然闲下来的时候，突然感觉似乎没有了方向。到底有多么寂寞？现在大家可以想象一下，80 天没有网络、没有手机的日子是什么样子，这种感觉就上来了吧。因为出海 5 小时以后基本就再也收不到来自陆地的消息，而且我们所通过的航线不是世界主要的贸易航道，也就是说我们连看到船的机会都非常少。我曾经和我室友调侃说说："八十天我不是在看大海，就是在看大海的路上。"我刚开始觉得比较新鲜，过了几天，就开始视觉疲劳了。

感受三：舌尖上的船舶。接下来要与大家分享的是舌尖上的船舶。刚开始离开岸边时，船上的伙食还是很好的，有冷冻鱼类和肉类，蔬菜有莲藕、大白菜、茄子等，种类很丰富，每天还有香蕉、苹果、西瓜等水果和饮料供给。但是补给的蔬菜水果只能保鲜 15 天左右。所以，当一个月以后，大家就可想而知了，没有了补给，蔬菜、水果基本吃光了，只剩下冷冻鱼和肉了，我从来没有那么讨厌吃鱼和肉，再加上海上饮食清淡，导致后期每天只吃一顿饭，有时候以方便面度日。

感受四：让我欢喜让我忧的时差。第四个感受便是时差问题，船在向东行驶了若干天之后，便进入东十区，当地时间比北京时间提前两个小时。所以让我苦恼的是每天早上六点多(北京时间四点多)起来吃早饭，然后开始一天的实验；让我欢喜的是对于既不用早起实验又不想吃船上提供的饭时，可以直接睡到当地的十二点(北京的十点)，可以好好休息一下。

感受五：面对大海，我们要怀有敬畏之心。在我们经过 10 余天航行后，从北半球穿越赤道到达南半球时，举行了隆重的过赤道仪式。据说在航海业不是很发达的年代，穿越赤道可望而不可即。所以侥幸到达赤道附近，穿越赤道时，除当值者以外，其他所有船员放假一天，大摆酒宴，用整猪、整羊祭祀海神，以保佑航海者平安吉祥。久而久之就形成一种特别的感恩形式——"赤道祭"。在中国远洋船舶穿越赤道时，船上会给新来的、没有穿越过赤道的船员举行赤道穿越仪式，船长会让新船员将自己穿过的鞋子分别扔向赤道两侧的大海，并颁发赤道穿越证书。把鞋子分别扔向南北半球寓意是从那一刻开始新船员就成为脚踏南北半球，真正意义上走南闯北的人。"科学"号上的庆祝方式：前甲板鸣放鞭炮庆祝，同时餐厅准备了大量自制糕点供大家品尝。我觉得这不是什么封建迷信。无论科学技术发展到何种程度，我们对待大海都必须怀有敬畏之心，敬畏它，保护它，尊重它，我们才能与大海和谐相处。

四、海上的梦想

2015 年 7 月末，80 天的远航终于结束了，要问我踏上岸的第一件事情是什么，那就是大吃一顿火锅。我的故事讲完了，是不是让大家有点失望，少了些浪漫，多了些平淡，少了些多姿多彩，多了些枯燥无味，但这就是最真实的海上科学考察。

这也是做任何一项科学研究的真实状况。

最近发生了一件让我们水声学院特别自豪的事情，就是我们学院的杨德森教授被评为院士，同学们是不是像我一样觉得特别自豪和骄傲。我更相信这无限风光的背后一定是无数个枯燥、无聊、寂寞的日子支撑的，一定是对水声事业的热爱和坚守支撑的。我看了学校的报道，文中说，“杨德森是实验场上的常驻将军，西安实验现场，为了更好地接收声音信号，通宵连轴转对他来说习以为常；南海水声考察，甲板温度高达 50 度以上，烫得没处落脚，长时间的海上实验，淡水告罄，他和同志们就把压载水仓漂着油污的水烧开了喝，在三个月的考察中体重下降 40 多斤；青岛声呐海试，从 11 月到大年三十儿，他一直紧盯实验场。”无数的寂寞、困难和艰苦换来了今天的成就。这篇文章的题目是“水声的力量”，我也借这个题目结束我的故事，让我们所有水声人紧紧聚集在“走向深蓝”这面旗帜下，让世界感受我们水声的力量！

同学感言 1

在还没认识他之前，就曾听同学说起，郭俊是水声学院软硬兼通的大神。随着对他的了解，认识到他是一个对待学习充满渴望的人。他对学习的态度，不仅仅是热爱与投入，更是认真负责、一丝不苟，所以他对知识的理解总是很透彻。课题组传言：“俊哥所学者，样样皆通。”同时，郭俊同学有着丰富的实验经历，在实验的过程中，面对所遇到的问题，他总能及时地找到问题的原因，并总结问题，书写文档，避免类似的错误再次发生。其对学习的虔诚态度让我在潜移默化中深受感染。

——水声 14 硕 2 班　许桐恺

同学感言 2

想必大家都听过这么一句话：no pain，no gain，从郭俊师兄身上我们可以深切体会到这个道理。“作为团队唯一的学生代表”“老师的极力斡旋”，相信这是师兄在实验室熬过无数个枯燥又寂寞的日日夜夜，付出比大家更多努力的结果。求学之路好比一场马拉松，要想成为第一个冲线的人，必须不停地奔跑，些许的犹豫懈怠和驻足不前，只会不断被超越，前行的路上只有更多的背影。科研之路容不得半点马虎和侥幸，我们必须有踏实肯干、吃苦耐劳的精神。一次顺利的外场试验是由团队的汗水和心血浇筑而成的，为此，我们需要耐得住在实验室不断调试的寂寞，还要能守住成功的繁华。

——水声 14 硕 4 班　吴爽

辅导员点评

每一位大家眼中成功的学生，都会在人后付出不为人知的努力，才能成长为人前的光彩照人。80 天的海上实验,对任何人都是一种磨炼,更别说是初次出海尝试的同学。但在郭俊心中,相比于这些可以预测的苦难,他更在乎的是那份对大海的渴望,对科研的执着。每个人的大学生涯都是相同的,为什么有些成长为口口相传的优秀典范,而有些只能消磨时光,看着别人的背影懊恼不已。扪心自问,我们是否缺少了什么? 是一个献身科研的梦想,还是一份像郭俊一样不畏苦难的坚持?

——研究生辅导员　谭琦

实践探索篇

《中共中央国务院关于进一步加强和改进大学生思想政治教育的意见》指出，公益实践是大学生思想政治教育的重要环节，对于促进大学生了解社会、了解国情、增长才干、奉献社会、锻炼毅力、培养品格、增强社会责任感具有不可替代的作用。

通过实践来证明所学理论知识的应用价值，通过动手能力促进创新能力提升，通过社会实践去认识世界、改变世界，实践已经渗透到了我们校园生活的方方面面，实践能力从某种程度上体现着一个人的综合素质。本篇的7个研究生成长故事包括从学术到研发的实践、国内到国际的交流体会、公益活动的历练等，展示了研究生在各个实践方面的自我塑造和自我成长过程，引导广大研究生参与实践、锻炼自我、服务同学、回报社会，增强其将自身的理想与国家的梦想相结合的责任感和使命感。

我是王耀，我为自己代言

故事主人公　王　耀

王耀，男，共青团员。本科就读于哈尔滨工程大学，2010年保送至哈尔滨工程大学航天与建筑工程学院攻读工程力学专业硕士研究生，2013年考入哈尔滨工程大学航天与建筑工程学院攻读固体力学专业博士研究生。研究生期间获“十佳科创导航员”及3次“优秀科创导航员”荣誉称号；完成13项计算机软件著作权登记；硕士学位论文《非均匀弹性介质中波动问题的有限元方法研究》获校优秀硕士论文；博士期间多次受邀为SCI源期刊 *Earthquake Engineering and Engineering Vibration* 和 *International Journal of Computational Method* 审稿，目前已有13篇学术论文被SCI/EI、核心源期刊发表和收录。目前已签约至华为技术有限公司。

当我们被困难蒙住双眼，会低下我们的头颅么？不，不会，年轻的我们不会被困难击垮，在我们的努力下，未来只会越来越好。年轻的我也一样，我是王耀，我为自己代言！

一、迷茫之中有明灯

高考前夕，父亲不幸失业。为了维持经济来源，53岁的父亲开始了艰苦的创业。在高考后等待录取通知的日子里，我每天都去帮助父亲经营尚在起步中的生意。在这个过程中，我体验了各种辛酸与苦辣，学到了很多。不久后得知，我已被远在数千里之外的哈尔滨工程大学所录取。离开熟悉的港城宁波，途经山东烟台，最后到达美丽的冰城哈尔滨，我还依稀记得到达那天晚上的各种憧憬、新鲜与激动。

然而，憧憬与现实是截然不同的，一个月的高强度军训结束后，挑战随之而来。与家乡宁波相比，不论是经济发展程度、气候环境，还是文化氛围和行为习惯，哈尔滨都是截然不同的，这时的我完全不知所措，加上家中经济情况尚不稳定带来的巨大压力，还有完全未知的大学生活，随之而来的是无尽的迷茫。为此，我问过自己无数次：“我该怎么办？”

在我迷茫不知所措的时候,转机出现了。那是2006年10月底,我与同学一起参加了学校组织的纸桥大赛。在这次比赛中,我们的团队包揽了当年该赛事的所有奖项。自此,我便开始了数年的科创之路,披荆斩棘,一路向前。虽迷茫依旧,但此消彼长,渐入佳境。

我不是个甘于平庸的人,不管在哪里都要树立属于自己独特的标志。这独特的标志,便是自己的核心竞争力。一直以来我都觉得,我们应该认识清楚三个重要问题:

我想做什么?

我会做什么?

我要做什么?

想清楚这三个问题,前路便有了灯,便看得清方向。经过大半年的思考,我终于明确:基于原本还不错的计算机技术底子,结合专业知识和理论,进行深入发掘与拓展,将应用与开发能力提高到较高水平。在接下去的几年里,我学习和掌握了几十种专业软件,并且开始着手自主设计和开发应用软件。

路漫漫兮我迷茫,有明灯兮走四方!

二、脚踏实地是法门

爱因斯坦说过一句话,大意是:学过一门学问,几年以后你还能记得的内容就是你从中学到的。对应到我们自己,便是:学得好不好不是你考试分数有多高,而是考试结束以后你还会多少,对于所学的知识领悟了多少。我觉得我们的确应该全心全意地去学习,而不是只为了分数。因此,我的学习之路并不只局限于课本和习题集。我初期的学习几乎是与科创同步的。面对科创中遇到的各种困难,逢山开路,遇水架桥,随着接触面的迅速扩展,求知欲也爆炸性增长。自本科开始,我在购买各类书籍上的花费便有一万余元,范围涵盖力学、数学、土木、计算图形学、软件开发与各种应用软件技术等。而这些书所带给我的知识,为我以后的科创生涯奠定了扎实且深厚的理论基础。

在这个过程中,对我影响最深远的是关于有限元法的学习。2007年上半年,由于专业背景需要,在几位经验丰富的学长的引导下,我开始接触有限元分析软件ANSYS。根据我对计算机软件的理解,清楚地明白软件的背后都是算法。打开ANSYS界面,我看到的是全英文的界面,大部分是我不认识的专业词汇。初次接触,让我感到这软件背后的算法(有限元法)是多么有意思,同时也坚定了我学好专业英语的信念。

与大多数同学照着教材亦步亦趋不同,我是先从有限元法程序开始学起的。2007年暑假,我终于拿到了期盼已久的电脑。在准备当年的黑龙江省和全国航空航天模型比赛的间歇,我打开《MATLAB有限元分析与应用》开始了MATLAB和有限元法的学习。由于当时还不懂惯性矩、弹性模量和泊松比等概念，总共只学习了前七章。虽然只学了一半，但是对于有限元法的一些基本概念和主要计算过程已经有了我自己的认识，这些认识在我后来学习和使用有限元软件的过程中发挥了许多意想不到的促进作用。

到了大四的时候，对有限元法的长久认识让我产生了自己开发有限元求解软件的想法，并且，学校以及学院提供的各种小到科创活动大到科研项目都是不错的机会，于是我便申请了一个名为“小型有限元分析软件开发”的科研立项。虽然我在大学以前就有过很多的编程经验，但开发带界面的应用软件经验几乎为零，因此这也是我系统学习软件开发的开始。由于经验较为缺乏，走了不少弯路，经过了两个多月的日夜攻关，购买和查阅了大量的书籍资料，通过反复调试才完成这个软件。虽然这个软件功能较为简陋，计算运行效率也非常低，但是从中获得的各种经验教训和心得体会是极其宝贵的，我想每一位经历了一次次自己拼尽全力做成一件事的同学也一定深有体会吧。当你真的拼尽全力后，结果其实已经不重要了。这也是我大学生活中的一个重要的里程碑。我想，在我以后的人生中每当我想起我那段布满荆棘、坎坎坷坷的本科路时，第一个浮现在脑海中的，一定是这块让我受益匪浅的里程碑。

进入硕士研究生阶段，面对手中的研究课题，我开始设计自己的有限元方法。虽然过程中遇到过许多的困难和阻碍，但都已成过眼云烟，最终我提出了动态非均匀有限元法的概念，并且初步完成了一套非均匀有限元分析程序。这部分工作目前已有两篇 SCI 收录和两篇 EI 收录的文章发表。

到了博士研究生阶段，我继续迈着大步向前行。2014 年上半年，完善并标准化了原有的分析程序，形成了 DIFEM 1.0 求解核心，为其开发了网格转化软件、前处理软件、求解器软件和后处理软件等一系列配套软件，并申请了多项计算机软件著作权登记；2015 年初，开发完成了一个数据可视化控件 SEDV 1.0，为数值计算模型与结果的图形化带来了极大的方便；2015 年 10 月起，DIFEM 2.0 及其配套软件的升级工作已经开始，课题的研究迎来了更加强大和完善的计算分析能力，同时带来更多的学术成果。

追求卓越，成功会在不经意间追上你；止步不前，成功只会超过你成为别人人生的光亮。所以不断追逐、超越就成了我人生的主旋律。

三、海雨天风任我行

“人无我有，人有我优”。这句话很好地解释了核心价值与竞争力。

“人无我有”者为上。学者率先取得了先进的研究成果，便能站在学术前沿；企业掌握了独有的先进技术，便能在市场竞争中立于不败之地。而“人有我优”者为中，更高、更快、更强便是一个生动的例子。“人有我有，亦步亦趋”者为下，终将被时代所淘汰。

学历、成绩、成果奖项只是生命旅程中的一块块敲门砖，真正带你走向成功的是实力。实力不光指能力，还包括耐力、毅力、决心、勇气和交际圈等各方面因素。机会青睐有准备的人，但只有准备是不够的，还需要相应的实力搭配。

科学与工程问题的基础是数学，而实现的过程便是数学模型，实现的目的是求解数学模型。由于许多学科之间的数学模型是相通的，因此提高科学与工程问题的解决能力的一种方法就是研究他们的数学模型。我的研究课题是非均匀介质波动问题的解析与数值解法，但事实上最初的研究仅限于数值解法。在数值解法的研究中，由于缺乏可验证结果的解析解，故被迫研究问题的解析解。在研究过程中，通过将均匀介质波动问题的数学模型与非均匀介质的数学模型进行比较，发现并提出了问题的解析解法，给出了一系列可用的解析解答。在此基础上一路拓展，逐步形成了几种新的一维变系数波动方程的解法。此外，在动态非均匀有限元法的基础上，通过其数学模型的类比，又建立了相应的多种无网格方法和人工边界处理技术。

其实，创新思维的本质在于将创新意识的感性愿望提升到理性的探索上。当我开始对限元法产生兴趣时，并将这样的感性愿望提升到了理性的探索上，就意味着我科创之路的开始。

今天的我，即便有千难万险也不会改变前进的方向；今天的我，即便是从零开始，我还是我，一步一个脚印，坚定执着的前行。我是王耀。

同学感言1

王耀师兄不仅是一名优秀的博士研究生，同时也是一名很踏实的创客，正如王耀师兄所言："人无我有，人有我优。"他在科创的道路上名副其实地证实这句话。做科创必须要耐得住寂寞，守得住板凳。书中没有颜如玉，书中没有黄金屋，书中只有他对知识的渴望、对科技兴趣的探究和对理想的不懈追求！

——航天与建筑工程学院2013级硕士　王进

同学感言2

王耀师兄给我留下深刻的印象是因为他在实验室里那种专注的神态和自信的表情。记得入学的那年夏天，在实验室里看到王耀师兄正在调试程序，炎热难耐的酷暑，只见汗滴从他的额头上缓缓流下，可他只是在聚精会神地看着电脑屏幕而忘记了他所在的环境。我想，这才是做科研应有的精神。

——航天与建筑工程学院2015级硕士　张宇

辅导员点评

研究生期间，不同的同学有着不同的度过方式。而王耀同学却抓住自己的优势,并把它们发扬、放大。尽管在学习和科研面前有时会很辛苦,但面对失败和挫折,心态是尤为重要的。要在这种情况下还能坚持,而不是心灰意冷言放弃,才能越过路上的阻碍,缩短和成功之间的距离。不管是本科升硕士还是硕士升博士,都是一个质的变化。可是推动这变化的背后,需要付出的不仅是智慧和时间,更需要毅力与韧性。我想这其中的艰辛和收获后幸福的笑容只有王耀自己才能体会得真真切切吧。

——航天与建筑工程学院研究生辅导员　张德伟

导师点评

王耀同学通过自己的努力,获得了骄人的成绩,这和他肯吃苦、爱钻研的精神密不可分。在个性化保研直至读博的道路上,他彰显了灵活的思维和新奇的创意,这也得益于他平时注重将创新注入所学的知识中。希望在以后的生活、学习和工作中能将这种劲头保持下去,力争创新,再创佳绩。

——航天与建筑工程学院博士生导师　杨在林

读博之我见

故事主人公　杨　斌

杨斌,男,中共党员。本科就读于哈尔滨工程大学,2011 年保送哈尔滨工程大学航天与建筑工程学院攻读飞行器设计专业硕士研究生,2012 年硕博连读至哈尔滨工程大学航天与建筑工程学院攻读固体力学专业博士研究生。博士期间获得研究生国家奖学金、黑龙江省“三好学生”、优秀共青团干部、多次获得校一等奖学金等荣誉;2015 年 6 月于美国巴尔的摩指导本科生参加 SAMPE 桥梁设计竞赛,并获得一等奖;发表 SCI 论文 5 篇、EI 源期刊学术论文 3 篇,参加高水平国际会议 3 次并发表相关会议论文 3 篇,申请发明专利 1 项。目前至华东理工大学师资博士后入站。

2012 年我选择本硕博连读,相较于身边同学的早早就业,我的选择可能并不能被大家所理解。何为“博”? 博览群书是为博,博大精深是为博,“博”讲的是一种对于读书和做学问的方式和态度。而选择读博就代表了我个人对知识学问的态度,下面我就和大家说一说我对读博这件事的看法。

一、求知若渴是为“博”

我认为对学问强烈的渴望才是读博的真正开始,才应该是读博的最终目的。好多师弟师妹们问我为什么念博士? 我想这个问题应该是博士生入学前需要认真思考的问题之一。读博士的原因有很多,我见过有人为了博士毕业后能够得到北上广一线城市的一纸户口,进而获得生活的保障而读博;也有人觉得取得博士学位能够打破职场的天花板,在入职时便具有了社会上有较高的地位和丰厚的薪酬。但是我想,读博士更应以强大的韧性和决心为基础,为自己的兴趣爱好去读。或者说,攻读博士是源自内心的一种强烈渴望,读博是一个获得知识并将其充分地利用在科学研究中,攻坚克难、解决问题,最终提升自身的知识素养,完善自身的知识体系,提高个人的人生价值的有机过程,而不应单单是为了某些荣誉或利益。以上便是我对于师弟师妹们在关于是否读博而产生疑惑的解答。而我选择攻读博士也正是因为此。所以,读这篇文章的师弟师妹们,如果你们想让自己的人生在某种意义上变得平凡却充实,丰富且无悔,那么,我强烈建议你,攻读博士!

与大学本科教育不同的是，博士生阶段不是对课本知识的学习和思考，也不是课堂教育，主要是做学问做研究的训练。博士生的主要学习收获不一定完全来自教授和他的课本，而是来自自身从事的研究课题，来自无数的学术讲座和与同学之间的交流。而博士生的成绩也不再由课堂考试的打分决定，而是取决于论文的发表和答辩。

如果你已然选择攻读博士学位，那么给自己树立一个很高的目标，为了自己的科研兴趣，为了想把自己爱好的某个科学问题从理论和实验上研究得很深，弄得很懂。攻读博士肯定不是一件轻松的事，千万不能有浮躁的情绪，要一步一个脚印，扎扎实实地做科研工作。更不可以受一些稍纵即逝的名利的诱惑，发表文章，竞获奖学金只是对我们科研工作的认可，我们一定不能从功利的角度去做科学研究。可能你会疲劳、会懊悔、会迷失方向，但是要记住，你所期待的成功和突破也正孕育其中。

读博士之前要非常慎重地选择导师。对博导的了解途径有很多种，例如官方网站给出的博导简介、博导所指导的硕士和博士生们等。最好的了解导师的途径莫过于找博导面对面交流沟通，这样既能够清晰地了解博导的课题方向，又能了解导师待人接物的方式。选择适合自己的导师是做科研的良好开端，科研生活中，我们也要细心听取导师的每一句话，可能导师不经意间的一句话能够给你的研究带来很大的启发。

基于自己的兴趣爱好去做科研，就不会觉得写文章是个非常困难的事情了。有爱好做科研，即便经历再艰辛，也能够动力十足。我见过很多的硕士研究生发表了很多论文，上了博士以后却鲜有成果，很大程度上和他们的兴趣是否源自内心有关。另外，博士期间学习的内容不可能毫无变化地应用在以后的科研工作中，攻读博士期间掌握的更多的是方法和思想，而不是具体的一项内容。因此，如果一个科研项目或者研究课题的领域和内容正是自己的兴趣爱好所在，我们便能够很好地掌握科研的要领，在接下来从事科研任务时犹如秋风扫落叶，得心应手。

二、格物致知是为"博"

大部分情况下，导师会给博士生指定一个大方向，如何选择自己的课题方向又是一个问题。刚开始，根据自己的兴趣爱好阅读大量的科研文献，查找国际前沿领域。可以从实验室其他人员那里学习如何进行有效的文献检索。博士一年级的时间除了上课之外就是阅读大量的文献。阅读文献有一个技巧，就是先阅读既定大方向的中文文献，随后根据中文文献中所列的英文参考文献按图索骥阅读相关英文文献。这个过程中，最好自己准备一个笔记本，把所有不认识的和专业领域内的英文单词记录在册。最好也记录下文献中别人写得特别好的英文表达方式。随后每天回顾几次，确保下次文章中再见到时能理解单词的含义。这个时间段内也可以尝试写一些英文摘要和前言之类的短文,体会一下记录下来的英文表达方式。当中英文文献阅读量达到一定程度后,就能捕捉到领域内的科技前沿并在此基础上形成自己的想法。

确定了自己的研究方向以后,便可以根据自己的想法动手做些实验或者仿真工作,实验的设计尽可能完善、系统,条理性和逻辑性强,得到的实验数据要能够证明你的结论。实验过程中应勤学好问多思考,格物致知。实验或者仿真过程中会有各种各样的困难,除了多思考、多看文献、寻找解决问题的途径之外,师兄师姐、导师等前辈们的经验和建议也是非常重要的,往往很多棘手的问题能够从他们的建议中得到解决。

实验数据处理好以后,即可动手写些文章,这个时候可能已是博二上下学期交界了。SCI 文章的撰写是一项非常烦琐的工作,它的一个很重要的评判标准是文章的创新性,而这项工作早在实验设计阶段就已经确定了。同时,文章既要求内容逻辑清晰、条理性强,又要求英文表达得简洁地道,这两者都可以通过大量的英文文献的阅读积累掌握。初稿形成以后要经过反复的推敲斟酌,自己修改满意以后再找项目组同行阅读提意见,随后根据他们的意见建议再进一步修改。当你的文章能够被领域外的人士看懂时,那么恭喜你,你就可以选择杂志进行投稿了。杂志的选择也是一项费脑的工作,好在这也可以从学长那里得到建议和经验。调整好文章格式以后,就可以投稿了。从投稿到稿件被录用或退稿是一个漫长的过程,这段时间你又可以开始下一个问题的研究工作了。博三上,文章被接受了,可以短暂窃喜一下,随后进入下一个阶段的征程;文章被拒稿了,擦擦眼泪,再接再厉,按照修改意见修改以后改投他刊!

三、迎难而上是为"博"

读博士从来都不是一件容易的事。"梅花香自苦寒来,宝剑锋从磨砺出。"为了做一个实验或者修改一篇文章,抑或分析对比一组数据,熬过多少个不眠之夜,其中辛酸,唯有经历以后方能体会。博士期间有遇到困难时的迷茫与无助,同时也有问题迎刃而解时的欢欣和喜悦。博士生活不仅仅能够增强博士生的专业知识,更重要的是培养了一个人分析问题和解决问题的能力。因此,这些都将是人生之中最宝贵的财富。

一个打算攻读博士的人,应该给自己树立一个很高的目标。李开复曾告诫博士生:"读博士不是一件很轻松的事,也许你会疲劳、会懊悔、会迷失方向,但要记住,你所期待的成功和突破也正孕育其中。"博士科研生活中,吃苦耐劳、埋头苦干是必备的品质,肯吃苦、肯下功夫才能取得常人不能取得的成果。发现问题、解决问题是一种宝贵的能力。遇到问题,除了持之以恒地寻求解决问题的办法外,更多的是深入探索问题的本质,挖掘其背后的机理机制。为了实现这一目的,可以充分调动自己周围的学术资源，勤思考、多学习，事物的原理法则终会被找到。

做学问，搞研究，讲究实事求是，始终保持严谨的作风，绝不能因为学业的压力而弄虚作假，抄袭他人的成果；绝不能因为要抢先发表论文，而不做任何的重复实验确认实验结果和结论；也绝不能因为标新立异，就用一些虚假数据去迎合他人言论。

博士生的时间，经费和条件都是有限的。面对的竞争和压力也是不可避免的。那么如何合理地利用时间，安排好学习计划，以及如何提高自己的快速学习能力，如何争取导师的支持和帮助，如何以平常积极的心态去接受挑战和压力也成了博士生要面对的问题。不要被失败和挫折所压倒，更不要悲观失望。坚持下去，寒梅落尽，你便能期盼新春；熬过长夜，你便能见到黎明。

同学感言 1

杨斌给人的第一印象是平易近人，当得知他在科研成果方面取得如此骄人的进步之后，我在想他会是怎样一个严格甚至说苛求的人。但当接触以后，才慢慢发现，杨斌不仅幽默，而且待人宽厚，乐于助人。在对待科研精益求精、实事求是的同时，也彰显着不凡的阳光、上进的个人品质。

——航天与建筑工程学院 2013 级硕士研究生　罗庆华

同学感言 2

杨斌师兄的博士之路可谓一分耕耘，一分收获。从刚开始的亦步亦趋，到现在的丰富的科研成果和高品质文章的发表，经历的种种都是很多人难以望其项背的。其所下的功夫和对科研学习以及钻研的投入可见一斑。

——航天与建筑工程学院 2014 级硕士研究生　李爽

辅导员点评

杨斌的付出与收获着实证明了这句话，“精诚所至，金石为开。”博士期间，一次一次地见到他为自己的兴趣和理想而努力拼搏的身影，从而为他今天取得的成就而感到欣慰。在读书做科研期间，一次次实验，一次次失败，一次次爬起，都让他成为一个内心强大而理想丰盈的人。失败并不可怕，可怕的是失败后不再奋起。人的一生，无论做什么，面临的都不仅仅是成功和失败，更多的是在心中的那份沉淀。努力之后，成功不会太远。

——航天与建筑工程学院研究生辅导员　张德伟

研究生导师

对于杨斌同学来说，我想他在读博之前内心就已经做好了充分的准备，这使得他在科研生活中注重培养自己的创新能力，掌握扎实理论及专业知识的同时，积极参加社会实践活动，全面发展。杨斌同学具备了较强的独立思考问题、主动解决问题的能力。攻读博士学位期间在国内外期刊杂志上多次发表高水平学术论文，带队出国比赛并获得多项荣誉；参与国家国防及港澳台科技合作项目，并取得了丰富的科研成果。望在今后的科研工作中再接再厉，取得更加优异的学术成果。

——航天与建筑工程学院博士生导师　周利民

不忘初心 久久为功

故事主人公 杜 雪

杜雪，女，中共党员。本科就读于哈尔滨工程大学，2009年保送至哈尔滨工程大学自动化学院攻读控制科学与工程专业硕士研究生，2012年推荐免试至尔滨工程大学自动化学院攻读控制科学与工程专业博士研究生。硕士研究生期间获校一等奖学金2次，“校三好学生”荣誉称号1次，获得“全国Supermap杯第九届全国高校GIS大赛一等奖（第一名）”，并取得“软件设计师”专业技术资格。博士研究生期间获得“2015年研究生国家奖学金”，发表SCI期刊4篇、EI 2篇以及发明专利5项，其中1项已授权。目前已博士毕业，留校任教。

非常高兴可以和大家分享我的故事。其实我的故事很简单，无非就是一个工科女一步一步变成学霸女的过程。这个过程很艰辛，但我心里明白，正是我的努力付出才换来了今天的硕果累累。

一、学习无小事

每个行业的人，都习惯说自己从事的工作没有小事，每一件事都是大事，例如外交无小事、教育无小事等。实际上，从我们踏入学生时代以来就知道，学习中每一件小事都决定着我们今后的发展方向。因此，我认为，学习无小事，任何对细节的忽视和轻视，自己都需要付出更多的精力去弥补。很多人都觉得到了博士期间可以放弃一些上课时的学习习惯，其实不然，在我博士期间，我也一直秉承着“课前预习、课后复习”的习惯。几乎认认真真做完了近年来所有的六级真题，只为提高综合英语的成绩；完成多遍课后习题，只为更好地理解工程数学。也正因如此，英语成绩没有因为考题难度的增加而降低分数，工程数学也取得了97分的成绩。在别人看来，这些微不足道的小事，我把它当作自己的一件大事，我始终努力要求自己做到最好，保持踏实认真的态度，做好每一个微不足道的细节。每一个细微的点滴，都像是求学过程中的每个脚印，帮助我们稳稳地一步一步踏向我们心中的目的地。

二、主题化学习法

除了学校课程的学习以外，相关领域的课程学习更像是研究的敲门砖，是研究生生涯的基石。重视基础，这是我四年来最深的体会。在我最初开展课题研究时，我反反复复阅读了大量的期刊文献来丰富我的知识，虽然脑海中已存在很多想法，可写出来的文章却总是浮于表面，不能深入问题的根本，难以对问题有更进一步的探讨。后来经过导师的指导才知道，笔下的文字是研究水平的体现，研究得愈深，思路自然流畅深刻，然而未经过系统的学习，自然无法收获理想的成果。于是我开始养精蓄锐，期待厚积薄发。根据课题的需要，阅读一些综述和博士论文，梳理一下本领域的整体脉络，这其中包括研究领域的发展、主要问题、研究方法等，从而建立起初步的框架，并从中挑选一两个核心课程和经典教材，进行具有针对性的系统学习。从别人的文章中，我慢慢地明白了我该如何写，我的思路也慢慢地清晰了起来，因此我收获颇丰。

相信很多学弟学妹在刚刚进入实验室的时候都有一个共性的问题，就是在自己学习时，总是被动地接受课程内容，但是现在的任务不再是应付考试，而是直面如何解决实际应用中的问题，直面课题研究。由于这些课程的模式不一定完全适合自己，而且其中的内容也不可能百分百地为我所需。这种情况下，不能再用花费时间的长短来衡量学习的进度和意义，不再只是学习知识，而是研究和解决实际问题，所以我推荐的学习方式是主题化的课程安排。具体来说，以自己的课题为主导，通过已有的课程，查阅资料，与他人交流来探索问题、解决问题。这样，便不再拘泥于课程本身，而是将课程作为钥匙，来开启其他知识的大门。同时，对比各种资料中不同作者针对某一问题的研究，体会他们之间的差异与共性，结合他们的角度、立场和思维方式，再联系自己平时研究解决问题的方式，能够使自己对这个问题有更微妙的认识。而在学习中产生的问题，以及探索问题的整个过程，才是最珍贵的成果，这种知识技能与经验的积累才是完全属于自己的东西。

在我们的记忆中，一个个知识点散布各处，通过彼此间的内在联系连接到一起，形成知识网络，可见知识的本质是联系。除了主要课程的学习，还需要始终保持阅读的期刊文献习惯来丰富知识，寻求课内课外知识的联系。如果专业课程是主干，期刊文献就是枝叶。在阅读文献时，不但需要大量的枝叶来提高主干的活力，更需要时刻注意将枝叶与主干联系起来。知识需要串联起来才有价值，而孤立的知识点没有意义。除了查找与课题紧密相关的文献，我还习惯定期翻阅自己相关领域中最为核心的国内外杂志来掌握我所研究领域的最新动向，有时是去图书馆，有时是在网上根据目录整篇的下载，铺开笔记本和草纸，像学习新课程一样一篇一篇地研读。这个泛读的过程也许不会像平日读文献那样有着立竿见影的效果，但它使得我在每一阶段的课题研究都会有很好的连接。当遇到新的问题时，这种长期的积累也会让我始终有新的想法并保持思路的流畅，更高效更有信心地进行我的研究工作，从而在脑中形成稳定的闭环结构。阅读的过程还需要提出自己的问题，“这个方法我可以怎么用”“作者的结论是否经得起推敲”“这个问题是否有更好的解决办法”。正是对这一串串小问题的仔细推敲与认真解答，推动了我在课题研究中的一个个进步。

回顾这些年的学习过程，我将大部分的时间都用来阅读。电脑、笔、算纸、记事本，这是多年总结下来的读文献时的标配。记事本和笔可以记录文献的重点和自己的思考与解决问题的思路，演算纸主要用于推导计算公式，而电脑的主要作用除了文献阅读以外，还可以随时进行算法的编程来满足研究的需要。直到现在，有时还会翻看博一、博二时的学习记录，很多想法因此得到了巩固和重塑。现在回想起来，永远的三点一线，实验室、寝室、食堂，寒假也只有过年的时候才能回去思念已久的家乡，看看年迈的父母。有的时候也劝自己何必这么拼呢，何必让自己这么累呢。但回头看看自己走过的路，也时常安慰自己，再坚持一小下，马上就要成功了，想到成功时的那份喜悦，浑身就充满了坚持的动力，现在仔细想想，自己的这份坚持是对的。知识的价值在于内化，而内化的最终目标在于能够运用这个知识来思考和解决的问题。巩固与重塑，正是检验知识是否有效内化的一种方式。这个过程能够使我们提取出更有效的精华，并重新梳理头脑中的知识网络，让我们的思路更清晰，强化重要信息的权值，过滤掉不再需要的知识点，所以这个学习习惯的养成对我而言真的大有裨益。

三、不忘初心，方得始终

学习和研究永远不是一个人的故事，博士阶段也不单单只会阅读文献和撰写论文。坚守那份最初决定读博的承诺与信念，不断地为之拼搏努力，博士的生活也会变得更加多彩。参加国际会议，评审期刊论文，从事实验室的科研项目，这些学术和科研活动都是提高自己研究能力的有效途径。同时在阅读论文的时候不难发现，虽然很多学者在学科专业和领域上各有所长，但研究过程中往往会面临相似的问题。例如，研究自动控制和研究地理信息可能都会在神经网络算法上寻找突破，而研究智能交通和研究电气工程可能都会在模糊理论中寻求创新。跨领域的讲座不仅仅能够扩展我们的研究视野，更可以加深我们对自己研究的理解。幸运的是，教研室经常请各个领域的知名专家和学者来做精彩的报告。仔细聆听这些讲座，和专家进行沟通，都会使我学到很多与专业相关的知识和技术，增强对当前国际前沿方向及方法内容的理解，对后续自己对研究起到了很好的推动作用。

除了学习,学生时代自然也有娱乐,但它们需要分开。制订切实可行的计划,圆满完成任务才能放下学习去娱乐,因为两者如果重叠不但影响学习效率,还会降低幸福感。因此,合理地规划任务、安排时间,提高做事效率也是我在博士期间收获的好习惯之一。古语曰,凡事预则立,不预则废。制订计划不仅可以帮助我们提高效率,更能够顺利完成学习过程中的一项项挑战。合理的规划,适当的提高对自己的要求,让我感到愉悦,更有自信,把更多的精力投入到如何将事情做得更好。当然,课题研究不会一蹴而就。当陷入低谷时,用平静来面对瓶颈,老师、同学也都是我们航行的灯塔、坚实的后盾、灵感的来源。每个闪耀的光环背后都有一个咬紧牙关的灵魂,我们永远不要忘记笑得坚强,在研究的过程中实现自我的成长与丰盈,最终找到属于自己生命中成功和幸福的那份答案。

同学感言1

俗话说:“勤能补拙。”“勤勉乃成功之母。”艰苦的条件造就人才。一个成功人士,大都并不是天才。聪明的人并不都是天才,而天才是靠努力、靠勤奋得来的,这也验证了那句话,“天才出于勤奋。”每个成功的人,都是天才,是努力、勤奋的天才。他们的头脑并非比别人聪明,甚至比别人差,但他们的成功是因为他们懂得勤能补拙,只有勤奋、努力、刻苦、不懈地坚持,才能成功。从杜雪的身上,体会到了一种态度,那就是不要怕得不到,勇敢地去面对,努力地付出。你种下一棵树种,它终会成为一棵攀天大树;你种下十棵树种,它们也会成为攀天大树,这就是你的收获。播种得越多,收获得越多,只要肯播下种子,就能开花结果。有时心如止水,静静地感受生活的宁静,百事顺利,日子和美;有时波澜起伏,大起大落,时而悲伤,时而兴奋,时而痛心,时而欢喜。但是,不管怎样,一生都应该有坚强的信念,执着的目标,使你勇往直前,努力不懈。

——自动化学院2015级研究生　杨蕊

同学感言2

作为杜雪的同学,我很开心身边有这样一位优秀的榜样！学习上,她认认真真、一丝不苟的态度都让她一步一个脚印走得很踏实,也印证了只有认真计划并努力付诸行动,梦想才能实现。生活中,她不会因为学习的压力而放弃业余爱好,喜欢读书,特别爱运动,是个名副其实的运动健将。这就是我了解的杜雪,这种乐观积极向上、稳扎稳打、不骄不躁的处事态度值得我们每个人学习。

——自动化学院2013级研究生　吴敬言

辅导员评语

杜雪同学在研究生期间刻苦勤奋,努力学习专业知识,不仅专业知识丰富,在研究方面能力很强，而且积极参与实践活动，将自己所学应用到实际当中。在生活中，与同学相处融洽，能够积极与同学进行学术交流与协作，做到了真正意义上独立的大学生，为学弟和学妹们树立了良好的榜样。

——自动化学院研究生辅导员　李欣

导师点评

杜雪同学是我院研究生，在我院学习的学习生活中后能够快速适应研究生的角色，不拘泥于书本知识的学习，积极进行研究工作，善于发现问题，积极思考，积极解决问题，在实践中提升自己的综合能力。杜雪善于利用学习资源，将领域前沿知识与自己所学融会贯通，丰富自身内涵。

——自动化学院研究生导师　赵玉新

换个角度看世界——水声人在西雅图

故事主人公 尹艳玲

尹艳玲,女,中共党员。水声工程学院2010级本科生,2014年通过个性化保研途径保送至水声学院专业硕士研究生,2016年6月毕业。研究生期间获省级以上学术成果奖励4项,发表SCI论文4篇,EI论文6篇,核心期刊论文2篇,获得专利12项,获国家奖学金1次,国家励志奖学金1次,校一等奖学金2次,获“校三好学生”荣誉称号。

非常荣幸能和大家分享我的成长故事。2014年10月至2015年11月,我在美国华盛顿大学联合培养一年,最近刚回到国内。回国后大家经常问我两个问题:一是如何申请出国的?二是我这一年出国都经历了什么,收获了什么?那么今天我就围绕着两个问题,与大家一起分享我这一年的留学故事。题目是:换个角度看世界——水声人在西雅图。

一、留学的途径

1. 华盛顿大学介绍

首先解答一下第一个问题,我是如何申请出国的?我留学的院校是华盛顿大学,位于美国西雅图。我想一提到西雅图,大家首先想到的就是我们非常熟知的电影《北京遇上西雅图》《西雅图夜未眠》,其中给我们留下印象深刻的除了美丽的爱情之外,还有西雅图的美景。

华盛顿大学的校园风景更是美不胜收,华盛顿大学创建于1861年,是一所世界顶尖的著名大学,公立常春藤之一。全球大学研究论文质量排名第4位,世界大学学术排名第8位。

2. 如何申请到的

我是通过国家留学基金委资助的国家公派留学项目出国留学的,每年国家留学基金委都会给各高校一定的名额,全额资助研究生出国访学。现在无论是国家，还是我们学校都非常鼓励研究生，尤其是博士出国留学。2014 年 10 月，我开始准备出国留学事宜，经过联系国外导师、准备英语考试和申请材料等环节，于 2015 年 10 月顺利出国。国家公派留学基本都要经过这几个环节。

在每个环节，我有一些心得和大家分享一下。首先，关于联系外国导师，我有个小心得，大家可以积极参加国际会议，不仅是很好的学习交流机会，更是一个认识圈内知名教授和专家难得的机会。试想一般国际顶级高校的教授，可能都会收到很多封来自全球各地的申请邮件，而对于我们中国来说，他们大部分可能只知道清华北大，所以，如果能够当面介绍自己，谈谈自己的研究方向和研究成果，机会就会增加很多。其次，英语考试。除了要满足申请基金委资助的要求，还要了解你去的国家和院校对语言的要求。比如英国申请签证要求雅思成绩不低于 6.0，还有一些英语不是官方语言的国家，会有小语种的要求等。我申请的华盛顿大学，要求有雅思托福成绩或者通过导师面试给出证明也可以。由于当时时间比较紧迫，所以我参加了由国家基金委举办的在长春东北师范大学的英语培训，并且通过了考试。通过这个考试，也可以作为申请基金委资助的语言证明。英语还是要花一定时间提前准备的。最后，准备相关申请基金委资助材料，具体包括学习计划、国外导师邀请信和简历、国内导师简历等。其中需要注意的是学习计划，这一点要与国内和国外导师沟通商讨，确定在国外期间具体的研究内容。其他申请手续，在学校研究生院网站上都会登出，而且学校和国家会举办专门的讲座，只要大家跟着指导就可以顺利完成这些手续。

二、留学的感受

下面重点跟大家聊聊第二个问题，留学的收获和感受。主要和大家分享三个故事。

1. 当中国英语遭遇印度英语

相信很多同学都看过美剧《生活大爆炸》，大家对里面的 Sheldon 和 Raj 是什么印象呢？我在国外有两个导师，我们一般都称之为外导，一个导师是伊朗人，一个导师是印度人，他俩说英语就像 Sheldon 和 Raj。一个是语速太快完全跟不上，一个是有印度口音很难听懂。我从小到大英语还是不错的，但是当中国英语遭遇印度英语、伊朗英语时，我还是崩溃了。

记得那是刚到美国不久，我与伊朗学生讨论水声通信网络实验的事，当听他说完之后，我完全听懵了。我给大家示范一下，而且我这个还是简化版的，We have 5 tests. first, tx - rate is 0.02, from 9:11 - 9:35, second, tx - rate is 0.05, from 9:40 - 10:15, third, tx - rate is 0.08, from 10:20 - 10:36, four, tx - rate 0.12, from 10:40:11:13. last, 0.15, from 11:15 - 11:30. 听她说完我的内心是发狂的，我在想 what are you talking about? 最后是崩溃的，反正我当时是没跟上，非常不好意

思地让他帮我写下来了。在开始的一段时间里,跟他说话我经常会用到 excuse me, pardon 这几个词,让他重复几次,以至于以后他跟我说话都会刻意放慢语速。其实,伊朗的英语发音还是很标准的,只要放慢速度交流是没问题的。但是当我遇到印度导师,那就不仅仅是语速的问题了。他们分不太清浊辅音和清辅音,就像有些南方人分不清声母 n 和 l 一样。

记得有一次,我写完了文章给他看,他看完了之后问我,what is the order of the paper? 我想他是问我文章的结构顺序,我就大概回答了一下,然后他说他问的不是这个,问的是 order。我就想文章的 order 是指什么呢? 后来他说我是文章的 order,你是文章的 order,还有谁是这个文章的 order。我突然明白了,他说的是作者 author 而并不是 order。哎,类似的尴尬还有很多,外导有时也很无奈。

新的生活环境,新的研究方向,新的导师,加上这种介于英语与印度语之间的新的语言,刚到西雅图那段时间我还是比较郁闷的。怎么办? 要么我改变,要么导师改变! 所以,当然是我改变了。我分析这个问题出现的原因还是因为我对于英语掌握程度不够。试想,如果是我们汉语,即使有些口音我们也能听懂的,所以,我必须尽快融入环境,熟练掌握英语。

当时多亏了我室友的积极帮助,她是一个访学的老师,去美国已经大半年了。她经常带我去参加当地人组织的各种活动,一方面能够放松自己,融入美国人的生活和文化,一方面能够迅速提升自己的英语。其中,有一个叫 visiting scholar association 的社团,我还是比较喜欢的。他们经常组织西雅图生活和文化等方面的讲座,讲座人一般都是退休的教授,他们发音非常标准,而且语速适中,遇到生词和难词他们会给出讲解,听不懂的地方也可以随时提问,大家可以自由交谈。他们非常友好,有耐心,很愿意和我交流,也愿意帮助我们学习英语。

另外,我还有个小妙招,就是打电话给客服,比如亚马逊客服、手机服务商、银行卡信用卡客服等,他们态度都非常好,我有时就打电话咨询各种问题,他们会不厌其烦地和你说,长时间积累英语自然就有提高。

2. 宁可犯自己的错误也不要去犯别人犯过的错误

接下来跟大家分享一个关于 weekly meeting 的故事。weekly meeting 就是每周我们都需要和导师开会,汇报这一周的工作进度和下一周的工作安排。我的印度导师是一个要求非常严格的人,这点在我们学院甚至整个学校都是非常出名的。

有一次,他让我给出物理层自适应 OFDM 通信的方案,并给出仿真结果,我先查阅了有关文献,然后提出了一种适应水声信道的自适应通信方案,在报告中,我给出了仿真条件和仿真结果,并对结果进行了详细分析,洋洋洒洒地写了 8 页的报告,我还挺自我感觉良好的。结果,外导看到我的报告后,非常不满意,他说我的报告写得太不详细了,只注重结果,却不注重过程,没有给出系统的调制解调框图、没有给出具体接收机如何估计和均衡信道的、没有给出选取频率分集数和频带的原因,选取的导频间隔和原因等。最初我真的很难接受这样的批评。我觉得外导要求太严苛,就是一个普通的周汇报,他也让我改来改去的,浪费时间。

就这样被批评,害怕,紧张,再批评,更害怕,更紧张,我与外导的接触进入恶性循环,日子过得比较煎熬,这有悖于我出国的初衷啊。经过深思熟虑后,我决定鼓起勇气,给他写了一封长长的邮件,把我的问题和疑惑都和他说了。他很快就回复了,我们在他办公室谈了整整一下午。他首先承认自己的态度和脾气很不好,同时也指出了我的问题,思维固化,很多时候没有去认真思考为什么要这么做,别人做的就一定是对的吗。他希望我能够独立思考,想问题要全面,研究问题要细致,并且鼓励我和他争辩,要有自己的独立见解。这次畅谈让我印象最深刻的一句话是"It is better to make your own mistakes than to make mistakes of others",宁可犯自己的错误也不要去犯别人犯过的错误。这种独立思考,敢于质疑的精神和能力确实是我比较欠缺的。这件事后我和导师的相处就顺畅了很多。

3. 我所站立的地方就是我的水声

在我访学期间,我外导收到一封来自哈工大的学生的申请,他可能也分不太清楚中国这些学校的名字,看着学校名字带哈尔滨,就误以为是我们学校,他把那封邮件转给了我,问我清不清楚这个学生和他的导师,我看了之后告诉他说这个学生是哈工大的,并不是我们学校,我不太清楚这个学生的情况,好像之后导师就没有接受那个学生。

记得著名学者、北京电影学院崔卫平教授的一段话,“你所站立的地方,正是你的中国,你怎么样,中国便怎么样,你是什么,中国便是什么,你有光明,中国便不黑暗。”出国之后,尤其是这件事后,我对这句话理解得更深刻,我们身在国外,代表的并不仅仅是我自己,还代表着水声学院、代表哈尔滨工程大学,甚至代表中国,因为周围的人会通过我的表现去判断学院、学校乃至祖国。因此,我们在国外的表现并不仅仅是个人的荣誉与得失。据我所知,那一年水声学院出国的学生在留学院校表现得都非常好,受到了国外导师的一致好评。我们也都邀请外导来我们学院讲座和参观,他们对我们学院有了深入的了解,建立了良好的关系,都表示很愿意继续接收我们学院的其他学生。

其实,出国一年,除了学术能力上的提升,我的最大收获就是学会多角度思考问题,不同语言,不同文化的碰撞与融合,让我视野开阔了,思维打开了。正所谓“高度决定视野、角度改变观念、尺度把握人生。”

这就是我的留学故事,希望对大家能起到些许的帮助。

同学感言1

看了尹艳玲师姐的故事,让我明白一个道理,那就是机会只给有准备的人。出国留学的机会我们都知道,但是没有多少人真正用心去准备。我们平时在学习之余可以学习英语,这样在准备出国的时候就不会措手不及。在学习中不论是国内还是国外都要注意和导师的沟通,保持良好的沟通对自己的学习会有很大的帮助。在学习中要有自己独立的思想，才不会被以往的学习定式所局限，对自己有一个负责任的心态。我们代表的不只是自己，也是代表了学院和学校的形象，我们要为自己，也为学校争光。曾经有时觉得励志的故事离自己很遥远，但作为没比我们大多少的尹师姐这样的事迹就发生在自己身边，让我深深感受到了自己的不足，也有了努力的目标。

——14研3班　李茂震

同学感言2

“高度决定视野、角度改变观念、尺度把握人生。”尹艳玲师姐的故事，生动地为我们诠释了这句话含义。学习是基础，不管自己在什么程度、什么位置、具备怎样的条件，我们都要不停地学习、广泛的学习；锻炼思维是关键，不管自己的年龄有多大，在别人眼中自己是多么成熟，思维永远需要“沙丁鱼”；阅历是核心，没有丰富的阅历很难做出非凡的举措；变通是价值，光有很好的“资本”，不会变通，过于死板老套或者太过圆滑、喜欢打擦边球、太极拳，总有一天会吃到回味无穷的“闭门羹”！作为一个大学生、一个成年人，我们应该也必须对自己的人生有一个明确的定位和合理的规划，这样做事情才不会毫无目的地走一步算一步。

——14研4班　孟祥玲

辅导员点评

经常有学生向我咨询有关留学的具体事宜。尹艳玲同学的故事给了我们很好的回答。留学听起来很难，但是只要有耐心、有毅力，通过自己的努力和机遇，下一个留学的就会是你。“我所站立的地方就是我的水声。”尹艳玲同学说的这句话值得所有同学深思，只要出了校门，你的言行代表的就不仅仅是自己，更是你的母校甚至你的国家。作为水声的一员，我由衷希望所有同学都能像尹艳玲同学一样。在国内，心系个人，心系集体；在国外，心系水声，心系学校。当独自在外时，只有心中有丘壑，我们的能量才会更强大。

——研究生辅导员　谭琦

努力是奇迹的别名

故事主人公　刘洪亮

刘洪亮，男，中共党员。本科就读于哈尔滨工程大学，2013 年考入哈尔滨工程大学计算机科学与技术学院攻读计算机与科学专业硕士研究生。在研究生期间获得研究生国家奖学金、CASC 一等奖学金、宝龙达一等社会奖学金和 2 次校奖学金；获得“省三好学生”“校优秀研究生干部标兵”等荣誉称号。目前签约至东北林业大学。

即将离开已经生活了七年的母校，在规划着未来工作的蓝图时，又舍不得那抬眼望去的青岩碧瓦，那曾经飞奔过的绿荫操场，那亲如手足的兄弟姐妹们。回首这几年的学习生涯，无数情景历历在目。在此，希望能够将我的一些心得体会与大家进行交流，能够让我的故事陪伴大家的成长。响亮的军号声已经响起，你听到了么?

一、尝试是成功的大门

“在那山的那边，海的那边，有一群程序猿。他们活泼又聪明，他们调皮又灵敏……哦，可爱的程序猿……”哼哼着这么欢快的歌曲，每天早上在中关村地铁站旁，等候着去往中国科学院信息工程研究所的班车。

研究生一年级暑假，导师通过多方协调，为我和我的小伙伴创造了一个去中科院信工所客座学习的机会。那年的中秋节我们出发，开始了一段全新的生活。两个宿舍来了 10 位各地的同学，三个北京大学、一个上海交通大学、一个西北工业大学、两个西安交通大学和一个湖南大学的学生，和这些优秀的同学们共处的一年里，让我收获了更多。我们经常会在宿舍中对某一学术知识或是社会问题相互探讨。研究所的生活大家也许都听说过，朝九晚五。但是，当时我们去就是为了一个国家级某重大专项工程，所以采用打卡上班制，上下班需要刷指纹，白天进行工程项目，晚上加班研读论文，算下来也是“九九六(早九点到晚九点，每周六天班)”的工作模式了。我负责的项目任务是对计算机终端保密检查时的网络连接状况检查，包括对浏览器、即时通讯软件、邮件客户端、网盘客户端等软件的使用记录，包括深度恢复扫描即检查已删除的记录等功能。在工作过程中，有一款浏览器历史记录采取了一种特别的加密方式，当时攻关了好多天但并没有进展，眼看要送交测试了，信工所老师还帮忙联系其他安全厂商咨询方法，可是得到的答案是大家都没解决这个问题。当得到这个回复之后，老师通过与测评单位沟通暂时搁置这一小问题。但是，我当时心里就有一种想法，那就是攻关成功。通过对该种浏览器历史记录地不断破解实验，最后，当界面中显示成功后，那一瞬间的感觉真是难以忘怀的。当后来通过测试后，研究所老师对哈工程学生的褒奖是令我更加开心的，能够为母校做一些事还是值得的。

二、坚持是成功的钥匙

作为研究生，程序员的生活除了工程项目外，更增加了对科研学术的要求。所以，学习成绩与论文等科技成果更加受重视，那么到底该如何入手呢？

这里要向大家介绍下我们 NSR 实验室了，我进入的科研小组为应用密码学小组，组长是我的一个博士师兄。和蔼可亲、技术大牛都是他的标签，他带领着我们整组成员进行项目开展与论文研讨。也许大家会认为学计算机的应该是每天编程、编程、编程吧。其实，除了编程，我们小组做得更多的是对数学公式的推演，如何提高密码体系的各项指标。起初进组的时候非常兴奋，每天都勤奋地看论文，查文献，可是当这样的工作进行了几周之后，面对着一篇篇英文论文、长长的数学公式的时候，心里就会想："还是让我去写代码吧！怎么才能写出来一篇论文？太难了！"这个时候，一个团队的重要性就体现出来了，大家都在坚持，我怎么好意思放弃。在到中科院信工所客座期间，依然坚持每晚都会看论文的习惯。回到学校后，我的第一篇论文历时一个月就完成了，我相信这一步迈出的成果是实验室讨论组给我带来的。

我们无论在做工作还是搞研究时，都会遇到烦琐而复杂的事情，可能我们会被搞得焦头烂额，也可能下一秒我们就要放弃，但是再继续坚持一秒钟也许就能品味到成功的味道，那滋味足以打败所有的苦累和失落。坚持是世界上最难的事情，在这条路上我们一直在坚持，就变成了一件很了不起的事情。

三、勇于追求，实现价值

研究生二年级暑假结束的时候也就意味着校园招聘季的开始，大家都三三两两地奔波于各种招聘会。我在暑假之前就已经准备了很多资料，包括银行考试方面的资料，专业课基础知识，英语，等等。最早收到 offer 的是某通讯股份有限公司的研发岗，一个做专网通讯的上市公司，全球产品出货量排名第二。得到这个

offer 内心是非常开心的，这是对自己的一种肯定，从网上填写简历，到笔试，再到一面、二面、终面，这一系列的经历不但是对精神上的考验，同时也需要一个好身体。依然记得特别清楚面试当天情景，虽然只是接收某类院校毕业的学生，但是前去参加面试的学生数量依然特别多，整个走廊都是人。从中午一直排到晚上，当我完成终面的时候已经是晚上九点半，其中的煎熬程度可想而知，但是，现在回头想到这些过往的经历，想起的更多的是得到认可后的愉悦。没过多久陆陆续续前来招聘的单位越来越多。其中在计算机研究所方面号称“四小肥羊”之一的中电二十九所前来招聘，单位地址在四川。但是能够得到 offer，我认为是很多计算机专业学生的追求，于是，为了丰富自己在应聘方面的经历，我在网上提交了简历。进入面试阶段，谈及研究生阶段研究方向，面试官恰巧对于我的研究方向密码学很感兴趣。一面之后进入到二面，二面涉及的更多的是技术以外的东西，比如在学校期间实践经历，学生干部经历等。传说中的二十九所面试就在非常和谐的气氛中度过了，剩下的就是回去等待通知。在等待几天之后就收到了工作人员打来的电话确认被录取。找工作期间的电话是非常重要的工具，每天都在检查有没有漏接的电话或是漏看的短信息，一遍遍地确认每次需要面试的时间地点。就这样通过几次的应聘经历，对于笔试、面试已经没有了当初的紧张感，可以应付自如，所以多几次的实战演练还是非常有好处的。一路下来先后获得银联、交通银行、浦发银行等等十余个单位的签约意向书。本打算最后要签约交行前，在网上看到了东北林业大学招聘辅导员的通知，多年的学生干部经历和对校园生活的喜爱让我毫不犹豫地选择了尝试。先后经过两轮笔试，两轮面试，笔试包括行测、申论和高校辅导员能力测验，面试包括半结构化面试和无领导小组讨论。最后一天的面试是所有参加过的面试中最为艰难的一天，早上七点需要报道参加对面试顺序的抽签，上午一轮面试，下午一轮面试，而且下午的无领导小组讨论是考验应聘者全面能力最好的一种方式，需要较高的综合能力。同时面对十多位考官进行陈述观点，并形成统一的逻辑性强的观点。在整场讨论中担任的 leader 角色，最后很荣幸得到了考官们的认可。最终，选择与东北林业大学签约。或许对于大多数同学来说，毕业的选择显得尤为重要，却又那么难以抉择，而我想说，那些努力过的日子终究会为你带来完满的结果。只要我们时刻敢于追求，终有一日会实现自我价值。

我的故事并没有多么精彩绝伦，从本科走来，我相信我的故事也同样发生在大家的身边。我希望大家能够把握机会，脚踏实地，只要还有能努力的机会，就不放弃。无论你是刚刚开始大学生活，还是已经面临毕业的选择，要相信，努力永远是奇迹的另一个名字。而且我一直认为付出和回报永远是成正比的，也许回报的方式可能并不是你最期望的，但是我相信当你临近毕业之际时，回首过去，想到之前所做的努力，一切都是值得的，因为多多努力，必将多多收获。

最后，想用一句话作为总结：学问之道无他，求其放心而已。我一直用这句话来鞭策自己，也希望把这句话分享给你。我们所有的付出不是为了其他，只是不能辜负了父母的期待，不能辜负老师的教导，不能辜负自己的付出。现在我的下一步计划已经开始了。你呢？

同学感言 1

“亮哥”是我对刘洪亮的一种称呼，这个称呼里包含了我对他的一种敬佩，敬佩他在这短短两年中所获得的一切。他总是把时间安排得井井有条，知道自己现在该做什么，下一步该怎么走，到底要到哪里去。所以，他无论是在学习方面、科研方面，还是学生干部方面都完成得非常漂亮。这种能力应该不只是简单的聪明就能够办到的，我看到的更多是一种态度，对于追求优秀的一种态度，对于做人做事的一种态度。他的这些表现，对我的生活也产生了一定的影响，让我也时刻保持一种冲劲。“别人比你聪明并不可怕，但是比你聪明的人比你还努力，那才是真的可怕！”真是祝愿刘洪亮同学能够越来越好，越来越优秀。

——S313060040　孙岩

同学感言 2

没有一个人的成功是轻轻松松的，对于刘洪亮同学来说这一切都是通过努力争取得到的，他的努力与付出是大家有目共睹的，特别是在活动举办方面，他邀请了很多老师到学院进行了报告演讲，对我们论文写作方面都有很大帮助。此外，他还特别开朗，乐于交朋友，在我们共同努力下获得了院篮球赛冠军。对于这样的同学，我非常愿意和他交朋友，能够得到很多正能量，在我有问题或者困难的时候找他，他都会尽力去帮助。最后希望刘洪亮同学鹏程万里，工作顺利。

——S313060024　胡亚雪

辅导员点评

研究生的两年半，刘洪亮同学能够做到做事事先计划，并且保质保量完成，在保证学习的情况下能够领导研究生会为研究生同学们做一些实事。努力不是通向成功的唯一途径，但是努力的人通常都会有好的运气。刘洪亮同学无论是在学习成绩方面，还是在学生干部工作中都是佼佼者，这与他所付出的努力是息息相关的。

——13 级硕士辅导员　王蕾

导师点评

做学问,体现在生活的方方面面,并不只有死读书,读死书,需要能够将学习的过程融入课上、课下。能够让优秀成为一种习惯,不断地鞭策自己,朝着自己设定的目标前进,这就是成功者必备的前提条件。刘洪亮同学无论是在学习成绩还是科研能力上抑或是学生干部经历上都是可圈可点的,希望他在以后工作的道路上保持这种干劲,早日达到梦想的彼岸。

——研究生导师　马春光

我的生活我做主

故事主人公 王彦欢

王彦欢,女,中共党员。本科就读于哈尔滨工程大学。2013 年保研至哈尔滨工程大学信息与通信工程专业攻读信息与通信工程专业硕士研究生。研究生期间获学业奖学金 1 次,CASC 航天奖学金 1 次,获"校三好学生"荣誉称号 1 次。发表 EI 检索文章 3 篇。目前已签约平安科技(深圳)有限公司。

七年的工程校园时光如白驹过隙,离别之际心中有万千感慨,很荣幸通过这样的一种方式与大家分享我的成长故事。今天的题目是——我的生活我做主。不同于初高中有老师管教,大学更多的是自我约束和管理,研究生阶段更是如此,这里有足够的空间让我们自己规划目标并实现目标。作为一名工科女生,就业除了专攻科研我们还可以选择什么?我的选择是互联网产品经理。很多人问过我,你科研成绩优异,为什么不去研究所工作,而要去互联网公司?这个问题并不能用一句话就说清,它和我这几年的成长密切相关。我的成长故事主要分为两个部分。

一、找到兴趣并一直坚持下去

刚进入大学的我们懵懵懂懂,对于毕业后要从事的工作还没有一个明确的概念。但是我们每个人都有自己的兴趣,各级学生组织、各类社团组织、各种科创组织,选择自己感兴趣的那一个并坚持做下去。我的选择是学生工作,在校素质基地从部员做到部长,在院学生会从部员做到副主席。

虽然之前并无策划活动的经历,但在校园招新时莫名的被素质基地策划部的"策划"二字所吸引。招新面试进行得很顺利,由于熟悉时事政治,我被分到了素质基地启航讲坛策划组。开始跟着学长学姐做讲座,基本都是一些"打杂"的小事,我在大冬天贴过海报、搬过展架。在这个阶段不断有人退出,也许这些小事和他们认为的策划组织不相关,而我则坚持下来。因为我认为讲座的每个环节都无小事,海报贴在哪、何时贴,展架放在哪都需要考虑。

跟着做了一段时间讲座,我开始尝试独立联系嘉宾举办讲座。第一个嘉宾是国防大学李莉大校,为什么想到请她?因为根据我观察,政治军事类讲座上座率较高,分析原因,一是我校属于理工科学校,男生较多,而男生普遍对军事政治感兴趣;二是我校前身是哈军工,学校有很多军品项目,军事氛围比较浓郁。而李莉大校又是央视特邀的军事专家,具有较高的知名度,正是讲座嘉宾的不二人选,如何邀请她来校?考虑到李莉大校是女性,我认为以情动人会比较有效,所以在打电话之前做了功课,包括对其个人的了解,以及对我校军事背景、三海一核前沿专业的了解,突出核心就是我校的军事氛围较浓郁、师生对国家武器装备发展非常关注。正是由于充分的前期准备,经过几次电话联系便确定了讲座行程。嘉宾的确定只是讲座的第一步,接下来我便召集各部门成立项目小组,明确分工,最后经过项目组的共同努力协作,成功举办了这场讲座,原本只能容纳 400 人的多功能厅挤满了 600 余人,讲座结束时长时间的掌声是对我们工作最好的肯定。

从一开始的"打杂"人员,到独立负责一场讲座的组织举办,我对"策划"二字有了更深的理解。这一段学生工作经历不仅培养了我的观察能力,还锻炼了我的沟通能力,不仅培养了我的组织能力,还锻炼了我独立分析问题的能力,对我个人的综合能力提升有莫大的帮助。至今我仍记得素质基地办公室墙上的标语"因为热爱,所以锐意进取。"我做的是我所热爱的事,所以我要努力做到最好。

二、将兴趣变成工作

由于我的学习、科研成绩优异,去研究所工作几乎是板上钉钉的事,然而搞科研并不是我所感兴趣的。偶然的机会知道了互联网产品经理这一职业,它的主要工作职能是互联网产品策划和运营。曾经觉得去互联网公司工作对于我们学通信的人来说是不可能的,经过了解才知道互联网产品经理并没有专业限制,它更多的是看中一个人的综合能力,包括观察能力、沟通能力、组织能力、学习能力和独立思考能力,而这些能力恰好是我通过学生工作所培养和提高的能力。把互联网产品经理作为求职目标,意味着放弃专业所学,进入一个新的领域,未来变得不可预期,因此我也经过一番思想斗争。在网上查了很多关于互联网产品经理所要从事的工作内容,又向在互联网公司工作的朋友咨询,得到了较为全面和客观的了解,更加坚定了自己想要从事这一工作的决心。越早定下求职目标,就越有更多的时间来做准备。尤其是求职目标为专业无关的工作时,更应如此。

求职目标的确定只是一小步,为了实现目标我还需要做很多功课。没有条件就努力创造条件,缺什么就补什么。首先,通过参加网络公开课学习互联网产品经理相关知识,时刻关注最新互联网行业资讯,增加自己对互联网的了解,并尝试对某些互联网产品进行分析;其次,学习使用 Axure、Mindmap 等工作所需软件,并尝试自己设计应用软件;最后也是最重要的,就是进行实践,为此我创建并运营了一个校园微信公众号"工程人"(微信号:humansofHEU)。通过观察发现学校现有的微信公众号普遍重心在学生服务,考虑到我校是理工科学校,人文氛围较淡薄,所以想做一些有情怀的内容来吸引同学关注。因此便确定内容为照片加文字来记录我校师生积极向上的学习生活态度以及学校的美景，经过半年多的运营，目前粉丝超过 3 000 人，微信 WCI 指数超过校学生会排名全校第一。“工程人”的建立初衷是为了增加自己的实践经历，然而做到现在对它也产生了感情，目前已经转交给学弟学妹，希望它可以一直做下去，成为工程师生的一扇窗，发现更多工程人的美以及工程的美。

终于等来九月的求职季，和其他同学一样，我也经历了网申、笔试、面试全部环节。先后面试了 3 家互联网公司，并拿到了其中 2 家公司的 offer。最后以特薪签约平安科技，签约时才得知整个哈尔滨招聘点只招了一个产品经理。回想求职的整个过程，有几点建议想与大家分享。

首先，面试不是碰运气，了解你所面试的公司是最基本的要求。现在的大公司都非常注重企业文化的培养，往往在面试阶段就会提出与公司相关的问题，所以在面试之前，我便通过各种渠道了解平安科技。在网上能查到的信息比较有限，恰好一个朋友的同学去年也是签约平安科技产品经理一职，我便向他了解一手的消息，从他那我对平安科技公司现状、发展计划有了一定的了解。在面试环节从容地回答出公司的现状，让面试官也颇感吃惊，笑着对我说：“看来你做了充分的准备。”我相信就这一点便为我加分不少。

其次，面试不要两手空空，带着自己的“成果”去打动面试官。很多人觉得面试带一张简历就够了，但我认为嘴上说得天花乱坠不如实际“成果”更能体现个人能力。因为前期准备充分，我便带着自己的产品分析报告和产品设计报告去面试现场。在等待面试的时候，我观察到排队等候的 7 个人只有我一个人准备了报告，其他人都只带了一张简介。轮到我面试时，面试官接过我的报告说：“你是目前为止唯一一个带着分析报告来的人，一些基本的问题咱们直接跳过。”面试者无数，这些报告让我轻松地脱颖而出。

最后，面试不是突发事件，可以预先“彩排”。网上有很多人会分享他们的面试经历，通过这些面经我们能知道面试大概会问哪些问题，这就给了我们预先练习的机会，提前组织语言来回答这些问题，还可以找同学进行模拟面试。如此一来，在真正面试时一旦面试官提的问题刚好是我们提前准备好的，就能从容应答，在有限的时间内条理清晰地表达自己的想法，这样也会降低我们自身的紧张感。

面试有难度，竞争很激烈，但因为此前认真全面的准备，让我比其他人多了一份自信，这些准备也在面试过程中也得到了面试官的认可，最终帮助我拿下特薪。

龙应台写给儿子安德烈的一段话曾在微信微博上疯转：“孩子，我要求你读书用功，不是因为我要你跟别人比成绩，而是因为，我希望你将来会拥有选择的权利，选择有意义、有时间的工作，而不是被迫谋生。当你的工作在你心中有意义，你就有成就感。当你的工作给你时间，不剥夺你的生活，你就有尊严。成就感和尊严，给你快乐。”这段话与我的故事和大家一起分享。我们学习为的是拥有选择的权利，选择过什么样的生活，选择自己喜欢的工作，选择自己喜欢的人。我们可以也必须为自己的生活做主！

在工程大学的第七个年头，即将毕业之际，感谢母校对我的培养，愿母校今后能有更大的发展，培养出更多的优秀人才。

同学感言 1

看到学姐不断奋斗的故事，使我知道，信心是通往成功的关键。无论是在我们的人生中，还是在我们的科研学习中，失败是不可避免的，但失败给我们带来的对自己的怀疑需要我们亲身面对。时时刻刻的自信，冷静的头脑才能帮我们分辨是非对错，一步步走向正确的轨道。只有相信自己能行，才能不断挑战自己的极限，不断超越自己，不断完善自己，使自己更强。

——2015 级研究生　王丽

同学感言 2

王彦欢学姐的故事为我迷茫的人生点明了方向，坚持不懈的努力才能使我们不断变强，坚定的信心帮助我们通往成功的地方，即使碰到暂时的跌宕，克服失败的顽强，更会成为我们今后翱翔天空的翅膀，不断增长的阅历会给未来黑暗中的我们带来曙光，所以只有使自己不断变强，才能披荆斩棘乘风破浪，向着目标的远方不断远航。

——2015 级研究生　王颖

辅导员点评

王彦欢同学从本科保研到研究生出色的成绩，一直是身边同学的榜样。她的特点在于能够明确把握自己的方向和目标，并按照确定的计划付诸行动。无论是学生工作、科研还是实习，都能够平衡和完善好自己的时间规划，保证每一项能力都有条不紊的提升。

——研究生导员　孙安斗

导师点评

王彦欢同学成功的秘诀在于很早地确定好自己的目标，目标的制定，不仅应该考虑自身的能力水平，更应该结合自己的兴趣所长，因此她在研究生在读期间没有浪费光阴，而是朝着自己的目标踏实努力。她出色的学习成绩，扎实的专业基础，杰出的语言表达交流能力，都是她能够成功求职的砝码。提前准备好即将面对的每一项任务，是实验室的学弟学妹应该向她学习的。

——研究生导师　李一兵

仰望星空，追梦笃行——实践中磨炼成长

故事主人公　戴婷婷

戴婷婷，女，中共党员。本科就读于哈尔滨工程大学，于2013年考入哈尔滨工程大学外语系攻读硕士研究生。研究生期间，学业成绩及综合成绩为专业第一名，发表论文5篇，参与科研立项1次。2014年9月至2015年1月赴台湾中国文化大学交流学习，学习期间参加了台湾大学外国语文学系研讨会，获国家奖学金1次，省三好学生1次、校一等奖学金1次，获“校优秀学生干部”荣誉称号。

回望过去两年的硕士生涯，英语语言文化的学习塑造了我的国际视野，教学领域的实践奠定了我的职业生涯方向。怀揣着一颗热爱文学的心，胸怀着继续深造的信念，我选择前往台湾中国文化大学英国语文学系进行了一个学期的交换学习。于我而言，知识的储备和价值观的提升助我更好地实现职业发展的目标。

一、徜徉在知识的海洋中

2013年，在人生的转折点上，我选择了哈尔滨工程大学，继续前行在这个梦开始的地方。告别大学本科时代，走进研究生学习的新阶段，我以积极的学习态度，正确的学习方法迎接着新的生活。在本科学习水平的基础上，我尝试着跨领域学习研究，主动学习各方面知识。我对西方文明及西方文化有着浓厚的兴趣，主动到图书馆查阅相关的书籍，阅读了大量的英美文学作品。除了在英语语言文学课程中取得优异成绩外，我还善于抓住机遇，利用空闲时间学习教育教学理论知识，并赴台湾进行教学活动实践，在实践中提高了自身的能力。徜徉在知识的海洋中，我脚踏实地、一丝不苟，建立广博的知识面，塑造个人竞争力，努力挖掘自身发展潜能。研究生两年生涯中的所得所获成为我人生中的又一宝贵财富。

知识于我不单单是简单的输入，更重要的是输出的过程。我跟随导师参加了“经典英美文学”的科研项目，研习对后现代主义作品《拍卖第49批》“冲突与对

抗”主题的分析、从父权制度的双重统治角度分析汤亭亭的短篇小说《无名女人》。我不仅圆满完成了研究课题，对自身的英语语言文学理论知识的巩固、作品分析能力的提高更是起到了重要的推动作用。

二、做一颗领航的启明星

作为外语系兼职辅导员，我坚持“服务学生需求，引领校园文化”的理念，积极协助辅导员做好学生工作。从我最初走进大学校园后，我就很向往学生干部的工作，一是因为我可以为大家服务，二是在做学生干部期间我可以得到更多的锻炼。在做院系兼职辅导员期间，我会努力快速完成每天的学习任务，以便有更多的空余时间做额外的学生工作。

我日常的工作任务主要是协助辅导员做好日常的管理工作，协助英才基地开展、组织相关比赛及活动，修改、审核并上传英才基地的新闻等。此外，我还担任英语语言文学班班长，是班级的核心人物。在做好班级常规工作，做好老师与学生的沟通之外，还组织大家进行重要考试的报名工作。比如大学公共法语四级考试（CFT－4）、大学公共德语四级考试（CGT－4）的报名，国际商务英语（BEC）考试等。我为同学们传达院系的各种信息，辅助学工办和教务办对整个班级的发展做长期的规划，制定长期发展努力的方向和目标。在辅导员的带领下和全班同学的共同努力下，我们班积极参加学校组织的多项活动，并在活动中取得突出的成绩。刚入学的时候，班中许多同学都对自己所学专业以及本专业未来的就业方向很迷茫，我便组织大家就自己的专业与研二的学长学姐们进行交流，让大家进一步了解自己专业的同时能够更好地学习，提高自己的专业素质，明确未来的就业方向，并从当下着手为就业做努力。

因为平时与大家相处融洽，人际关系较好，这样在客观上就减少了工作的阻力。因为我的真诚热情，班上同学非常配合，因此班上的每一次工作都开展得很成功，得到同学们一致好评。两年来班内的大事小事都井然有序，我也特别关心同学，做到想同学之所想，急同学之所急，踏踏实实为学生办实事。对于班级中由外校考过来的两名学生，我尤其关注。我深知，她们对于这个学校、学校的老师和同学们都是陌生的，我便组织一些集体活动，增加她们与其他同学的接触和交流机会，还时常找她们谈心，渐渐地，她们不仅融入了文学班这个大家庭，还深深地爱上了这个家庭。在我的带动下，班级中到处洋溢着爱的氛围。

三、怀揣志愿之心

光阴很短，两年一瞬，研究生的岁月就在弹指一挥间，每一秒都应过得如星空般灿烂，最好的方式就是立足校园，回报社会，用一颗赤诚之心承担青年责任。早在攻读本科学位时，我就通过国际大学生雪雕大赛志愿者的经历践行了一颗乐于奉献的“志愿心”。成为一名研究生以来，我不曾停下志愿服务的脚步。

我于2015年10月参加了由行政院大陆委员会主办的“两岸青年志愿服务工作研习营”，赴台湾省高雄、台南进行学习、参访暨志愿服务活动。在台湾高雄佛光山育幼院，我们服务的对象是这里的失亲儿童。第一次接触这里的孩子，让我感到非常震惊。他们大多数是脑瘫儿童，没有认知能力，小小的身体无助地躺在活动室里，无法坐起身，无法自由移动，只是转动着亮晶晶的大眼睛感受着这个世界。他们的笑容那么的纯真，眼神那么的澄澈，让人看后感到心酸。那时起，我就决定一定要尽自己最大努力照顾这群孩子，让他们感受到温暖。

我们的主要工作是照顾婴儿室和幼儿室孩子的日常起居以及脑瘫患儿的康复护理。我们边学边做，尽力去帮助他们。护理的工作是烦琐而辛苦的，蒸鸡蛋羹、配奶、喂奶、换尿布、做康复、给孩子洗澡……我们按照既定的排班制度，有条不紊地进行着实践工作，悉心学习，渐渐得心应手，并与可爱的宝宝们日渐亲近。看到他们饭饱后甜甜的笑脸，张着两只小胳膊拥到我们怀中，炯炯有神的大眼睛忽闪忽闪着，好像向我们诉说着他们的快乐，听到那一声稚嫩的“姐姐”，内心感到无比的幸福与感动。志工们的辛劳努力，换来的是孩子们脸上大大的笑容。看着这些坚强的孩子们，我也对生活有了更为积极的看法。他们需要我们的关心、爱护，他们有着其他孩子没有经历过的艰辛与困难，他们最需要的是我们的帮助。

此外，我还参加了“中国研究生媒体联席会议”志愿者活动，活动期间，我为来校参会人员进行招待和解说的工作。通过我们志愿者的努力，参会人员纷纷对哈尔滨工程大学的校园文化、环境做出了极高的称赞。我也参加了“哈尔滨工程大学与香港城市大学陆港两地交流联谊会”活动，为来校的香港大学生做向导。

“被需要是一种幸福。”我把志愿服务当作自己的生活内容和生活方式，时时刻刻去帮助需要帮助的人，做奉献爱心的事，我想这就是做一名志愿者的真谛。参与志愿者服务的几次经历成为我迅速成长的最大助力。毕业之后，志愿工作造起的行善之心，将会被我带在身上，带到更远的地方。

同学感言1

戴婷婷同学曾任英语语言文学班班长，我作为班级团支书，既是她的好朋友，也是她的好搭档。两年来，我看到了她在知识、实践、思想和个人抱负方面的闪光之处。她专业学习成绩优异，语言能力优秀，作为全系第一名，获得国家奖学金和“省三好学生”“优秀学生干部”的荣誉称号。另外，她具有优秀的领导才能，作为班长，参与组织各项班级活动，在班级内引起广泛反响，具有一定影响力。走出校园，她积极投身于社会实践和志愿者活动，尽己所能践行奉献精神。她还通过广泛的企业实习和科研实践来加深对于知识和社会的理解。相信戴婷婷同学能够担当毕业生的榜样，做好现在的教师工作，为中国教育事业贡献绵薄之力。

——2013 级英语语言文学班　陆晶菁

同学感言 2

看了戴婷婷的故事，我明白一个道理，那就是作为一名外语系研究生，让自己有所作为，要怀揣着一颗热爱文学的心，胸怀着继续深造的信念，以端正的学习态度，正确的学习方法迎接着新的学习。对学术的一丝不苟和对社会活动的敏锐观察与责任感，才能由量变到质变。俗话说得好：不积跬步，无以至千里；不积小流，无以成江海。她的事迹让我在学习和工作上少走弯路，她为我树立了一个很好的榜样，为我指明了今后学习和工作道路上前进的方向。

——2013 级语言学及应用语言学班　周玉

辅导员感言

作为辅导员，我见证了戴婷婷同学从本科到研究生的成长与进步。她踏踏实实走好每一步，注重平时的积累，不断提高自己的综合素质，在学生中起到了模范带头作用。戴婷婷同学作为系兼职辅导员，工作兢兢业业、积极主动，能高效地完成办公室的工作任务，成为老师的得力助手。同时，作为班级的班长，学习上勤奋努力，成绩排名第一，工作上认真负责，得到师生的一致好评。希望更多的学生从她的成长故事中得到启迪，找到自己的目标及努力的方向，成为一名优秀的研究生。

——研究生辅导员　高明慧

导师感言

作为戴婷婷的研究生导师，从入学到毕业的两年时间里，我见证了她在学习和生活中的成长和进步。

在专业知识的学习上，她本着脚踏实地的学习态度，一丝不苟、精益求精。课上积极认真地参与各种学术讨论，总是能够提出很多创新性的想法，见解独到。她充分利用课下时间充实自己的专业知识，通过阅读大量文献深入学习研究最新的文学理论，并且能很好地把理论应用于实践，专心于学术研究，发表了很多高质量的学术论文。

作为班干部，紧张的学习并没有削减她工作的热情和干劲。她不但参与组织班级各项活动，还积极投身于社会实践，她的人格魅力和领导才能都得到了充分发挥。

戴婷婷待人友好热情，生活中乐于助人，既是老师们的得力助手，又是同学们的贴心伙伴。现在她如愿成为一名教师，相信她一定会在工作中大展宏图，事业蒸蒸日上，取得更大的进步！

——英语语言文学导师　孙靖宇

厚积薄发篇

《孟子·告子下》中提到，“天将降大任于斯人也，必先苦其心志，劳其筋骨……然后知生于忧患，而死于安乐也。”青年学生在成长过程中难免遇到这样或者那样的挫折。在困难面前，每个人的成长环境不同、经历不同、选择不同，最后的结果自然不同。在困难面前，难得的是有战胜困难、奋起直追的勇气，有时必须承认差距的存在，但是也应当正视这些差距，才能够脚踏实地、沉心静气、刻苦钻研、后来居上。

本篇选取了7个研究生在逆境和挫折中成长的故事，有的人因为高考失利，本科就读于普通的二本院校，但是通过努力考取了重点大学的研究生并且取得了傲人的科研成就；有的人在刚刚开始硕士学习时，沉浸在学术水平远远低于周围同学的苦恼中，之后慢慢认清差距、正视问题、战胜自身的挫败感，最终获得学术成绩；有的人则实现了学习成绩和人际交往上的华丽转身……这些研究生的成长故事也许会给生活和学习中遇到相似困惑的你带来一些启迪，要树立正确的挫折观，要有面对挫折、战胜困难的勇气，要保持通向成功的信心。

水下机器人实验室的男人们

故事主人公　姜言清

姜言清，男，中共党员。本科就读于青岛科技大学，2011 年考入哈尔滨工程大学船舶工程学院船舶与海洋结构物设计制造专业攻读硕士研究生，2012 年硕博连读至哈尔滨工程大学船舶工程学院船舶与海洋结构物设计制造专业攻读博士研究生。研究生期间获国家级奖学金 3 次，校级奖学金 3 次，“学术之星”等校级荣誉称号 2 次；完成学术论文 7 篇；国家发明专利 6 项，授权 2 项；软件著作权 5 项；作为重要技术骨干参与的项目 7 项。目前签约至中国航天空气动力研究院（航天 11 院）。

这是一个锻炼人的地方，这是一个让人“沉迷”的地方，这是一个让人成长的地方，这里是水下机器人实验室。来到这里之后，我喜欢上了自己的选择，收获了记录自己成长经历的学术论文，在无数次实验中得到了磨炼，遇到任何困难都不怕了，都能积极地去寻找解决的办法。

一、喜欢来自选择之后

很小的时候，和妈妈聊天，模拟长大离家以后与妈妈通电话的情形：“儿子，你在忙什么工作呢？”“妈，我在造飞机呢！”

一直到现在，父母还在拿着这句话打趣。其实那会儿的我，见过最“高级”的东西也就是飞机了吧——因为家乡有军用机场，的确有飞机经常在不太高的天上飞。现在的方向，也的确和飞机有点关系，材料、流体动力、导航、控制、通信、传感等都具有通用性。直到看到那部叫 *Titanic* 的电影，我才知道“水下机器人”这个概念。现在想想，小时候的那个梦想大概可以描述成“工程师”或者“科技工作者”吧。

“选择”对于我来说一直都是自由的。来自于普通农村家庭，父母完全投身于生计，靠最为朴素的体力谋生，周围的人也一样，没有人能够摸透哪个专业将来有好的发展前景，能有不错的工资收入。但是，我理解我的父亲母亲。或许是因为当年父亲放弃高考回家种菜有他的莫大苦衷，我的所有选择，他们都是支持的。高考选择“船舶与海洋工程”作为本科专业，只是因为里面包含“海洋”和“船舶”两个字眼，看上去霸气；选择考研，是因为我潜意识里父母期望我拥有一个更高的学历；选择“水下机器人”的方向，是因为我觉得水下比较神秘，相比之下水面的船舶实在“没意思”。其实现在想想，这些选择都不是很理性。

从2010年加入水下机器人技术重点实验室这个团队以来，内心便似乎找到归宿了。这是一个大家庭：喜欢这边的老师，博学、严谨、负责又亲和，像家长；喜欢这边的学长，良师益友，尽心尽力提携后辈；喜欢这边的同学，我们团结，一起学习、一起疯，像兄弟。实验室有前辈们做出来的成果：水池的智水系列、微龙系列、水面无人艇……看上去都令人着迷。于是一边想象着“未来某天在海上某处做实验”的场景，一边埋头做着老师提出的科研任务。因为总是在假想，所以也有过那么一段时间觉得索然无味。直到2013年，导师给我争取到负责一个载体部分控制系统的机会，我才终于有了目标。因为我知道，我将能够在海上对它发令。之后，水池试验、湖上试验、海上试验便是家常便饭，慢慢地，在完成科研任务的同时也积累了一些学术成果，自己竟然在工程上也能撑起一角。

二、每一篇论文都是自己的里程碑

“学术论文”这个概念是从受到打击开始烙印在我头脑中的。2010年硕士才刚入学，身边的同学便相继收到了录用通知，尽管现在看来是含金量较低的国际会议论文，但对于那会儿的我都是高不可攀的。本校保研或考研来的同学，在本科毕业设计的时候就进行了研究工作，在完成本科毕设后随即发表了学术论文，而我的本科毕设与实验室的方向风马牛不相及，我有些着急了。

于是下决心要追赶。在老师的指导下，我一步一步地接触和掌握了C语言，C++，Visual C++，VxWorks，MapObject二次开发等工具。在学习一些基本工具的同时，我也上网检索文献资料，从本实验室往届师兄师姐的论文到国内同行的论文，再到国外的一些英文文献。忙碌的生活让我没时间去想那些琐碎的东西，努力的过程中也一点一点感受到前进，让我对实验室的技术有了更多了解。没用太长时间，我便可以独立做一些事情了，于是就萌生了发表学术论文的想法。

第一篇学术论文是在导师手把手地指导下完成的。当时由于工作需要，我接触了水下机器人的监控软件，而恰好自己的科研方向是全局路径规划，于是就产生了把两者结合的想法。但要在监控软件上进行全局路径规划必须得用地图，就这样又开始研究MapObject二次开发，这是个漫长的过程，因为本实验室没有可以指导的师兄，弯路没少走，也有过一段消极的时间，但是现在看来，即使是弯路，也有别致的风景。坚持下来是一定有收获的，就这样，一款新型的监控软件诞生了，而论文的研究对象也就摆在了那里，接下来就是论文的撰写、修改、再修改，循环往复。

论文的投稿方面，我听取了老师的建议，从高到低，从 EI 高水平源期刊开始，因为即使论文因为水平不够而被拒稿，也会从审稿专家和编辑那里得到建设性意见，让我收获丰富。就这样，第二篇文章连续遭受两次拒稿，在备受打击的背景下，进步也是非常迅速的。当身边的人还在思考投稿会议论文的时候，我已经接到了第三个期刊的录用通知！何等的欣喜若狂，之前的沮丧和低谷都烟消云散。弯路的风景依然别致，等到柳暗花明的一天就会明白。两度拒稿，并不表示论文立意陈旧，而是因为研究工作不够深入，不够全面，审稿意见就是我努力的方向。所以，每一次拒稿之后我都会认真研究了审稿意见，并结合自己之前的工作针对每一条意见进行详细更改，更改完再投。“小木虫”网站提供了一个很好的交流平台，从论文撰写到投稿，再到稿件状态更新，帮助颇多。在撰写第四篇文章的时候，我觉得 EI 源刊有点满足不了胃口，开始研究国内外的 SCI 期刊，首先锁定目标，即寻找适合水下机器人方向的论文投稿的期刊，然后检索了这些期刊发表过的论文，详细研究各自的风格，最后结合自己研究成果，投其所好，从而提高了命中率。

另外一个投稿的关键点是缩短投稿周期。要缩短投稿周期，申请加急出版是有效的办法。在期刊同意稿件发表之后，往往会让作者等一阵子，快则十几天一个月，慢的话甚至要几个月甚至一年，因为编辑要按照录用的先后顺序来订刊出版。所以，这个时候一定要催，要求尽快发表见刊，能有多快就多快，这是唯一能够大幅度压缩投稿周期的机会。另外在修稿以及定稿的过程中，一定要配合编辑加快修改速度，务必在期限之内完成，这样会给编辑以积极的态度，在申请加急出版时也能够比较顺利。

英文论文的投稿过程中，英语水平是很多人绕不过去的障碍，我的建议是从开始就练习直接用英文撰写，这样并不是想象的那么难，那么浪费时间。我的第一篇 SCI 论文是先写中文后翻译，结果翻译的时候费很大劲，因为在翻译的时候会发现很多句子之前的表达意思不够明确，于是重新整理脉络，浪费了时间。所以在写第二篇 SCI 论文的时候干脆直接用英文。时间一长，英文写起来也很顺畅。

三、急人之所急的科研实践

实验室里，没有只需一个人就能完成的科研项目。急人之所急，是一种优秀的团队协作品质。

2014 年，时值国庆节，科研任务紧迫，实验室派出仅 7 人组成的小组（80 后 3 人，90 后 4 人）外加满满一卡车设备赴龙凤山水库进行某型 AUV 的验收实验数据采集工作。实验时间紧迫、队伍年轻、设计初期的载体“桀骜不驯”，包括两位年轻老师在内的团队里每个人心里都没有底。但我们每个人都没有退缩，需要讨论的时候大家献计献策,需要出力的时候大家齐心合力。白天实验,夜里通宵充电,船飘在映着月光的湖上,轰鸣着的机器像是在忠诚职守的卫士,脑力和体力都接近极限的我们,有时候会分不清自己到底在白天还是黑夜。即使是这样的困苦,现在回想起来,也别有一番情调。

农村出身的我,从小便习惯在生活中更多地去为别人考虑,多为他人提供便利,少给别人带去麻烦。

一点都不矫情地讲,我的科研之路就是从打扫卫生开始的。刚开始,还没接触项目的时候,就在师兄和老师们的召唤下,走进深水综合实验水池帮忙。扫地、清洁水质、打理机器人、帮忙抗大件,就这样,借助干这些粗活的机会,在同师兄、老师的交流过程中,对在研的项目有了了解,对实验室的产品也有了了解。一件一件的小事让自己得到了积累,也在老师和师兄那里积累了相当的刷脸次数。他们对我熟悉了,了解了,也为我争取了重要的实践机会。就这样,我便踏上了科研实践之路。

2013 年,第一次参与外场实验,地点是龙凤山水库,为期二十天。我的任务是负责 AUV 控制系统的规划部分,包括控制策略的制定、调试运行及维护。实验开始,便遇到了各种前所未有的状况,这是水池实验所发现不了的。在我内心一直对之前的 AUV 控制系统持一种敬畏的态度,因为毕竟是几代师兄十余年的累积成果,虽然在应用过程中的确发现了有待改进之处,"挑战"起来还是蹑手蹑脚,想到了但不敢做。再说,自己从来没有经历过 AUV 的控制,没有这方面的成果,老师、师兄凭什么信任我呢? 于是自己便按照老师、师兄的意思做,不敢越雷池一步,倒也较为圆满地完成了初期的实验任务。

对载体控制系统的改造计划让我魂牵梦绕,颇有不到长城非好汉的意思。回到学校之后,利用实验室现有硬件资源,在师兄的指导下搭建起了操纵性仿真平台,并在此基础上对 AUV 控制系统加以改进:实现了跟踪更加精准的智能航线跟踪制导控制器,仿真情况下能够达到水下厘米级的跟踪精度;对监控系统的人机交互水平发起了挑战,让指令的下达更加简洁,让状态的显示更加明了,提高了智能化水平。充分的仿真调试之后,把情况向项目组负责的师兄汇报,师兄给我的答复是:"你这套控制系统作为备份,将与原有的系统一起参加 2014 年海上蛇头实验。"信心满满又洋洋自得的我被师兄的话教训了,原以为会得到大加赞赏,现在回想起来,做工程这种谨慎态度是必需的,毕竟海上环境是复杂的,安全性更应该得到重视。为了提高可靠性,在控制系统移植到 AUV 载体前我又进行了充分的实验,测试了各种能想到的工况,也的确发现了一些问题。自己也给自己提了个醒儿,马虎不得,慎之又慎。

2014 年,载体按计划在山东威海海域进行了实验,海上实验的跟踪效果与仿真实验非常接近,控制参数几乎完全移植了仿真的值。在环境复杂的海域,对航线的跟踪偏差不超过 2.0 m;丰富且简单的人机交互使得实验现场的工作轻松了不少。最终项目顺利通过了验收。

四、锻炼“爷们儿”的实验室

“科研”这两个字的分量在我的心里越来越真实，我也越来越敬佩老一辈的科学家和仍然奋斗在科研一线的科技工作者。

水下机器人实验室是一个锻炼人的地方。经过研究生这几年的历练，我发现在水下机器人实验室，男同学会变成“纯爷们儿”，女同学会变成“女汉子”。团队中，你可以少言寡语，但是你必须雷厉风行；你可以内心温柔善良，但外表必须豪放粗犷。因为大海在咆哮，你要不甘示弱。

在自身经历的十几次实验里，包括水池实验、湖上实验、海上实验，共有四人次落水！现在回想起来，也是倒吸一口凉气，因为水火无情。落水的同学哭笑不得：“大热天儿的，以这种方式下水洗澡不违反纪律。”当然我们大家都知道，谁也不想落水，因为海水的确不算好喝。实验环境是复杂的，云南白药常备。尽管“安全条款”一直被视为实验的首要准则，也没有一个人中途退缩。因为大家都明白，在赚取经验的路途上需要撒点热血，乐观积极的心态才是海上实验的必备良药。

波涛汹涌的大海经常出现在作家的笔下，《海燕》《听潮》的作品中，大海是那么富有诗意，连咆哮声都成了音乐。经历过，我才发现，那都是骗人的。晕船是最恐怖的话题，因为在大海上，你没有地方逃脱，只能默默忍受，队友的症状是呕吐，我的症状是发烧。波浪滑翔机，这个专门需要点浪涌的家伙可把我们害惨了，为了他的强烈个性，风浪再大我们也得上呀，我们这暴脾气！

前面说的大家不要误会，我们在外表强悍的同时，也有一颗水灵的心。我们需要比女生的心思还要细致，因为不细致机器人就会出差错，整个实验的进度就要延误；我们需要比女生还要敏感的心思，因为只有这样才能预想到可能发生的差错，才能提前采取规避措施避免错误的发生；我们需要比女生的心思还要安静，因为只有这样才能在发生状况的时候排除干扰、泰然应对。

五、生病了，但我还站着

2014 年 12 月中旬，有一天早上起床后突然感觉腿脚不适，一边麻一边胀，像一根接通了 220 V 的导线。当时没在意，认为可能是睡姿所致，于是那一天的生活也算循规蹈矩，吃饭、实验室、吃饭、实验室……尽管生活轨迹依旧，但挥之不去的肉体感受总让我惴惴不安。

在身体健康方面，我一直是没问题的。无论体力劳动还是体育活动，我始终都是冲在最前面，尽管 180 cm 的个子不太高，但在做实验的时候高度优势明显，且机动灵活；尽管 150 斤的体重不算壮，但是没有大肚子，四肢还算发达，有那么点肌肉。从来没想过自己能与疾病结缘,仗着自己有个好身板洋洋自得。

但这次似乎真的“不健康”了。在那种既麻又胀的感觉伴随了我四天之后,我终于忍不住来到了医院,结果被诊断为。“腰椎间盘突出”。对我来说这并不是崭新的概念,早在几年前,因在水池搬设备用力过猛扭伤我曾经休息一阵子,腰不痛也就认为是康复了。其实现在看来,那才是开始。

按照医生的建议,卧床 40 天。12 月 25 号,在完成一篇论文的投稿之后向导师请假回了家。敷中药、服西药、热敷、理疗、亲戚邻居带来了无数种偏方。在家人陪伴我对付腰病的同时,自己也默默对抗着心理上的折磨。

对于我来说,“身残志坚”这种美誉是毫无意义的,身体、心理的健康才是我想要的。积极的态度、积极的行动是打破这种尴尬局面的钥匙:听医生话、参加心理咨询活动、拉单杠、热敷、不久坐、睡硬板床……

现在的我,尽管腰病仍然如影随形,但它在我的生活中却是小得不能再小的小角色。

同学感言 1

姜言清同学是实验室的劳模,是水下机器人技术重点实验室众位师兄弟学习的榜样,也是我非常佩服的一位同学。姜言清同学参与了实验室的多个重大项目,并高标准地完成了自己的本职工作;发表了多篇学术论文,其中有 3 篇学术论文发表在 OE 等 SCI 期刊上;同时协助老师指导多位师弟,并毫无保留地传授自己科研经验。但作为和他一起进入实验室的同学,也得给他提点建议:严格要求自己没错,但前提是得保证自己的健康,接下来的日子记得保护好自己的腰椎,毕竟身体才是革命的本钱嘛。

——船舶学院 2011 级博士研究生　陈鹏云

同学感言 2

姜师兄身材高大,面庞英俊,气质凛然,能把工作服穿出模特的范儿,却偏偏要靠才华。印象最深的接触是上学期为期近一个月的水池实验,因为时间紧张实验经常做到晚上十点以后,实验中的姜师兄热情积极,心思缜密,带领我们解决一个又一个困难。实验结束后不管多晚,姜师兄一定会坚持写实验记录,第二天姜师兄又会最早来到实验现场。后来看到了姜师兄的实验记录,其认真详细令所有人为之折服。所谓聪明的人很多,靠谱的人太少。姜师兄,靠谱!

——船舶学院 2014 级博士研究生　王磊峰

同学感言 3

姜言清师兄是实验室无私奉献的典范,也是我及其他师弟的偶像和学习的榜样。进入实验室之后,姜师兄努力学习控制理论,仔细研究底层与顶层控制方法,迅速成长,逐渐在实验中独当一面;多次参与海上实验,不怕苦、不怕累、不怕脏、不怕痛,积极承担分内分外的工作,尤其在身体不适时依然坚守岗位;姜师兄为人热情,待人真诚,积极乐观,给我们带来正能量。最后希望姜师兄能注意身体的保养,健康地工作和生活。

——船舶学院 2013 级硕士研究生　王伟

辅导员点评

姜言清同学学习认真,工作负责,是水下机器人实验室的重要成员和栋梁之一。在学习中,姜言清同学对自己要求很高,总是以高标准严格要求自己并一直督促自己做到。在工作中,姜言清同学非常负责,不仅能够按时按量做好自己的工作,还能够对其他同学的工作进行力所能及的帮助。在工作和学习中,他不仅仅要求自己做好,还不时问自己“为什么要这样做”,甚至能够在知其所以然的同时对设备和流程提出改进意见,是一个有心、有理想的合格研究生。

——船舶学院研究生辅导员　苏智

导师点评

博士研究生姜言清 2010 年到我实验室后,6 年来一直从事 AUV 的自主决策与运动控制技术研究:作为技术骨干,参与 AUV 的技术验证试验 10 余次;发表学术论文 10 余篇,发明专利和软件著作权共计 10 余项;获得“研究生国家奖学金”等奖学金和荣誉称号数次;其实事求是、踏实勤奋、敏锐好学、潜心钻研、持之以恒的特点是科技工作者的优秀品质;经过水下机器人实验室多年的观察,其思想品德、科研能力、学术水平优秀,尤其具备团队协作能力,得到了众多老师的一致肯定。在他的影响下,1006 室 20 余人的实验小组内已经形成了一股积极的、向上的、文明的、团结的科研、学术、文化、生活氛围。

——船舶学院教授　李晔

心所向，将所成

故事主人公 单 为

单为，男，中共预备党员。本科就读于哈尔滨工程大学自动化专业，2013考入哈尔滨工程大学自动化学院攻读控制科学与工程专业硕士研究生。研究生期间，学习平均成绩85.6分，获得国家奖学金1次、学业一等奖学金3次、“校优秀共青团员”以及“校三号学生”等称号各1次；发表期刊与会议文章3篇，其中2篇EI检索，1篇SCI检索；申请并受理专利2项。目前签约至上海某研究所。

很荣幸有这个机会来分享一下我的故事。我的故事很简单，本科的自己只是一个再普通不过的学生，甚至挂过科，到了研究生之后自己的一切都变了，因为心所向，将所成。

一、从无到有，努力成就自己

本科期间我就读于哈尔滨工程大学自动化学院，但是可以说研究生两年多来的学习生活对我的影响要比本科四年多得多，无论是学习到的东西，经历的事情，还是个人的生活体验。于我自己来说，本科阶段的自己和研究生阶段的自己，是截然不同的两个人，而这一切的改变都要从考研说起。

本科阶段的自己成绩非常一般，不怎么考虑未来，当时想着自己每天开心就好，补过考，甚至还重修过，在大三上学期的时候差点降级，幸好自己把自己从悬崖上拉了回来，也是从这时候开始我发生了改变。

在大三下学期的时候，同学想要考研的也都已经开始准备了，我忽然发觉我并不知道自己以后要干什么，没有学习成绩的优势，也没有社团和科研活动经历，考研似乎是我最明智的道路，想到自己的基础很差，就慢慢开始复习高数和英语，专业课也努力学习着。其实我觉得，努力就是成功最深厚的根基，没有刻苦的努力，一切都只能是白搭。就这样，早出晚归的生活开始了，甚至回到寝室还会再看会儿考研课的视频。有时候也会感觉很艰难，觉得很难再坚持下去了，但是每次晚上回到公寓，看着楼上的灯火，觉得自己是那样的努力，这样的心满意足总是会打败一整天的劳累，于是就这样激励着自己，直到考研结束。

当年的考研国家线是295分，我考了387分，这个成绩自己也是没想到的，给了我莫大的鼓励，让我更加相信，努力付出一定会有回报。我从中体会到，你望着一个目标努力，到结果你会发现，你其实在这其中会收获了更加意想不到的东西，而成功了之后的你对于之前的目标会觉得相当释然。

正是考研这一段经历鼓励我，让我有了转变，也让我珍惜现在的自己，并对未来开始抱有期待。研究生阶段的课程和本科相比，难度提升了很多，特别是随机过程与矩阵论两门课，需要具有很好的数学基础，虽然经过了考研的学习，但是我深知自己的基础依然不牢靠，所以我精心研读例题，向老师请教方法，最后取得了随机过程 95 分，矩阵论 98 分的好成绩。经过一年的学习，最终也达到了平均85.6分的成绩。我知道自己其实还能做得更好，但是这时候我也知道，到了研究生阶段，成绩也只是一个小小的方面，更重要的是你的科研学习情况，在科研上我也花去了大量的时间，因为是从无到有，所以说比考研更艰难。

二、整装待发，科研之路

爱因斯坦说过一句话，大意是：学过一门学问，几年以后你还能记得的内容就是你从中学到的。对应到我们自己，便是：学得好不好不是你考试分数有多高，而是考试结束以后你还会多少，对于所学的知识领悟了多少。我觉得我们的确应该全心全意地去学习，而不是只为了分数。因此我开始尝试着走进实验室去探索科学的奥秘。

走进实验室，是大四毕设开始的，研究生阶段我在这个实验室度过了两年多的时光。可以说，我最开始接触科研的时候是白纸一张，各种语言程序只是大致了解，从来没有编过像样的程序。因为没有实践经验，专业课的基础知识与实际的工程应用有相当的脱节，不知道该怎么运用，论文资料也不知道从哪看起，怎么获取最重要的知识。在这里要感谢实验室的学长和老师，对我一步步耐心指导，才让我慢慢开始我的科研之路。

科研是一个需要耐得住寂寞、反复尝试的过程，比如说看论文，你需要不停地勾画和记笔记。对于刚刚接触的人来说，有时候一篇论文可能都要看个几天时间，不懂的时候，还要再去找相关的参考文献和资料，自己理解和推导公式，这时候就需要你具有一定的知识储备，而这也是需要阅读大量文献和相关材料才能获得的。最捷径的办法是去询问学长学姐和老师，和他们多交流，这样才能提高效率，避免走弯路。最前沿，最优秀的论文往往是英语文献，这时候还需要你能熟练掌握英语，看论文是一件并不容易的事情，何况还要把英文转换为中文。此时，就只能靠自己慢慢积累了，科技英语词汇、常用的表达句式等，其实这些东西对后来自己的论文写作也是有很大帮助的。

当看懂相关理论之后，我们还需要应用软件工具将它实现出来，这样才具有实际意义。我最常用到的是 MATLAB 和 C++ 两种软件，它们都有各自的优缺点。

其中 MATLAB 软件的优点在于可以绘制出的图像,更有直观性;而 DEVC++的好处在于它的逻辑性很强,可以用它编写较为复杂、功能较为强大的程序。学习语言其实并不难,多尝试就好。真正难的是,当遇到实际问题,编好程序,可是运行出来,结果并不对,甚至编译的时候就已经出错,你就要花大量的时间找寻一个个错误。有时问题一直没有解决,可能会很烦躁,但这时候更需要你仔细认真,有时候错误可能只是一个逗号,或者是一个分号,而你却花去了整整一天的时间。写程序是枯燥的但是当你经过反复调试,苦恼万分时,突然找到错误所在,程序运行正确,得到你想要的结果,那时候的你会异常开心。之前被限于谷底或者孤岛,等待救援,忽然间你就“会当凌绝顶,一览众山小”了。人生大悲大喜,莫过于此了。

前路漫漫,研究方向和突破口其实就在我们日常的学术思考中,我们需要义无反顾、踏踏实实地做下去,有周围老师、同学、朋友的帮助,以及家人的支持,再通过自己的坚持不懈和认真付出,我相信只要自己认真努力,就一定能实现自己的学术价值。

三、量变到质变

我自己独立完成的第一篇文章是在我研一下学期投稿的,经过找创新点,推导相关公式,编写相关程序,撰写成文字,给老师修改,投稿,再修改,到最后定稿录用,经过了整整一年的时间。这中间的每一步都不容易,特别是创新点,可以说没有创新点,就没有文章,因为无从写起,而创新点就是来自大量的尝试和阅读,直到某一天突然找到。和写歌写小说一样,勤奋和天赋都是必需的。因为是第一篇,没有任何经验,把成果转换成科学的文字,让他人容易理解,并且明白创新点的意义,并不是一件简单的事情,需要掌握合适的口吻,并且有科学的文章框架,此时就需要和老师多沟通,然后进行修改,再沟通,再修改,越好的文章越需要打磨,这样才能更加光彩照人。

除了这些文章之外,我还参与了实验室的许多项目,因为我知道理论和实际是有很大差别的,只有多参与实际,才能更加明白理论的价值。我从大四毕设就进入到实验室,参与相关项目,全程参与的有三个项目,每个都让我影响深刻,学到了很多。特别是参与到具体实验的时候,会遇到很多差错,比如程序错误、材料缺少等,每次遇到的时候都觉得很困难,但后来经过努力也都解决了。我影响最深的是有一次做实验,我因为下船办事,回来时候发现船以已经出海,只能乘冲锋舟上船。这让我明白实验机会的宝贵,因为这样的一次实验不仅需要财力、人力,更需要多方的协调,才能顺利完成。

现在的我马上就要毕业了,可以说研究生阶段就要画上一个句号了。在此期间也有许多遗憾,也有许多失败,许多曾经,许多如果,但是不管怎么说,感谢自己的改变吧,让我珍惜现在,从而有了更多的机会去拥抱未来。也祝愿自己在以后的工作中依然能够坚持下去。最后一句话,唯有青春与梦想,不可辜负!

同学感言 1

每个人的成功背后都付出了不知多少的辛酸。单为的故事告诉我们,失败并不可怕,只要我们勇敢地站起来,从哪里跌倒就从哪里爬起来,这样失败就成了我们走向成功的垫脚石。而我则会向他学习,在科研道路上,顽强不屈,坚持到底。

——自动化学院 2015 级研究生　杨蕊

同学感言 2

研究生阶段,不同的人有不同的度过方式,但既然已经成为研究生,我们终究要在学术上有所获有所得。单为同学为我们树立了一个很好的榜样。面对新的人生阶段,及时调整心态去适应;面对科研上的困难,要持之以恒,坚持不懈地去克服。这两方面单为同学做得就很好,我们要向他学习。

——自动化学院 2016 级研究生　崔鹏

辅导员点评

大学提供的是自主学习的平台,没有父母、老师的约束,学生对时间拥有绝对的掌控,此时掌握学习与活动的平衡至关重要。单为同学在学习和活动间的平衡掌握是值得大家学习的。学习上能够勤奋踏实,活动中能够热情饱满,科研上能够坚持不懈,面对困难不退缩,为了目标做足准备,成功必然悄然而至。

——自动化学院研究生辅导员　李欣

导师点评

单为同学从大四毕设开始加入了我们的团队,对于我们团队的贡献是举足轻重的。他不仅一直尽职尽责地完成我所分派的各种任务,而且还会帮助和指导其他同学。他无论是在学习成绩还是科研能力上抑或是学生干部经历上都是可圈可点的。希望他在以后工作的道路上保持这种干劲,早日达到梦想的彼岸。

——自动化学院研究生导师　高伟

踏实是最厉害的绝活

故事主人公　张　娟

张娟，女，2013级在读硕士研究生，共青团员。本科就读于枣庄学院，2013年考入哈尔滨工程大学信息与通信工程学院攻读电子科学与技术专业硕士研究生。研究生期间获校一等奖学金3次，校"共青团员"荣誉称号1次；发表SCI(三区)1篇，专利1项。

非常高兴能和大家分享我的研究生学习经历。我不是一个聪明的人，虽然许多事情不能一次成功，但我相信勤能补拙。我本科院校虽然起点不高，但我相信付出就有回报。在硕士期间，我只是尽自己最大的努力来完成研究生的学业，做好自己本职的工作而已。我把研究生的学习经历向大家介绍一下，希望大家能从中有所收获。

一、两次考研经历

我本科就读于一所很普通的二本院校，为了去更高的平台发展自己，我和其他同学一样选择了考研这条路。选择考研意味着选择与众不同的生活方式，常伴你的是寂寞和枯燥；选择考研意味着投入一场体力智力大拼杀的持久战，等待你的是身心俱疲。我们都知道考研战线拉得比较长，取得成功最重要的秘诀就是要坚持到底。然而，在离考研还有一个月的时间，由于自己心理素质差，对自己没有足够的信心，这段时间放弃了考研复习，没有坚持到最后。看着周围的同学都如愿以偿地考上了自己理想的学校，自己却失败了，心里多少是不甘心的。自己也很后悔，为什么最后一个月没有坚持到底。如果我能坚持到底和拥有足够的信心，结果也许是理想的。第一次考研失败了，我非常痛苦和自责，大学里我的学习成绩在班里一直是名列前茅的，这次失败使我在同学面前觉得没有面子，觉得愧对父母，没有勇气面对他们，很长时间我都不敢主动和父母联系。面临着毕业，在我面前有两种选择：继续考研和去一个不错的单位工作。如果选择工作，我的内心是不甘心的；继续考研，又害怕再次失败，家里人也不支持我考研。面对这样的抉择，我心里很矛盾，也很有压力，不知道该怎么办。最后，我还是顺从了自己内心真正的想法，决定继续考研。不管结果如何，都无怨无悔；不管过程如何，绝不能放弃。通过自我调节，我从失败的阴影中走了出来，总结出了失败的原因和自己的不足。通过努力拼搏，我终于在第二年收到了来自哈尔滨工程大学的录取通知书。

对于我来说，考研的过程收获的不仅仅是一张通知书，更重要的是通过考研，我的思维能力、理解能力、归纳总结能力均得到了提高，尤其是我的抗挫折能力、看待人生的成败态度得到了极大的提高。我知道自己不是一个聪明的人，又何必事事强求都要一次成功呢，只要每件事尽力而为，不管结果如何，自己都会无怨无悔。

二、踏实是最厉害的绝活

读研是我大学时代追逐的学术理想，相信它会是我人生的一个重要的转折点。既然我经过几多曲折才走上了这条道路，那么就应该珍惜这来之不易的学习机会。只有对自己选择的这条道路负责，才能不辜负家人对我的期望。在研究生入学之前，我经常上网搜索一些关于怎样才能更好地度过研究生生活的资料，通过借鉴前辈的经验，简单地制订了研究生期间的研究计划，并暗自下决心绝不虚度光阴。

研究生的生活是新奇的，也是紧张的，这种生活和本科生的生活是完全不同的。通过自我调节，我很快适应了这种生活。研一学习期间，以上课为主，这段时间我把主要的精力放在了课程的学习上，始终坚持学生以学业为主的原则，充分合理地利用时间，提高自身的学习效率，踏踏实实地按着自己的计划一步一步循序渐进地学习。认真对待每一门课程，课堂上认真听讲、认真做笔记，课下查漏补缺，及时复习巩固，独立完成老师课下布置的任务。不管是遇到什么困难，我都会独立思考，如果自己解决不了，我便会向实验室的师兄师姐请教、讨论、学习。由于有很多课程快结束的时候，老师都让同学找一篇相关文献，并在课堂上讲解对这篇文献的理解。当我给同学们做报告时，大家提出很多我自己都没有想到的问题，面对同学提出的问题我根本回答不出来。我意识到自己平时读书，大多情况下只是被动地接受别人观点，并没有太多自己的思考和批判。如果在学术研究上只是纯粹的接受，没有挖掘问题的能力，就不会有自己的创新，更谈不上能让自己的创造性和智慧发挥出来。所以，这件事以后，我看论文的时候会多动脑子多想问题，敢于对问题提出质疑，敢于探索解决问题的办法。虽然不一定每个想法都是可行的，但是却能想出很多方法，而这些方法成为供我选择的素材。功夫不负有心人，我的勤奋换来了授课老师和同学的肯定，这一年的刻苦学习和努力拼搏让我的综合成绩在院里名列前茅，纯成绩加权平均为89.6，并且在研一下学期通过了外语六级的考试。与此同时，我积极地参与学校、学院举办的学术活动，努力拓展学术视野，对所研究的学科前沿有所认知，并且，在课余的时间，学习了

Matlab,C++,对以后科研工作做好了准备。

我在研一的第一学期就进入了实验室,除了上课时间,其他时间差不多都在实验室里待着。刚开始对自己的研究方向是不了解的,就向上一届的师兄了解,并通过导师介绍的一本这个领域最早的论述专著来了解。当我把这个领域的基本概念内涵以及相互之间的关系搞清楚之后,再去读这方面的文献就会觉得很容易把握,而不会导致盲目地从网上下载许多文献,而这些文献对自己所研究的领域的认识还没有形成。通过以上的方法,首先使我把自己研究的课题搞清楚了,明白了课题是做什么的,别人是怎么做的,以后自己应该怎么做。接下来,我一边研究前几届师兄师姐发表的论文,并自己试着实现里面所涉及的程序,一边开始大量地阅读所研究领域的文献。由于我的第一外语是俄语,英语基础几乎为零,虽然研一的时候也背过一些单词,这些对于阅读外文文献是远远不够的,阅读起来非常困难。我下载了相关的翻译软件,借助于翻译软件一点一点地翻译,第一篇英文文献我用了大约三天的时间才完全理解。虽然,当时感觉很难,也很枯燥,真的很想放弃,但是我没有放弃,阅读完的英文文章都会有满满的备注,以至于下次再读时很容易回忆文章的内容。随着时间的积累,读的英文文献越来越多,一些常见的专业词语也认识了,再阅读英文文献也那么困难了,而且阅读的效率大大提高了。当精读了十几篇文章后,已经熟悉了各种常见的模式和一般套路,能够迅速提取关键信息和把握思路,可以不按常规的顺序的阅读就可以获得文章的精髓。阅读是研究生的基本功,读书万卷,其义自见,只是大量的阅读还不够,我们还应该学会整理大量资料,从中梳理出具有学术价值的内容。

在阅读文献的选择上,我会有选择地读那些发表在重要刊物上且被引用次数较多、思想较新颖的文章。根据文章的重要程度与自己所研究方向的相关性,选择是精读还是泛读。对于每一篇文献,我们首先要明白作者是针对什么问题提出的创新,解决了什么问题,怎么解决的,以及在解决问题时用到了相关领域的哪些理论方法,并得出了哪些有重要意义的结论。在阅读后,要善于总结文章的要点。通常而言,知名学者是都是学术权威,通过阅读他们的著作,就可以快速地了解目前这个领域的学术前沿在哪里。我们知道一个人的认知水平和知识积累总是有限的,所以我经常和导师、实验室的同学探讨交流,有什么新的想法,就会动手尝试实现它。要是在实现的过程中有什么疑惑和困难,我会同实验室的同学讨论,虽然有时候讨论得很激烈,但是收获很多,甚至往往有其他的创新收获,我觉得团队的力量是不可估计的。同时,我会经常看些相关论坛上的帖子,多听一些自己所研究领域的讲座,注重看问题的角度,理解他们的观点,勤于思考,努力让自己的见解深刻起来。一步一个脚印,逐步提高自己的学术水平,把握好自己要走的方向,有耐心、恒心和自信心,不为一时的得失所困惑。最后,在撰写论文的时候,我严格遵照学术格式、专业标准的规范来撰写,文章的组织要有逻辑性,图表的制作要精准且有表现力,这些都离不开导师和师兄对我的指导。

研究生的生活马上就要结束了，非常感谢学院对我的培养。在以后的工作生活中，我会坚持脚踏实地地做事，相信凡事都会有一个满意的结果。

同学感言1

学姐的故事令我对成功与失败有了新的认识，不是所有事情都必须一次成功，只要我们努力、坚持，总会有梦想实现的一天。而在这个过程中，制订计划，按照计划条理做事不让自己的光阴虚度是非常必要的。我们应学习学姐这种珍惜时间、踏实肯干的精神，不论是学习专业课还是研究课题发表文章，都应不骄不躁、踏实努力，让自己研究生学习生活的每一天过得充实而有意义。

——2015级研究生　张泰阁

同学感言2

学姐的学习和科研心得给了我很多启示，基础差没关系，只要认认真真从基础做起，一点一滴积累总会达到期望的水平。学姐的经历告诉我们，做研究除了大量的阅读之外，还应该整合、梳理知识，勤于思考，从而形成自己的思想和体会，并应用于自己的研究，这样才能学活用活。最后，信心、耐心和细心更是我们作为研究生研究课题必须拥有的品质，脚踏实地才会有所收获。

——2015级研究生　关亚男

辅导员点评

张娟同学虽然本科没有就读于理想的学校，但是经过自身不断努力，在研究生期间取得了优秀的成绩。她的事例充分证明了什么时候开始努力都来得及，只要自己有信心并且肯踏实刻苦地去做。她执着的精神和敢于实践的决心值得所有研究生学习。永远不要给自己的失败找借口，千里之行始于足下。

——研究生导员　孙安斗

导师点评

张娟同学的经历值得所有研究生学习。许多学生进入实验室之初，并没有迅速融入科研团队，没有把握和师兄师姐交流的机会，而错过了打下研究基础和构建专业知识框架的时光，这些学生都应该像张娟同学学习。只有把握住一切可能的机会，汲取知识和经验，才能胜任科研项目，并最终达到提高自身学术素养的目标。

——研究生导师

既然选择了远方，便只顾风雨兼程

故事主人公　杨早立

杨早立，男，中共党员。本科就读于哈尔滨商业大学广厦学院，2011年考入哈尔滨工程大学经济管理学院攻读教育经济与管理专业硕士研究生，2013年硕博连读哈尔滨工程大学经济管理学院管理科学与工程专业博士研究生。研究生期间学术成果有SCI 1篇，A类CSSCI 6篇，B类CSSCI 2篇，C类CSSCI 2篇，EI 2篇；国际交流情况在2016年2月去意大利参加ICAMS国际会议；所获荣誉有博士研究生国家奖学金2次，校研究生一等奖学金1次，黑龙江省"三好学生"、黑龙江省"优秀硕士毕业生"、校"优秀硕士毕业论文"、校"十佳学术之星"等。2016年7月签约北京工业大学经管学院。

一、考研之路：两次高考，两次考研

2006年高考发挥失常，我进入了哈尔滨一所三本院校，我复读了一年，两年的高考，可分数越考越差。面对高考的失利，我内心充斥着无奈和不甘心，我告诉自己，一定要努力学习，考上研究生，弥补高考的遗憾，彻底改变自己的人生。然而因基础比较差，第一年考研却以失败告终，刚开始我十分沮丧，甚至有过放弃考研的想法，但在家人和朋友的鼓励支持下，我重新振作了起来，信念已然坚定，"从头再来"便是我那个时候做得最酷的一件事情。现在回忆起第二次考研的那段时光，连自己都会被自己感动。那时候基本上就是自习室、食堂和寝室三点一线的生活，每天不到6个小时的睡眠时间，做几套模拟试卷，背上百个单词，算几百道数学题……在复习的过程中，自己也走过很多弯路，但是都一点点克服了。对于我来说，最难的不是有多少专业课书要背，不是有多少英语单词要记，而是来自内心的焦躁和不安。第二年考研，压力很大，那时感觉每天日复一日地做题、背单词的生活甚为枯燥，常常会有一种付出了辛苦却看不到未来的恐惧。每当我遇到挫折时，我就会变得格外焦虑，但是我只能默默承受，告诉自己决不放弃，无论什么

样的挫折都阻挡不了我前进的脚步,因为我坚信"只有知识才能改变命运"。就这样一路"披星戴月、风雨无阻",付出了无数的辛劳和汗水之后,终于有了回报,最终我以405分考取哈尔滨工程大学经济管理学院硕士研究生,实现了自己最初的梦想,开始了我崭新的人生阶段。

二、学术之路:七次退稿,二十次修改

2011年9月,我很荣幸地成为一名哈尔滨工程大学的学子,进入哈尔滨工程大学学习是我一直十分渴望的,因此我格外珍惜来到这里学习的机会。这里的学习与学术氛围浓厚,几乎每天都有学术"大牛"来此做学术讲座,同学们几乎都在埋头苦读,在这种环境下我渐渐对学术产生强烈的兴趣。我也很荣幸能够于博士和硕士期间分别拜在陈伟老师和孙德梅老师门下,两位老师学识渊博、为人胸怀宽广、风趣幽默,为我提供了十分宽松的科研环境。他们教会了我很多,是我学术生涯的启蒙者和领路人。然而科研学习是个日积月累的过程,需要不断地大量阅读文献与学习新方法。我由于底子薄,刚开始对于科研学习方面了解甚少,因此比较自卑,这也注定了我的学术之路充满了荆棘坎坷,可以说"痛苦与快乐交织,失落与成就并行"。

记得第一次参与硕导的课题项目时,由于自身基础比较差,当时一些基本的CNKI、万方数据库都不会用,更不用说去精读文献和推导数学模型了,常常处于十分失落的心理状态。但是我的导师鼓励我"不要看谁先起跑,而要看谁先到达终点",于是我比其他人更加努力,一点一滴地学习积累,每天都雷打不动地沉浸在各种数据库搜索和大量文献阅读中,探索所研究领域的热点与前沿问题。对研究领域有了一定了解后,接下来就是文献的整理和总结,梳理国内外相关的研究内容和研究方法,这样我的知识体系慢慢地形成。后来我按照设计的课题内容框架,一点点撰写课题内容,每天早晨8点开始工作,除了吃饭时间,基本上一天的时间都坐在实验室撰写课题,一直到晚上9点半实验室断电关门才离开。这期间也遇到许多瓶颈和问题,但是我不气馁,努力克服,积极主动向周围的同学请教。在课题项目撰写过程中,我不仅熟悉了做课题的基本思路和范式,而且还掌握了一定的数学模型及方法、绘图制表的技巧、统计分析软件的操作方法等。也正是在这个过程中,通过导师的悉心指导,以及与师兄师姐们的交流学习,使我的学术能力得到了提升,慢慢地我对所要研究的方向也越来越明确,自己也已经从一个门外汉开始入门了,并对科研产生了浓厚的兴趣。

人生就是一场不会结束的战斗,我们不知道前方又会遇到什么挫折和困难,需要我们时刻做好准备迎接挑战。记得自己准备尝试写小论文时,当时在学院资料室看一些学术期刊文章时,里面的文章中涉及的数学模型对我来说简直是天书,记忆深刻的是有一篇《科技进步与对策》期刊中的关于系统运行评价的文章,

涉及 DEA 模型，里面的各种线性规划让我不敢直视。但这些“天花乱坠”的数学公式却深深地吸引了我，因为我就单纯地觉得，能写出这样一篇涵盖各种数学模型、各种仿真的论文是多么“牛”的一件事情。可当时只是简单地看到了这些公式的华丽外表，当我尝试对文献中的模型进行推导时，发现步履维艰，如看到有文献对 TOPSIS 法进行改进，其中用“垂面距离”替换该方法中的欧氏距离，当尝试推导“垂面距离”的计算过程时，发现在矩阵平移算法那一步就弄错了，尝试数十次都没成功后，内心感到十分茫然，放弃的念头便油然而生。但一想到好不容易考上研究生，如果这次放弃，那后面遇到所有的困难都要放弃，那这个研究生读的意义在哪呢？现在可以放弃，那以后在那么长的未来人生之路遇到的困难怎么办呢？每次问自己这些问题后，我又坚定了信心，重新去验证计算过程，对于不懂的定理证明，广阅数学书籍，包括本科时学的当时感觉如“梦魇”般的高数、线性和概率论。久而久之，学习数学和看文献让我不断兴奋，以至于我在寝室睡觉前、上厕所时都要看各种数学模型证明，当时一个理学院的寝室室友觉得我非常不可思议，为何学文科的对数学有这么浓厚的兴趣。

当然，这期间遇到的问题是非常多的，经常会因一个公式推导不出来而睡不着觉，尤其是当你遇到一个数学难题请教身边所有认识的人都无法回答时，随之而来会是长期的沮丧和萎靡不振，更为痛苦的是当你耗掉几个月时间写出的论文遭遇各种“退稿”。当我在硕士期间用一年时间完稿的第一篇论文投到《科技进步与对策》时，那个时候充满了期待，从系统提交稿件开始，每一天我都要查看至少三次，早中晚各一次，从初审、二审、三审，每一步变化都会牵动我全身敏感的神经，使我思绪乱飞，并不断向有经验的学长咨询，这一步变化会怎么样？录用概率大么？晚上睡觉都会常常梦到审稿的情况，在这种“挂念”与期待中度过了该期刊一个月的审稿期，一个月之后，终审的结果赫然写着“退稿”两个字，然后“崩溃”二字代替了“退稿”，自信心被沉重一击。看到结果后的两周左右时间我对自己一直是持怀疑和否定心态，常常有一些诸如“也许自己基础太差，也许自己不适合做科研……”等消极暗示。在陈伟老师、孙德梅老师和身边同学老师的鼓励下，自己才慢慢走出退稿的阴霾，后来根据学长学姐和老师建议，对文章进行修改，依然是屡投屡退。但自己一直没放弃，最后一次投到另一个被 CSSCI 收录的期刊《图书与情报》，终于经过了多番努力，文章被退修，在收到论文退修的通知时，内心十分激动，因为我的论文有了被录用的希望。接下来在论文退修阶段，我对于审稿专家意见中的每个字，每个词语都再三推敲，不敢有一点疏忽，按照审稿专家的意见，逐字逐句地认真修改论文。对于修改说明，我仔细斟酌用语，希望编辑和审稿人能够感觉到我是以十分认真的态度对待他们的修改意见的。“宝剑锋从磨砺出，梅花香自苦寒来。”在前后经历了七次退稿，论文前后改了不下二十次后，最终论文被《图书与情报》录用，此时的我已经是激动得无法用语言来描述。当别人纷纷夸赞我论文成功录用的时候，或许很多人不知道，录用后的文章与初稿完全是两篇文章,从引言、模型、实证和结论都已经"面目全非",也只有我自己清楚这成功的背后又有多少辛酸和汗水。虽然整个过程比较痛苦,令人不堪回首,但积累的经验和教训成为我后续科研学习的基础。

有了第一篇论文之后,我对自己的学术之路也有了更大的信心,每当我解决了某个学术问题或完成了一项科研任务时,都倍感兴奋和自豪。博士期间,我正式进入陈伟老师的团队,在陈老师的带领下和师兄师姐的帮助下,我更加努力撰写论文,开始有针对性地阅读大量文献,选取国内外高水平论文进行精读,学习学术大牛们行文的思路和方法,对一些学者研究的数学方法和模型认真推导。一次偶然的机会,我听到学院请到某个外籍教授举办的一次讲座,关于数学定量方法在管理科学中应用的领域,后来追随其研究方向,自己渐渐对直觉模糊数学理论产生了浓厚的兴趣。其中一段时间,我对直觉模糊理论展开了疯狂的学习,开启了几乎"不眠不休"的模式。我在 CNKI、ELSEVIER 等数据库上下载了该研究领域"大牛"徐泽水教授的所有文章,一篇篇地精读,每天从上午开始,推导公式和模型分析,一直持续到第二天凌晨,甚至有时一天只吃一顿饭。当我遇到疑问和不解时,我先自己反复钻研,翻阅相关书籍,再向周围理学院的同学积极请教。记得有一次我遇到了一个实在无法解决的难题,连续几天晚上都因为思考这个问题而一直无法入睡。最后各种可以尝试的解决方法都已经试过之后,我抱着试一试的态度,在网上查到了徐教授的电子邮箱,给他发了一封求助的邮件,希望能够得到他的指导帮助。幸运的是,徐教授十分热心,对于我的疑问认真讲解,令我茅塞顿开,并且还给我在行文方面颇多建议及帮助,对我学术研究产生了重大影响。接下来的一段时间,我又研读了国内外该领域比较前沿的文献,在此基础上,开始撰写有关直觉模糊的小论文。这个过程中,虽然我也经历了多次模型推导失败和计算结果不理想等一系列的问题,但是有了之前投稿撰文的经验和教训,我一步一个脚印地坚持下来,最终我连续撰写了数篇有关直觉模糊的小论文,并先后成功录用于 A 类及 B 类重要期刊。此时的成功让我深刻意识到科研之路上"日积月累""勤学好问"的重要性,并相信"有付出一定会有回报"。

在博士期间,虽然在论文撰写和投稿过程中如往常一样遇到瓶颈与退稿,但在陈老师的悉心指导下和师兄师姐、师弟师妹与同学们的帮助下,克服了一次次难题,最终也取得了一系列成果。博一期间我就在 A 类重要期刊发表 3 篇论文,并一直有节奏地保持成果产出的连续性。截至目前,硕博期间总共发表 12 篇文章,10 篇在 B 类重要期刊及以上发表,并凭借优秀的科研表现获得了博士研究生国家奖学金等一系列荣誉和奖励。

三、未来之路:从零开始

过去五年在哈尔滨工程大学学习的日子里,我发现自己是很幸运的,因为我遇到了好的老师、好的同学和一个好的学习环境。我不再因碌碌无为而羞耻，不再因自卑自弃而惭愧，因为在这里体验更多的是充实的学习生活，感受更多的是正能量的氛围。如今我即将面临工作，有人说，要是成果多就好找工作，可我并不完全赞同这句话，因为我觉得成果只能代表一个人过去在科研上所取得的暂时成绩和为以后工作奠定的前期基础。基础固然重要，但并非是未来的决定性因素，因为我的经历告诉我，成果背后汗水的付出、顽强意志的培养和坚定信念的塑造才最为关键。

一路走来，痛苦与快乐交织，但我学会了承受和容忍，也学会了坚强和坚持。“莫忘初心，方得始终”，既然选择了远方，便只顾风雨兼程。

同学感言 1

杨早立同学的成长故事十分让人感动，他一路走来付出了许多艰辛，与他在一起学习，让我们觉得很有压力也很有冲劲儿。他在学术科研道路上有许多硕果，这与他的辛勤、努力和坚持不懈息息相关。

——2010 级博士　张永超

同学感言 2

杨早立同学是我们学习的榜样，他的成长之路是由汗水浇筑的，他教会了我们“一分耕耘、一分收获”，他认真、勤勉的学习态度，以及谦虚、和善的交流方式，让我们对他十分敬佩。

——2014 级博士　李金秋

辅导员点评

“天将降大任于斯人也，必先苦其心志劳其筋骨。”杨早立同学的成长之路比较艰辛，同时也很励志，成功没有捷径，有了坚持不懈的努力，最终一定会收获丰硕成果。

——研究生辅导员　韩徽

导师评价

当年的高考失败、二次考研以及论文屡遭退稿的经历都没有打败他，反而变成他通往成功之路的弥足珍贵的经历。他奋斗的勇气、前进的动力、刚强的意志是应当被广大学生所学习和传承的。

——导师　陈伟

脚比路长

故事主人公　魏元朋

魏元朋,男,中共党员。本科就读于山东临沂大学,于2013年考入哈尔滨工程大学理学院应用数学专业攻读硕士学位。研究生期间学术成果,SCI(JCR一区)论文2篇,2014年11月广州参加"第七届全国组合数学与图论大会",2015年7月4参加"第十届矩阵与算子国际学术研讨会"。2015年9月荣获研究生国家奖学金。热心公益事业,已累计献血2 000多mL。目前已签约中兴通讯。

抬笔忐忑,我始终相信身边有比我优秀的人,每一个人身上都有值得我去学习的闪光点。今天我在这里讲述我的故事,只想告诉大家:路在自己脚下,请走好脚下的每一步。

一、英雄不问出处

思绪回到2012年的金秋时节,那时面临本科毕业的我又一次站在了人生的岔路口。为什么说又一次呢,那是因为两年前,我面临同样的抉择,是就业还是升本。是的,我是一名专升本的"差学生"。站在人生的岔路口,是往左——加入到备考教师事业编的队伍,还是往右——跳入考研升学的洪流中继续深造。当时的我在迷茫当中选择了考研,沿着前人的足迹去探寻数学更深层次的奥秘。今天回首,我十分庆幸当初做出了考研的决定。正是当时的决定,让我遇到了一个好导师卜长江教授和一个好的团队,成就了今天的我。

白驹过隙,时光荏苒。记得2013年4月初,一个大雪纷飞的上午,因为第一次见导师,怀着紧张心情的我第一次进入到了实验室。也就是在这一天,我第一次接触到科研学术研讨。犹记老师和师兄师姐们正在激情澎湃地讨论着一个学术科研的前沿问题:张量的乘积与左右逆。而自己只能默默地坐在师哥师姐中间,听着师哥师姐口若悬河地讨论着一个个深奥的对自己来说不明觉厉的问题,那一刻我深深感受到了科研的"神秘"。自己心想:以自己专科起点的实力能够胜任研究生的任务么？但是,卜老师对我充满期望。我记得,当时老师鼓励我说:"魏元朋,将来一定行！将来把师姐师哥拍到沙滩上!"虽说有了老师的鼓励,自己有了些底气,可问题终究还是来了。由于自己基础差又从未接触过科研,在研一相当长的一段时间里遇到了前所未有的困难。看着与自己同时进入实验室的同学,在老师和师哥师姐的指导之下都已经找到了自己今后研究的方向,每次研讨都能够顺利报告,而自己把实验室研究的方向从符号矩阵(张量)到超图谱(复杂网络)再到张量理论等进行了一遍也没找到自己的方向,每次研讨轮到自己上台时,连基础的概念都表达不清晰,总是"孤单"的一人被挂在黑板前,望着下面同学们"失望"的眼神,大家都基本对我表示"放弃了"。我内心纠结着:自己实在不行就这么浑浑噩噩地混过两年算了。但是,卜老师并没有放弃我。老师告诉大家:我依旧看好魏元朋,相信他今后是他们这一届中最好的。老师总是在鼓励着我,耐心地指导我。慢慢地我学会了如何去做科研,如何去获取科学文献,如何读文献。最终我在导师和师哥师姐的帮助下迎头赶上。如今回想起来,我挺感谢那段只能每天不断上网、去图书馆查阅经典文章和最新科研动态的日子。正是那段自己耐住性子不断涉猎的日子,才使自己的知识体系不断丰富,从众多科研方向中渐渐看到了自己研究的方向曙光。我明白,做科研基础差没关系,只要耐住性子,多听导师和同学给的建议,让自己融入研究领域。

在这里我想分享给大家如何进入一个研究领域:我个人觉得就是耐住性子不停地读文献和报告。读什么文献? 文章怎么读?

一是读方向的奠基性文章,读了这些文章之后能大概了解其中的问题以及重要性,那么你就会粗略地判断这个方向是否适合自己。

二是读方向综述文章。各个领域都有自己权威的综述,它们往往由那些本领域已经具有很高声望和成绩的人员撰写,综述通俗易懂,并且十分具有全局观点,其往往不仅会描述本领域的历史,也会详细给出未来展望,告诉你它的重要性。

三是本专业的主流杂志,每期浏览。另外 *Web of Science* 提供文章的引用报告,对于一篇文章可以查到其引用的详细信息,通过引用可以了解到这篇文章的分量。当文章看到一定数量之后,你会发现一个方向做得最好的往往就是那几个、十几个人。这样的话就可以对这些人的文章进行系统阅读和跟踪研究。有人的地方就有江湖,学术界也是另外一个江湖,不了解江湖的形势怎么能混下去呢? 读一篇文章前,先确定作者、杂志和时间,看自己是否有必要读。读文章应从引言部分开始阅读,并且将引言部分频繁出现的文献进行扩展阅读,然后再阅读那篇文献的引言……如此扩展下去,会对个人理解该方向的历史发展和现状有很大的帮助。文章看不懂怎么办? 如果是技术细节,没有关系,只要记住有这种方法就好,以后用到再回来查。知识是无限的,别人做了很久才研究出来的东西,一入门就全吞下是不可能的。如果是背景综述部分和结论看不懂,那就有必要去找师兄和老师讨论了,相信老师和师哥师姐会无私地帮助你的。

二、科研切忌闭门造车

自己经过研一一年的锤炼，初窥学术科研门径。在研一生活行近结束时，我找到了适合自己的方向——特殊结构张量的研究。张量最早在19世纪由柯西等人研究微分几何问题时提出，爱因斯坦在研究广义相对论中就应用到张量。柯西曾希望像处理矩阵一样处理张量，两个世纪过去了一直没有大的进展。直到2005年，俄罗斯科学院院士、香港理工大学祁力群教授定义了张量特征值，之后在图像处理和计量经济学等领域中有了广泛应用。就像在工程应用当中，我们常常用到特殊矩阵，特殊张量同样具有重大研究价值。当时有关特殊张量的研究文章还比较少，自己就打算研究特殊张量类中的P张量。自己带着终于找到科研论文题目的喜悦就高高兴兴地回家过暑假了，回到家自己就变得懒散起来，写文章的事就基本上"束之高阁"了。然而开学回校，在自己向老师报告假期研究成果时，自己遭遇了写科研文章的第一次"晴天霹雳"。同样的研究主题别人已经研究完成并且已经投稿在线了，这对我来说可谓是闷头一棒，可自己犯了错误能怪谁呢！事后回想起来，正是有了类似的教训才使我对科研理解得更加透彻。

通过这件事我想与诸位分享的是：犯错不可怕，可怕的是没有输得起的魄力，以及不能从错误中学到东西。当你千辛万苦找到一个研究课题或论文题目时，你要想到我们不一定比别人聪明。我们所能想到的东西或许正是别人此时所想能，这就要求我们一旦找到能做的题目一定要抓住时机快速下手，对自己"狠"起来，别再考虑假期能不能玩等问题，要充分利用一切时间。机会往往只有一次，稍纵即逝。另外，在实际动手的时候切忌闭门造车，一定要关注"窗外的世界"，这就回到我们先前所说的时时上网查阅新文献的重要性。要时时关注本领域的最新科研动态，一旦发现自己的研究内容已经有人做了，这时就要考虑适当放弃"阵地"了，以免徒劳地做无用功。

三、实践是科研的灵魂

经历了一次次的科研"撞车事故"，我开始认真思考导师的教导：要了解我们自己的优势和劣势，别人的优势和劣势。要将我们的优势最大化，将劣势最小化。写文章做科研要有新思想、新方法，不能一味地跟在别人身后。那么，我的优势在哪呢？这时，我又要不免感谢那些啥也不会只能查阅文献读文献的日子，正是由于那些积累，使我了解了各个相关方向，也使我了解到别人的科研思路，才使我有了各种想法，才使我不断地在实践中找到一条只适合自己的创新之路。例如，前人在研究张量特征值理论的时候，只是从张量自身去考虑去刻画张量特征值的存在范围。张量和矩阵一脉相承，于是我们从张量与有向图出发，成功将美国数学会院士、国际线性代数学会主席，组合矩阵论创始人 Brualdi 的一系列工作发展到更高维的张量当中，按此发展下去我们或许就能开创新的数学研究方向——组合张量论。自己的第一篇 SCI 一区文章，正是得益于此，才从投稿到发表只用了短短不到 21 天的时间，文章的创新性同样受到了专家的好评。

钟万勰院士曾说："科学研究，不会一帆风顺，难免有不如意事，要独立自主，要走自己的路。"

我想告诉大家的就是：做科研一定要勇于创新。富有创造性，不是一句简单的口号，需要你有客观的、自由的精神，以及辛勤的付出和坚实积累。现在学科之间的交叉越来越多，了解其他学科方向的知识对于启发自己的思维以及解决自己领域的问题有时会起到柳暗花明的作用。你的想法越多，你能产生的想法就越多，哪怕你的第一个想法错了，你会发现在实践这个想法过程中会有越来越多的事情可做，越来越多的问题可以解决。因此，一定要有自己的想法并付诸实践，一个想法能产生有利的结果固然很好，但哪怕没有，它也能带给你潜在的其他想法，而在你越来越积极的这个过程中，一定会有一朵花盛开。

四、交流让思想活起来

接下来我想说的是，可能是大多数人感觉比较枯燥无趣的事——研讨。或许大家都对研讨抱有怀疑的态度，研讨真能讨论出文章么？或许大家每次对研讨都是抱着得过且过的态度！一次两次还行，可时间一长感觉这种被动地研讨好像是"折磨人"。别人讲时不参与，感觉事不关己高高挂起；自己讲时敷衍了事，别人听了同样心烦。

做科研写文章，一路走来。我庆幸自己加入到了一个好的团队，卜老师给我们搭建了一个开放交流的平台。每周至少一次的学术研讨，大家都认真参与，让我们大家的思想有了交流碰撞，往往一个不起眼的想法甚至"错误"，经过一番"唇枪舌剑"就能变成熊熊烈火，照亮自己学术科研的前方道路。在进行科研的过程中，我们会遇到很多问题，由于每个人的知识积累都是有限的。因此我们需要进行讨论交流，他人的一句话往往会一针见血地指出自己的问题的关键。这个过程往往是判断自己的观点正确与否的一个途径。这个过程也是培养自己具有团队意识的过程。另外对于自己领域内的名家甚至一流的大师我们也不要惧怕，要敢于与他们交流。所以，每当有学者专家受导师之邀来理学院交流访问，或有机会参加本领域高水平国际会议时，我都格外珍惜。只有与这些所谓的"大牛"交流，才能从他们的所报告的东西中获取学科研究的第一手资料，才会发现自己所在的领域未来的发展动态。

所以，我建议大家不要放弃任何交流的机会，知识是学不完的，人的智慧毕竟有限，和其他人交流，就可能产生一加一大于二的效果。大多数时候，我们去和别人交流，不代表交流过后我们就会取得多大的进展，但那个时候哪怕有一句话能长久地记在心里，就有可能在未来某一天得到收获。做科研、写文章是一个积累的过程，当自己的科研有了一定成果后，一定要将它展示给导师或项目，这有助于在这一过程中收获更多的交流，取得更好的结果。另外，我认为一个研究生一定要学会做报告，一个好的报告要做到语言清晰（速度慢并且全是简单句都没关系），流畅且文字不要过多。一个好的科研人员，不光需要做出好的工作，还需要将自己想法介绍给别人的能力。

五、他山之石，可以攻玉

做科研写文章是一种不断完善、不断提高的过程和经历。通过做科研写文章，可以进一步提高自己的知识水平、工作能力、科学素养，掌握更多的技术，开拓自己的视野。最为重要的是，提高了自己的思维和逻辑能力，提高了思辨能力和认识水平。对社会问题的看法和理解，对科学问题的直觉和敏锐，对生活的感悟，对人生的思考，会有更多深层次的理解和提高。所有的这些都将在今后找工作的时候提供巨大的帮助！

最后与大家共勉一句话：做人、做事、做学问，想象力比知识更重要！

同学感言 1

魏元鹏同学在硕士期间就发表出高水平 SCI 文章，与他肯踏踏实实甘受寂寞，扎扎实实虚心学习有很大关系，他的这种学习态度与精神是我应该加强的。

——S315110048　徐奥杰

同学感言 2

魏元鹏同学在学习中永远保持着一种潜心接受、不断总结的状态，遇到困难从不气馁。

——S315110035　周一公

辅导员点评

魏元鹏同学善于总结、分析，他的成功与他的自身努力、及时总结、善于发现不无关系。

——研究生辅导员　张丽剑

导师评价

魏元鹏同学在学术科研方面比较有灵气，也比较踏实，这种灵气与踏实帮助他克服了之前基础不好而遇到的问题。

——导师　卜长江

读研三问

故事主人公　张　凯

张凯，男，共青团员。本科就读于东北农业大学，于2013年考入哈尔滨工程大学理学院攻读光学工程硕士学位。研究生期间，相继在NPG Asia Materials，Journal of Materials Chemistry A（JMCA）等国际期刊上发表SCI论文6篇（一作4篇），均为JCR分区1区。其中，在直接甲醇燃料电池催化剂研究中取得的新进展以第一作者发表在《Nature》杂志子刊NPG Asia Materials（IF：10.12），被编辑和审稿人评价为“燃料电池领域的一项重大进展”，并以重要新闻形式报道在哈尔滨工程大学网页主页。出于编辑对文章质量的高度认可，受邀为JMCA期刊分别制作了杂志当期的内封面和封底，并且其中一篇文章被收录在2014 *Journal of Materials Chemistry A Hot Articles*。2015年5月，获得理学院学术之星院级推荐资格，并获评哈尔滨工程大学第四届‘校园十佳学术之星’称号；2015年9月获得硕士研究生国家奖学金。

一、我——为什么要考研究生

2013年4月份的一天，我第一次进入了哈尔滨工程大学理学院的大门。对于来来回回逛了这个校园十多遍的我而言，眼前的一切都显得极其陌生。当时的我很是迷茫，问自己怎么会站在这里？来这里我要干什么？来这里我能干什么？由于本科时期的努力程度不够，希望通过考研来让自己更多更深入的接触本专业知识，实现自己曾经隐隐约约订立过的科研目标。能够进入哈尔滨工程大学继续深造，让我觉得自己十分幸运，因为我还有机会去弥补自己，未来还有三年的时光可以去填充这四年的不足。经过一段时间的沉淀和思考，我终于想明白自己为什么会站在理学楼里。站在里面，是因为我失败过。更重要的是，站在这里我将有机会去弥补自己的失败，它给了我从头开始的机会。

二、我——读研期间要干什么

2013年8月24日，我正式成为哈尔滨工程大学的一员，成为理学院的一张新面孔。在这里我开始了自己新的校园生活，开始解答自己心里的第二个疑问，来这里我要干什么？我心里有一点十分明确，就是无论我要干什么，最终的目的与结果都是要不断地努力去充实自己、完善自己，保证自己的每一步都是在前进，决不后退。

怀着这种目的我开始了研究生阶段的实验室生活。正确的心态让我觉得无论做什么都充满活力与动力。万事开头难，在实验室接受师兄的第一个实验，我做了三个月一次次重复，一次次失败。每次失败都让自己脑子里感到一片空白。对于师兄们来说这是一个再简单不过的实验，于我而言它涉及物理、化学和纳米材料科学，而我既不懂物理，又不学化学，更不知何为纳米材料科学。我认为是中间合成步骤出了问题，就请师兄手把手地给我演示这个实验。实验结果出来发现，他成功了，我却又失败了。当时的我很不解，心里全是问号，却又始终找不到答案。在之后偶然的一天，我看到一个师兄在收集已经干燥好的样品，那些样品因为干燥后失去水分而团聚在一起。我看到他将样品轻轻地研磨成了散开的粉末，教我实验的师兄告诉过我研磨的作用，只是我看到这个师兄研磨的力度比我要小得多。忽然间我脑子里冒出了一个问题：纳米材料会被人为手工磨碎么？于是我问师兄，问同学，甚至去问过老师，有的说不会，有的说不知道，有的说有可能，没有人遇到过这种情况，没有人可以给我解答。于是我自己去验证，用实验解答了自己的疑问，也因此结束了三个月的失败实验，有了第一次的成功。我第一次感受到了解决问题所带来的喜悦。

刚进入实验室的时候，我的导师告诉我们，研究生的工作不应该是拿着老师的想法与实验步骤去机械地操作，而是培养自己的发现问题、解决问题的能力，研究生的培养应该是趋于脑力培养，而不是体力培养。这次实验后，我深深地感受到了这些话的意义，于是开始重新思考规划自己的研究生生活。我问自己，我是做一个进行实验操作的体力劳动者，还是要做一个用脑子去思考问题、发现问题、解决问题的脑力劳动者？当确定自己的努力方向后我又问自己，在这里我能干什么？于是我开始寻找我在这个实验室存在的意义，我要用实际行动证明我存在的价值。

三、我——应该怎么做一名优秀的研究生

面对一窍不通的专业文献，我一遍一遍地去看去啃，刚开始一篇英文文献至少要看三四遍，耗费两个星期的时间去看明白这些由专业词汇构成的句子。在经过长达一年的文献阅读与积累后（研究生期间粗略统计细读英文文献不低于120篇，略读百篇有余），开始能够自己去独立地思考，能够有自己的想法，能够自己去发现并解决问题，甚至能够适当地帮助师兄弟们解决一些他们实验的问题。从那一刻起，说实话我为自己感到自豪，找到了自己存在的意义。之后我更加努力，尽

一切可能去完善自己、充实自己，提高自己的专业能力。

2013 年 12 月份，在经过数月的文献与实验积累后，课题组陈玉金导师作为整体实验方案的设计者，我作为实验阶段的第一执行人，开始着手开发具有高催化活性和抗一氧化碳毒化的甲醇电氧化催化剂的研究，并与中科院物理研究所清洁能源重点实验室、先进材料实验室以及北京工业大学的研究组合作。经过长时间地探究以及大量地摸索实验，终于研究出了一种新型高活性、抗一氧化碳毒化的直接甲醇燃料电池（DMFCs）催化剂铂/碳化钼纳米管。这种催化剂设计不仅降低了铂的用量，而且显著地改善了其在甲醇氧化条件下的耐久性，为设计下一代高活性催化剂提供了一种新的思路。相关结果最终发表在 *Nature* 杂志子刊 *NPG Asia Materials*，被编辑和审稿人评价为“燃料电池领域的一项重大进展”。

在此期间，2014 年 6 月我与博士俞海龙师兄二人共同搭建起实验室课题组电化学析氢析氧测试平台。之后于 9 月 2 号以第一作者投出实验室课题组第一篇电催化领域文章，编辑和审稿人对于文章的高度认可，两周后文章同意接收，并受邀制作了杂志当期的内封面。而文章更是从年刊量两千余篇的论文中脱颖而出，被收录在了 2014 年期刊的热点论文中 2014 *Journal of Materials Chemistry A Hot Articles*。经过长达一年的文献阅读与积累，并随时跟进二十余种国际论文期刊，我的创新能力与实验设计能力得到进一步加强。接下来通过自己的设计与摸索以及与老师的探讨与商议，用一种极其简单的惰性气体保护高温煅烧方式合成出了尺寸在 3 纳米以下的碳化钼晶体颗粒，并于 2015 年 2 月发表在 *Journal of Materials Chemistry A*，编辑在来信中再次相邀制作杂志当期的封底。2015 年 5 月，以第一作者在 *Physical Chemistry Chemical Physics* 上发表后续相关论文一篇。从搭建电化学析氢析氧测试平台开始，逐步探索并完善了从样品材料电极的基本制作、测试流程、数据分析、问题发现与处理、注意事项等等各个细节，方便实验室各个成员学习，并将之编撰成稿。实验室课题组将这定为未来几年发展的重点方向，已据此申请国家自然科学基金一项，发表 SCI 论文 6 篇，在投数篇。

科研生活的充实与成功让我可以骄傲地对自己说，三年的时光我没有浪费，来到这里，我不后悔。

我的付出得到的回报不仅仅是几篇文章的荣誉，更多的是我因此获得的自信，这是对自己的肯定。在此我也非常感谢我身边的同学、朋友，以及实验室的老师和兄弟姐妹们，我的科研成果是整个团队协同互助的体现，课题组的每个成员都为此贡献出了自己的智慧。

四、我想对自己说，也想对你们说

站在这个校园里面的我们，每个人都可以说自己不聪明，但绝不能承认自己笨。如果笨，就不可能站在这里。很多事情，我们的问题不在于自己能不能做，而在于想不想做。只要想做,就没有不能做的。而想与不想很多情况下不是个人对于某件事情的意愿问题,而是一个人本身对于生活或事情的态度问题。不端正的态度才会导致消极的意愿,而消极的意愿会导致惰性的膨胀,惰性的膨胀会导致不充实的时间分配,不充实的时间分配会引起空虚的生活,空虚的生活会引发人的思维紊乱,进而会让人时常胡思乱想,迷茫又犹豫不断。这样的结果只能是恶性循环。

很多时候,我们之所以不去努力,是因为我们有很多的选择、很多的退路。过多的选择与退路会降低我们奋斗的勇气。如果只有一条路可走,别无选择,那么我相信我们每一个人都可以做到勇往直前、义无反顾。既然如此,为什么我们不把每一个选择都看作是仅有的退路,这样我们无论是工作还是生活都可以永远保持激情与热爱。既然我们有选择乐观的权利,为什么要留下给自己制造悲观的余地。

在此,想对新来的师弟师妹们说,希望大家在未来的两年或三年内过得充实而有意义。四年的青春已然离去,等待我们的将是更加美好的未来。

同学感言1

张凯同学本科学习的专业与硕士阶段的专业有很大的不同,这并没有给他带来特别大的障碍,他通过他的韧劲儿、对于学术科研的执着,克服了很多困难。从对于专业几乎一无所知,到一次次重复相同实验来寻找问题,再到触类旁通的将学科进行融合,最终发表出高水平文章数篇,我从他身上学到的太多。他的成长故事告诉我,对于科研与学术研究,要有踏踏实实、潜心研究的不怕吃苦的精神,还要有扎扎实实、反复实践、不断求索的耐性。

——S315110071　韩旭

同学感言2

张凯同学研读文献的态度和方法让我感触颇深,他大量阅读中外文文献,对于外文文献他真的可以用“啃”来形容了,对于一篇外文文献他可以下很大工夫去钻研、去研究、去论证,把如此枯燥、容易受挫的事情做得十分有滋有味。正是由于对文献的一点点积累,让他终于厚积薄发,取得了学术科研上的许多成果。我从他的故事里面学习到了“自信不是一下子就有的,必须要靠平时点滴的积累慢慢促成,一点点滋生的”。

——S315110047　齐秀秀

辅导员点评

张凯同学做事比较认真,因为本科所学专业与硕士研究生阶段专业的相关性不大,使得他曾一度比较迷茫。但是好在他的认真精神,当不知道未来将如何发展的时候，就脚踏实地走好脚下的路，跨专业的压力让他对于“认真”这一点更是做到了极致，正是这样的一种学习与生活态度，让他在科研上屡取战果，在团队合作中也与国内外专家和师兄弟建立起了很好的联络。

——研究生辅导员　张丽剑

导师点评

张凯同学有很好的科学研究态度。对于同一个实验，他可以反复重试，寻找问题关键；对于阅读文献，他可以仔细阅读，认真做笔记，这些好的科研学术习惯帮助他克服了许多困难和障碍。他的这种踏实学习的态度和科研精神值得广大学生学习。

——导师　陈玉金

志不强者智不达，言不信者行不果

故事主人公 项智强

项智强，男，中共党员。本科就读于哈尔滨工程大学，2013 年保送至哈尔滨工程大学信息与通信工程学院攻读信息与通信工程专业硕士研究生。研究生期间获国家奖学金 1 次，校一等奖学金 2 次。发表 SCI 文章 2 篇(1 区和 2 区各 1 篇)。目前已签约上海斐讯数据通信技术有限公司。

七年大学生涯即将结束，怀揣着感恩与荣幸，和大家分享我的成长故事。“志不强者智不达，言不信者行不果”，这是我名字的由来，也是我一直信奉的座右铭。“志”是志向，也是意志，志存高远、坚持不懈，乃为智者；“言”是言语，更是为人，严谨求实、诚恳真挚，才能事半功倍。我要分享的关于科研和生活的故事也由此展开。

一、坚持不懈，厚积薄发

如果说学习的过程是在前人的知识海洋里拾掇，把这些知识逐渐吸收化为己用，那么科研就是站在前人的肩膀上探究未知的事物和方法，自然比单纯的学习难度更大。科研的道路通往的是未知的未来，除了需要刻苦钻研的毅力和正确的方法之外，更重要的可能就是创新意识，我们用自己的创新意识不断地把未知化为已知。而创新需要艺术式的灵感，更需要扎实的基础，基础可以把已知化为工具。这是一个递进过程，我们必须要巩固基础，然后才能向上发散。在基础之上培养出创新意识，并通过对基础知识的操作，完成灵感的现实化。

我从 2014 年初开始接触现在一直研究的课题——单片集成核辐射探测器研究，主要负责新型半导体探测器的开发。刚开始在针对 *Science* 期刊上刊登的一篇学术论文提出的新型半导体器件结构的仿真验证时，就遇到了一个看似简单却非常关键的问题，而这个难题在这之后困扰了我半年之久。

半年的时间里，眼看实验室同届同学们在课题上稳步推进，而自己一直逡巡不前。汇报课题进展时听同学们滔滔不绝的介绍自己的阶段性成果，而自己只能硬着头皮说没有任何进展，看着别人都比我优秀，在科研的道路上渐渐和我拉开距离，我心里十分沮丧。我很庆幸当时的尴尬和沮丧并没有让我放弃，我继续剖析研究方向，钻研立项课题。我不愿放弃，立志科研不仅仅是因为对导师的信任，也是一点一滴深入了解研究方向后对课题的信心。我相信不对的只是方法，不是方向。半年的时间，我给自己的目标不是明天必须突破难关，而是明天一定要比今天有所提高。我的目标时时铭刻在我心上。我有了一个明确的目标，就意味着我拥有了无穷的原动力，我无时无刻不在努力向着这个目标不断前行。

于是，半年时间里我平均每天至少会细读两篇英文文献，重要文献做好笔记，其他文件也记录下自己的感悟和心得。半年后不仅对课题背景、理论、国内外发展状况有了深刻认识，并且英语水平也大大提高。现在，我可以脱离词典轻松阅读英文文献，以及进行英文写作；半年时间里，我熟读仿真软件用户手册，半年后不仅对仿真工具的使用和代码的编写深入了解，并且可以简单推导出仿真涉及的物理模型，同时对仿真软件的安装破解得心应手；半年时间里，我通过社交平台、网络论坛、电子邮件等方式广泛向国内外文献作者通信，包括 *Science* 期刊上论文的作者，半年后不仅在课题方向以及仿真方法上眼界大开，并且在课题研究上取得突破性进展；半年的时间，我不断努力，突破自我，收获了许多技能与知识，也为我将来的科研打下了坚实基础。

每一天脚踏实地，每一天都在进步。我的文化底蕴在每天挥洒的汗水中不断积淀，而我的努力也换来了丰硕成果。最终在导师的指导和原文作者的指点下成功突破了这第一道坎，而在这之后，基于此前半年里一天一天默默耕耘的点滴积累，只用了一个多月的时间便在 *IEEE EDL* 上投出了第一篇论文手稿，两个月后成功通过审核。同样在这半年阅读大量文献的基础上，很快便提出了基于新型器件结构的半导体辐射探测器，投了第二篇学术论文，并申请了国家发明专利。

二、科学客观，严谨求实

我的第一篇文章由于是国内外首次提出基于某半导体器件结构辐照探测器的概念，创新性较强，很快通过了期刊审核。而第二篇是将该结构与另外一种半导体器件结构巧妙结合，提出的新型器件结构和性能更为优越的探测器，我自认为比第一篇创新性更强，并且与第一篇一样也投到了半导体器件快报 *IEEE EDL*，然而，这次却悲剧地被拒稿了。

拒稿理由在我意料之外，却也在情理之中。意料之外的是，我认为自己结合了两种器件物理模型，提出了全新的器件概念，而审稿人中的一位认为这只是对我此前的研究成果进行了一些改进和优化，在看重时效性和创新性的快报上，创新性欠缺。意料之外的事情倒没什么好解释，毕竟不同的人会有不一样的观点，而且创新性的问题另外两位审稿专家是认可的。

问题的关键在于情理之中的事情。*IEEE EDL* 快报对创新性要求非常高，而对篇幅的要求则较为简短，于是在文章中我只是简单地介绍了一个新的概念，通过仿真提出了其可行性和优越性，而这个结构中存在一个固有的问题，会制约其实际应用。在“简短”的篇幅中，我心存侥幸心理，避开这个我明知存在的问题不谈。然而在审稿专家眼里，显然看出了这个瑕疵，并提出了质疑。

我并没有放弃，在被拒稿之后，我对结构进行了进一步研究和优化，弥补了缺陷，修正后的稿件就新器件元件的参数和性质与传统元件进行了全面的对比分析，由于篇幅较长，改投到了 *IEEE TED*。这篇文章的审稿周期较长，等待了许久，不过研究成果还是得到了国际同行的认可，然后在编辑的督促下，我经过两番改稿之后终于在近期被录用。

这次被拒的经历给我好好地上了一课：对待知识一定要认真，对待科研一定要严谨，科研不能急功近利，容不得半点侥幸心理，必须保持客观的科学的态度。如果我们在探索科学的道路上失去了静如止水之心，而变得急功近利、焦躁不安，那我们终究会倒在半途，一事无成。

三、真挚诚恳，“言值”担当

实事求是的态度不但在科研领域非常重要，日常生活中同样让我受益良多。在这个“颜值”担当的年代，“言值”显得尤为重要。“言值”这个概念是我最近在某演讲类电视综艺节目中看到的，字面理解便是言语的价值，而我自己的理解是，口若悬河也好、字字珠玑也罢，不如说话真挚诚恳，不如言出必行。而这也是我在语言方面的原则。

2015 年年末，学院组织党员思想交流会，大家讨论的话题开阔，有对时事的见解，说得荡气回肠；有对党政方针的认识，滔滔不绝，口才令我羡慕。而真正让我为之动容的是一位平时不爱说话也不太会说话的同学，谈起他硕士研究生两年时间里的经历和感悟，言语真挚朴素，很容易让我接受那是不经修饰的真人真事，不禁勾起我对自己七年大学生涯的考量。

记得刚上大学时参加学生会招新的面试，落选的结果让我吃到了说“老实话”的亏。当时有 3 个高年级的学姐是面试官，我跟另外一个新生同时面试，问到关于即将要考的英语四级的问题，大致是问我们做历年题感觉难不难。我本着实事求是的态度，回答说刚接触感觉确实好难，跟高中答的英语卷题型、难度等方面都出入很大，通过四级考试应该不容易。与同时面试的那位同学的自信满满对比确实有些“低调”，于是学姐们表情凝重地说我缺乏自信。时隔两年后，我又参加了学生会部长的竞选，由于之前没在学生会干过，所有人包括我自己都认为成功的概率不大，然而我却成功了，并且在学生会部长卸任之后兼职了一段时间辅导员。

成功的关键不在于两年时间我的“自信”提升了,也不在于说话圆滑了,而在于两年里给学院老师领导留下了有一说一、说一不二、真诚可靠的印象。我在大一虽然面试学生会失败,但是我并没有因此改变初心,我的原则就是实事求是,无论如何我都会在这条路上继续走下去。我在后来的几年里不断地磨炼自己,增加自信,勤练口才,终于散发出自己的光芒。

语言的魅力如同为人处世,我虽不止一次因为“实在”而吃亏,却问心无愧。流畅华丽固然让人印象深刻,真挚朴素却更容易为人所接受;第一印象固然重要,但是路遥知马力,日久见人心,实事求是、言而有信胜过语出惊人。

同学感言1

学长的故事告诉我们,持之以恒的努力才能铸就最终质的飞跃,每个人的收获都是来自之前不懈的付出,有付出才会有回报。对于学生而言,学习是我们的天职,只有不断地学习才能不断地提升自己、完善自己,使自己的价值不断提高。所以无论是做科研,还是未来生活中所要经历的风雨坎坷,或者是那些还未完成的人生理想,都需要我们付出持之以恒的努力和坚持不懈地奋斗,要相信只有今天酸涩的汗水才能换到未来喜极而泣的泪水。

——2015级研究生　杨彬

同学感言2

每个人的成功的背后都付出了不知多少的辛酸,学长的故事告诉我们,失败并不可怕,只要我们勇敢地站起来,从哪里跌倒就从哪里爬起来,这样失败就自然地变成了我们走向成功的垫脚石。垫脚石能够绊倒人,但绊不倒勇敢的心,勇敢的人会将它作为通往成功的阶梯,就是这样一次次被绊倒,一次次爬起,顽强的人最终将会走到成功的彼岸。而我也会向学长学习,在科研道路上,顽强不屈,坚持到底。

——2015级研究生　池袖伟

辅导员点评

项智强在我印象中一直是一名认真刻苦努力的同学,从本科期间就一直保持着积极进取的态度面对学习生活,到研究生阶段也一样。半年时间从对科研几乎不了解到后期可以独立研究前沿课题和发表论文,他的努力和决心值得其他同学学习。没有人不适合科研,差别只在于是否肯脚踏实地地去尝试。

——研究生导员　孙安斗

导师点评

项智强同学在实验室科研方面,是一位厚积薄发型选手。在开始进入项目课题到成功投稿国外期刊，他一直保持着对科研浓厚的兴趣和对课题持续的坚持。每天的英文文献阅读和项目方针积累，让他成为实验室突破最快、进步最大的同学，也是因为这样让他收获了最终两篇 SCI 的好成绩。厚积薄发，是研究生最应该明白的道理，世界上没有近路可走，尤其是在课题研究上，我们必须脚踏实地。

——研究生导师　王颖

全面发展篇

在研究生阶段，学习和科研是首要任务，但是社会的进步更需要综合能力强的人才来推动，因此，自身各方面能力要综合培养、全面发展，才能更好地成长为家庭、社会所需要的人才，才能更好地为国家发展服务，不负社会和国家的重托。

研究生是青年大学生群体中的佼佼者，承载着国家的希望和民族的未来，因此应该有意识地培养自己在道德、文化、心理、学业、创新等各方面都满足全面发展的要求，时刻准备着在丰富自身的同时惠及他人，服务同学的同时提升自己……将自身需求与他人诉求、社会的需要、国家的托付联系在一起，把个人发展融入集体进步当中，在人生最美好的年华做最有意义的事。本篇选取了8个研究生的成长故事，这些优秀研究生揭开了如何在面对学业、科研、创新压力的同时，更好地培养自己的综合实力，成长为可塑性强的全面人才，很好地启迪了广大研究生如何思考适合自己的发展路径，在多重选择中确定自己的人生方向，做出科学的人生发展规划。

快乐的博士

故事主人公　韩　蕊

韩蕊,女,中共党员。本科就读于哈尔滨工程大学,2012 年保送至哈尔滨工程大学船舶工程学院攻读船舶与海洋结构物设计制造专业硕士研究生,2013 年硕博连读至哈尔滨工程大学船舶工程学院攻读船舶与海洋结构物设计制造专业博士研究生。研究生期间,发表论文共 11 篇,其中 SCI 收录 5 篇(1 区 3 篇,2 区 2 篇,第一作者 3 篇);曾在 2014 年 10 月参加在清华大学举办的第 1 届国际空化会议(ISCM),在 2015 年 12 月参加在瑞士洛桑举办的第 9 届国际空泡专题研讨会(CAV2015)。目前为博士三年级。

每个人的成长方式都不同,有的人一帆风顺,有的人跌跌撞撞。大家都会羡慕一帆风顺的成长之路,但不知道的是别人在这背后的付出。我的成长故事中有取得成功的喜悦,也有准备不充分导致的挫折坎坷。我在大学度过的这几年让我明白了,只有勤奋刻苦、做好充足的准备才是到达成功的"捷径"。

一、认真学习、快乐生活

"以学为主、兼学别样"这句话伴随我度过了大学本科四年的时光。只要我们还是学生,学习总应该放在比较重要的位置。在学习方面,我一直保持着一丝不苟的认真态度,踏踏实实,积极投入到各门基础课和专业课的学习当中,给自己树立明确的学习目标并端正学习态度。学习中,我坚持"不带问题进考场""不打无准备之仗"的原则。对学习的认真与脚踏实地让我在本科期间取得了 94.47 分的学习成绩,名列学院第一名。

除了专业内的学习,空闲的时候,我也读了很多其他专业的书籍来开阔自己的视野。以前总听老师讲"书中自有颜如玉,书中自有黄金屋。"那时候还不懂书籍的好处,也不明白阅读到底会给自己带来什么实质性的好处,也就没有付诸实践。上了大学以后,各科老师也反复强调阅读的好处,鼓励我们多进图书馆,多阅读经典作品,多思考。增长知识,丰富智慧;净化心灵,陶冶情操;高雅的气质,高尚的修养。而这,也促成了我大学里周末泡图书馆的习惯。

作为一名大学生,除了要将学习这样的本职工作做好,打好学习基础,还需要在其他活动中锻炼自己。毕竟,大学是一个提高综合素质的地方,不存在对某方面的偏废。有的同学可能会说,自己大学的学业太重了,没有时间去做别的事情。但我认为,平衡自己的时间分配本身就是大学里需要锻炼的一种能力。学校为我们提供了很多平台:丰富的选修课程、多样的社团活动,这些能使学生在宽松、自由的环境中发展个性,我的个性发展和舞蹈有关。从小学习舞蹈的我,由于中考不得已放弃了我的兴趣。在选择大学体育课时,我选择了健美操,也因此遇到了带我进入健美操队的庞老师,让我认识了一群充满活力、热爱生活的朋友。每周的常规训练还比较轻松,但在有比赛任务时,队里会提前一个月开始集训,我便过上了寝室、教室和体育馆三点一线的生活。午饭没时间吃,熄灯后才能回到寝室。大学四年,几乎每学期都有比赛,每学期的学习任务和较繁重的训练任务刚开始让我有点吃不消——膝盖青紫、全身酸痛。我甚至曾经在训练的时候累得流下了眼泪。在健美操队的日子里,我印象最深的是老师对我们说的一句话,“你要用你的舞蹈感染观众,让观众感到快乐”,这就是我们所有队员要传达的信息——快乐,这就是健美操队的训练带给我的正能量,给了我生活的热情与面对困难的乐观和坚强,让我成长。

二、坎坷曲折的科研路

由于学习成绩一直名列学年前三名,我顺利地保研到本校硕士研究生。研究生期间,最重要的事情之一就是确定研究方向,只有设定了方向和目标,我们才能努力实现研究目标。如果选择正确,便能一往无前,风雨兼程;但若总是变换方向与目标,则会大大降低科研的效率,有时候选择方向比自身的努力更为重要。很不幸,我的科研路是后者。

在刚进入实验室时,我需要初步选择研究方向。通过咨询实验室的师兄和师姐,我了解到近几年实验室航天组的发展比较快,研究方向也很好。在没有深入了解实验室航天组研究方向的时候,我就有些着急地选择了加入航天组,本科毕业设计也选择了相关的题目。在航天组老师和师兄的指导下,我完成了本科毕业设计,但是在学习的这一年中,总是缺乏动力、缺少干劲。在与老师沟通交流后,我知道自己对现在的研究方向并不十分感兴趣,这会阻碍以后科研工作的进行,我也很难做出科研成果。最终,与老师再三讨论后,我进入了实验室的流固耦合组。改变了一次研究方向的我,相比同届其他学生,科研进度落后了一年,内心的急躁可想而知。因此,在选择具体的研究内容时,我了解到当时有一种新兴的数值方法,有可能可以应用于解决我们所研究的问题。在没有充分调研的情况下,我便一头扎进新方法的学习中,认为应该能够成功地应用这个数值方法解决问题。于是，我开始阅读相关文献，努力学习这种方法。在学习新方法的时候，首先需要掌握方法并重复他人的已有工作，成功后便将已有方法应用于要研究的问题中。但是由于相关文献很少，而且我不熟悉文献中所研究的问题，进展十分缓慢，我的心情也受到了影响，变得有些泄气，学习劲头也不如开始的时候积极。一个学期过去了，没有研究成果的我不得不再次放弃了对这种新方法的研究。显然，我的研究方向的选择又一次出现了问题。

我和导师与师兄进行了多次沟通和讨论，选择了现在做的方向。实验室在这个方向的研究有一定的基础，而且研究尚不深入，比较适合我来做。这个时候已经落后同届博士一年半了，已经有人在其研究领域陆续发表高水平论文了。此时我虽心里着急，但是我更明白干着急是没有用的，必须脚踏实地进行研究工作。从此，我便过上了寝室、食堂和实验室三点一线的生活，一大早出门，晚上十点回寝室休息。说句真心话，平时的研究枯燥无味，但是落后的我也只能耐住性子慢慢啃，不断向师兄请教，和导师讨论问题。经过半年的努力，学习基础理论知识后，我开始自己编程，将理论应用于实际问题，从成熟的简单问题开始，在学习的过程中我发现了一些有趣的物理现象和还未研究过的新问题，新现象、新问题的发现为我的研究方向做出了指引。终于，在经历了两年的漂泊后，我找到了前进的方向。

当自己的研究成果趋于成熟，我便开始撰写我人生的第一篇学术论文。通过不断地实验设计、程序调试、绘制图片，论文的整体框架已经完成，剩下的就是用英语进行描述和讨论。虽然自认为英语学得还可以，但是要直接撰写英语学术文章，感觉完全不一样，力不从心。写完初稿后，师兄看后皱了皱眉头，说我写的文章不地道不专业，需要大改英文。这对为此准备了半个月的我来说简直是当头一棒，心里虽然不服气，但是师兄说得没错，我确实需要不断提高英语写作能力。我学习大师们写文章的模式，不断模仿他们的用语习惯。经过一个星期对文章的修改，导师和师兄都认为文章可以寄给某个杂志了，后来，文章也被顺利接受。自己的努力终于得到了回报，最大的回报莫过于将自己的研究成果顺利发表，自己的研究工作受到了极大的肯定和认可。第一篇文章被录用后，自己仿佛被打了一针强心剂一样，动力十足，在自己的研究方向上不断突破进取，攻克了好几个难题，发表了多篇 SCI 论文。

三、成功的“捷径”

不断改变研究方向给了我沉重的打击。研究生的学习需要不断积累，到一定阶段才能发生质的变化。我在缺乏准备的情况下，武断地决定研究方向是必然导致失败的。回首在哈尔滨工程大学学习的这几年，我有付出，我有收获。学习上的勤奋，令我收获了优异的成绩；舞蹈比赛前的刻苦训练，让我收获了荣誉和快乐。所有的经历都让我深刻认识到，成功从来都没有“捷径”。

书山有路勤为径，学海无涯苦作舟。如果想要在广博的书山学海中汲取更多更广的知识，“勤奋”和“刻苦”是必不可少的。对于年轻人来说，哪怕不聪明，勤奋也会让自己学有所成。同时，该学习什么，该用怎样的方法去学习也十分重要。我们都知道努力与坚持的重要性，但若是没有目标、毫无方法地努力坚持，无异于一只无头苍蝇。即使我们耗费了大量精力，也有可能招致失败。很多时候，因为我们缺乏对自己深刻的认识，即使选定了一个方向，也常常感到力不从心，遭遇意料之外的强大阻力。令人惋惜的是，太多的人虽有一腔热血，最终还是在自己当初的信誓旦旦面前败下阵来，半途而废后独自叹息。当初改变研究方向的我便是犯了这样的错误。在这之后，我也渐渐的总结出研究生阶段的一些学习要领：只有认真刻苦、勤奋努力，做好充足的准备，才有机会向成功迈进。我一直谨记，“不打无准备之仗，方能立于不败之地”。

同学感言 1

韩蕊同学故事中有两点让我印象十分深刻，一是健美操队的经历，二是科研路上的波折。这两段经历十分相似，都是艰难后豁然开朗，风雨后见到了彩虹。在这两件事中，喜欢是她坚持不懈的动力，令她遇到苦难时勇往直前，正是不放弃的精神让她做好了充足的准备，迎来了最好的结果。我很佩服她在面对困难时的坚持和坚强，这是值得我们每个人学习的精神。为了自己的目标，要做好充足的准备！

——船舶学院 2011 级博士研究生　曹雪雁

同学感言 2

看了韩蕊同学的故事，我对她的经历感到惋惜。然而，不得不承认的一点是，每个人都要为自己的决定承担后果。令我感到欣慰的是，韩蕊同学并没有被重重困难所击倒。她的故事告诉我们，成功不是必然的，即使你做了很多准备，但不充足也枉然；她的故事也告诉我们，成功必须付出，天上掉馅饼只是个传说。我很喜欢她的“重新出发”，将脚踏实地进行到底，继续做一个有充足准备的人。我们应该学习在长期枯燥的准备中怡然自得。

——船舶学院 2013 级博士研究生　李帅

辅导员点评

大学中有些学生只重学习，怕参加活动影响学业；有些学生热衷社团，荒废了学业。大学提供的是自主学习的平台，没有父母、老师的约束，学生对时间拥有绝对的掌控，此时掌握学习与活动的平衡至关重要。韩蕊同学在学习和活动间平衡的掌握是值得大家学习的。学习上能够勤奋踏实，活动中能够热情饱满，科研上能够坚持不懈，面对困难不退缩，为了目标做足准备，成功必然悄然而至。

——船舶学院研究生辅导员　苏智

导师点评

科研上获得成功的秘诀只有勤奋，需要长期坚持、不放弃。韩蕊同学在刚接触科研工作时的迷茫与挫折很多人都会遇到，比较幸运的是她能够在多次的打击下依然坚持不懈，这才是对待科研工作应有的态度。科研工作是需要长期积累的，只有不断地刻苦钻研，才能厚积薄发。

——船舶学院教授　张阿漫

只要走在路上，就没有到不了的远方

故事主人公　张　伟

张伟，男，中共党员。本科就读于江苏科技大学，2013考入哈尔滨工程大学船舶工程学院攻读船舶与海洋结构物设计制造专业硕士研究生。研究生期间获得研究生一等奖学金2次，国家奖学金1次，在《船舶力学》《中国造船》等各类期刊上发表5篇学术论文。目前于上海交通大学攻读博士学位。

当得知要把我的成长故事与大家分享的时候，我的心中其实是很紧张的。因为我觉得我只是做了一个学生分内的事情罢了。但是既然有这个机会，我还是要把我的大学生活分成三部分——教室里的生活、实验室的生活、实习时的经历，介绍给大家，希望大家能够有所收获。

一、教室里的生活

学习是大学生的天职，学习能力的高低、成绩的优劣是衡量大学生整体素质的一个非常重要的指标。考入哈尔滨工程大学之后，我在直面生活习惯上南方和北方之间巨大差异的同时，还克服了研究生学习上的诸多困难，经历了一个从成绩平平到名列前茅的可喜转变。

初入哈尔滨工程大学不久，我就遇到了学习上从没遇到过的困难。首先本科阶段是被动式学习，上什么课，就看什么书，不需要发挥自己的创造性，而研究生期间却是主动式学习，需要自己发现问题，总结前人的观点、思路、理论，并在此基础上提出自己的见解。其次，原本科学校对船舶专业的本科生培养侧重于实际的船舶制造方法，特别重视船体制图，造船工艺等课程，哈尔滨工程大学船舶专业从本科开始就侧重于学术能力的培养，学院对船舶力学、流体力学等基础科目抓得特别严。刚进入哈工程的时候，自己的基础知识有所欠缺，起初自己还是按照本科生的思维学习研究生课程，后来越来越吃力，发现学习的基础课程不能得心应手地运用于自己的研究方向上，这种困惑随着课程的深入越来越大，心情也越来越差,觉得学的知识没有实际作用。庆幸的是自己及时进行了反思,反思自己的学习心态和学习方法,在孙丽萍导师和实验室其他老师、师兄师姐的帮助下,我很快就从困惑中振作起来,调整学习思路和学习方法,将更多时间用于阅读学术文献上,从文献上理解课题、研究方向的现状和最新发展趋势,学习前辈将基础课程中的基本知识巧妙地应用于具体的科研实践的方法。在研究生一年级的时候,我逐步养成了每天看一篇中文文献,一个星期看三篇外文文献的习惯。一开始的过程可能很艰难,可能一个星期都看不懂一篇文献,但是如果能够耐下心,先仔细地理解,剖析一篇经典文献,经过这样几次细致的阅读,就会慢慢做到一天一篇文献。这样的文献阅读过程经历了整整一年半时间,这期间我大概阅读了 400 多篇国内外相关文献,对于国内外研究热点基本能做到心中有数,也为自己的学位论文的撰写打下了坚实的基础。

研究生一年级的学习既加深了我对基础课程的理解,也对自己的研究方向有了初步的认识,为以后的学术研究打下了坚实的基础。功夫不负有心人,经过一年的努力,我各项科目成绩都名列前茅,综合成绩 86.14 分,实现了由懵懂的学生向合格的科研人员的转变。

二、实验室的生活

我在研究生二年级时进入实验室,正式开始了学术研究。第一个科研项目是 30 万吨 FPSO 系泊实验研究,刚接触这个项目的时候,自己对 FPSO、系泊系统,甚至是试验技术等知识都没有任何概念,脑袋里一片空白。然而实验周期是固定的,必须在 6 个月之内完成实验方案的设计,真正做出 FPSO 的系泊实验,处理实验数据等工作。面对周期紧,相关知识欠缺的窘况,在实验室师兄的指导下,开始大量阅读系泊实验相关的文献,那段时间基本上一天有 16 个小时泡在实验室,中文的、外文的、博士的、硕士的,只要是和系泊实验有关的文献基本都浏览过,整整花了大概 2 个星期,终于有了系泊实验设计的初步思路。

在实验设计过程中,有一个非常棘手的问题,就是系泊线参数的选择,参数选择过大和过小都不能符合实际情况,而参数的正确选择往往又是一个费时费力的工作,十分机械。为了顺利地进行实验,在师兄的带领下,我和实验室的一个同学每天从早上 8 点半开始,一直计算到晚上 10 点,经过快 2 个月的日夜奋战,终于计算出令人满意的系泊参数,为实验的顺利进行做出了一定的贡献。接下来的实验过程十分顺利,也得到甲方的认可。

实验结束之后,我就在思考有关系泊参数设计的问题。如果人工去机械地调参数,一个个参数去试错的话,费时费力,而且还不一定得到满意的结果。我就在想,为什么不自己开发一套计算程序,只需要自己设置几个想要的参数,然后让计算机自己去运算,一天之后看程序运行结果就好了。因此,在实验结束之后,自己并没有满足于实验成功，而是全身心地投入系泊试验参数设计计算程序的开发中。

系泊试验参数设计计算程序的开发说起来简单，但其实是一个非常复杂的工作。首先要学一门程序设计语言，其次要掌握一个智能优化算法，最后还要推导系泊线的计算原理。这项工作看似十分繁杂，但是如果把它拆分为一个一个小任务的形式，执行起来就会方便多了。就用这种方法，我把程序开发工作分解为 10 个不同的任务，并且规定一个星期之内必须完成，经过三个月的持续奋斗，终于在 2014 年底完成了程序的编写工作，紧接着在此基础上，又开发了系泊线参数的优化程序。

进入研究生二年级下学期，我选择了一个全新的课题：锚泊辅助动力定位的研究。这是一个冷门的课题，实验室没有师兄做过，自己面临无人指导的困境。但我并没有畏缩，无意间得知学校自动化学院有一个课题组，一直做这个方面的相关的研究，并且已经出了相当多的科研成果，于是我就跑到该项目组，向他们请教动力定位的相关知识，并且把自己关于动力定位的想法和他们讨论。就这样，我在非常少的时间内就掌握了动力定位的基本知识，节省了大量的时间，同时还结交了很多外专业的同学，一举多得。

前路漫漫，研究方向和突破口其实就在我们日常的学术思考中，我们需要做的就是义无反顾、踏踏实实地做下去，有周围老师、同学、朋友的帮助，以及家人的支持，再通过自己的坚持不懈和认真付出，我相信只要自己认真努力，就一定能实现自己的学术价值。

三、实习生活

在 2014 年寒假期间，我偶然得知实验室的一位海外教授的公司招收实习生。抱着理论联系实际，看看外面实际的工程项目到底如何运作的想法，我向该海外教授投了简历，并且表达了想去实习的想法，通过面试进入他在国内的一个分公司。

这是我第一次正式与社会接轨踏上工作岗位，开始了与以往完全不一样的生活。每天在规定的时间上下班，上班期间要认真准时地完成自己的工作任务，不能草率敷衍了事。我们的肩上开始扛着民事责任，凡事得谨慎小心，否则随时可能要为一个小小的错误承担严重的后果并付出巨大的代价，再也不是学生时期一句对不起和一纸道歉书所能解决的了。

在实习公司，我学会了处理一些比较琐碎的事情，同时也确实体会到了工作的辛酸，觉得自己在学校所学的专业知识严重不足，不能适应激烈的工作要求，像那些实际操作性极强的工作，我们这些刚出校门的学生根本无法与经验丰富的技术人员相竞争，有时候感觉确实无从下手。很多实际的工程项目，并不像实验室那样仅仅做一个性能分析或者评估，而是要把每一个细节，每一个可能出现问题的地方体现出来，而且实际的工程项目往往是跨专业的，光靠实验室学习的一点点本专业的知识还远远不够。印象最深的是单点系泊的一个项目，以往在实验室仅仅需要知道怎么计算，怎么进行 FPSO 的性能分析即可，而在公司里面，建模和分析仅仅是其中一个小小的部分，自己首先需要阅读 CAD 图纸，甚至自己绘制 CAD 图纸，查阅作业区域的海况环境等，这些本专业之外琐碎的事情都需要自己不打任何折扣地完成。

通过此次实习，不仅培养了我的实际动手能力，增加了实际的操作经验，缩短了抽象的课本知识与实际工作的距离，更让我学到了很多在课堂上根本学不到的知识，打开了视野，增长了见识。实习之后我明白，不论做任何事，务必竭尽全力。这种精神的有无，可以决定一个人日后事业上的成功或失败。倘若能处处以主动努力的精神来工作，那么无论在怎样的工作岗位上都能够有所建树。

同学感言 1

看了张伟师兄的故事，我深深明白，每个人的成功都不是偶然的，其在日常生活中都付出了艰辛的努力。俗话说得好：一口吃不成胖子。科研大师也不是一天造就的，都是一篇篇文献看出来的，一个个课题做出来的。张伟师兄的故事让我懂得了脚踏实地、一步一个脚印、稳扎稳打才是做科研的真谛。

——船舶学院 2014 级硕士研究生　贺辙

同学感言 2

常常有同学感慨：不知道怎么做课题，自己的专业范围这么广，找不到自己感兴趣的研究方法，理论知识太复杂，工程项目又找不到可以创新的点。从张伟同学的故事中我们可以发现，研究方向的确定和理论知识的理解都建立在大量文献阅读的基础上，只有通过大范围的文献阅读，才能找到今后可研究的点，只有通过细致的公式推导，才能理解并掌握经典理论知识，为做课题打下基础。

——船舶学院 2013 级硕士研究生　梁双令

辅导员点评

作为一名硕士研究生，不仅仅要在科研上有所作为，将理论与实际运用相结合同样重要。张伟同学从一名外校考研过来的“新人”，迅速地融入实验室，通过自身的努力掌握学习和做课题的方法，找到了自己的研究方向，通过假期实习，打开了视野，增长了见识。这其中的成长质变值得大家去借鉴，脚踏实地、刻苦钻研的学习劲头值得大家学习，积极主动、一丝不苟的工作精神值得每一个学生去效仿。

——船舶学院研究生辅导员　苏智

导师点评

有志者,事竟成。张伟同学从研一下学期开始就坚持来实验室,并定期向实验室老师汇报学习小节,有学术上的疑难或者发现都会与实验室老师求教和交流。在张伟同学身上,可以时刻看出那种追求上进的执着和坚持,这种执着和坚持不仅是做学术所必需的基本素质,也会在以后的工作生活中发挥潜移默化的作用。每一个学生的成功都不是偶然的,但每一个成功的学生都有一个共同的特点:执着和坚持。

——船舶学院教授　孙俪萍

行百里者，不为怠倦半九十

故事主人公　吕烨鑫

吕烨鑫，男，中共党员。本科就读于哈尔滨工程大学，2014 年保送至哈尔滨工程大学计算机科学与技术学院攻读计算机科学与技术专业硕士研究生。研究生期间获研究生国家奖学金 1 次、一等奖学金 2 次、省三好学生 1 次、校优秀党员 1 次、校优秀共青团干部 1 次，作为我校研究生代表参加黑龙江省大学生骨干培训班学习并结业。

一、大学生活：行百里半九十，不流汗不成长

故事就从大二下学期的考试周开始，那是我整个大学生涯中课业最为繁重的一个学期，《操作系统》《数据库原理》《面向对象程序设计》《Java 语言程序设计》《大学日语》等 5 门专业主干课的期末考试均在一周之内进行。那个时候，每个人都会早出晚归、埋头苦读，图书馆的自习室全是人，大厅里还有同学因为没有找到合适座位而站着读书。就是在这样的情况下，我成功当选为计算机科学与技术学院新一届的团委副书记。上任之初，工作多、任务杂、人手也稍显短缺。我接手的第一项工作——暑期“三下乡”社会实践活动就以“紧”“急”“难”三字当头，由于学院首次选择省外服务地——内蒙古自治区赤峰市林西县，故这项工作必须得在学校放假前统筹完毕。既要同时安排好 5 门考试的复习，又要事无巨细地安排好服务地联络、活动申报、志愿者选拔、物资准备、方案策划等前期准备工作，这确实给我出了一道难题。

在这样高强度工作与学习的双重压力下，我竭尽全力地挤出时间，白天忙碌奔波，夜深人静时才能学习，好几个晚上持续到凌晨 4 点多，在短暂的两三个小时睡眠之后，又开始了新一天的学生工作。由于身体长时间处于疲劳状态，再加上复习时间不够等原因，我的嗓子因为上火竟一度失声，而且还伴随着低烧。幸好在平时学习过程中，我的课堂学习效率很高，梳理基础知识时不需要花费太多的时间，从而可以多匀出一些时间复习例题。苦心人天不负，最终我以优异的成绩顺利通过所有科目的期末考试，并以综合成绩专业第一名获得校一等奖学金。再次回忆起那一段时间，说不累肯定是假的，甚至可以说是身心俱疲，但是既然当初

选择成为学院的主要学生干部，无论碰到再大的风雨，或是遇到再多的荆棘，自己都要克服困难、咬紧牙关，然后义无反顾地走下去。我一直坚信：行百里者，不为怠倦半九十。倦了，累了，休整一下，继续前行。付出了就会有成长，就会有收获。

由于前期准备充分，活动主题紧密联系当地农牧区群众的生产、生活，并借助专业知识将“三下乡”落实到帮助农民发展生产、增加收入当中，故本次活动受到林西县委、县政府的大力支持，以及林西县村民的热烈欢迎。通过实地走访“双赢农机专业合作社”“共赢养牛专业合作社”与“千户同心农牧业专业合作社”等三家农民专业合作社，我们对内蒙古自治区社会主义新农村建设有了深入了解，并为当地镇委、镇政府和农民专业合作社理事会成员提供社会主义新农村信息化建设的若干建议，形成《关于林西县“社会主义新农村”建设的调研报告》《关于林西县“农村家庭生活负担因素”的调研报告》《关于林西县“农村养老问题”的调研报告》《关于林西县“农村居民政治素养”的调研报告》《关于林西县“农村居民计算机普及情况”的调研报告》等5篇调研报告，为林西县委、县政府的工作开展提供更多的帮助，同时学院团委也荣获“校暑期社会实践优秀组织单位一等奖”“校暑期社会实践优秀调研报告一等奖”。

二、科技创新：专业学以致用，实践方出真知

学校科技创新“四体系一线穿”的工作模式，拓宽了学生参与科技创新的活动平台，使学生科技创新特色品牌工作在学生中的影响力得到了有力提升，在校园中营造了浓厚的科创氛围，有效地提高了学生的创新能力，而我便是众多受益者其中的一位。曾获得第十八届FIRA机器人世界杯季军、第十五届全国机器人锦标赛暨第四届国际仿人机器人奥林匹克大赛冠军、第二届全国机器人创意设计大赛冠军、首届国际仿人机器人舞蹈大赛季军、第三届全国大学生计算机博弈大赛暨第七届全国计算机博弈锦标赛季军、第八届“挑战杯”全国大学生创业计划大赛银奖等30余项国际(国家)级科技创新奖励。起初，面对不甚了解的科创，我深知必须要有踏实肯干的精神。在学长的指导下，我从最简单的理论知识学起，以一个小项目为起点，开始了自己的科创之路。渐渐地，我从一位“科创菜鸟”，成长为能独自带领团队参加比赛的优秀队长。曾经看似“跑腿”的经历，却为日后在科创上取得的成绩奠定了坚实的基础。

我和团队成员为了准备比赛，经常昼夜调试，通宵达旦。为了可以在比赛中取得更好的成绩，我会牺牲整个暑假，一直留在实验室反复进行作品的设计与加工。在制作实物时，我还要与同组成员跑到加工厂亲自参与零件的加工，有些连接物还需要我们自己动手焊接。在第二届全国机器人创意设计大赛开赛之前，为了给机器人拓展语音功能，让机器人能够说话，我和团队成员焊接电路板，加载语音模块，制作音频文件，修改舵机参数，更改程序代码，在实验室一连三天，基本没

有合眼，做了大量艰苦的创新工作。由于没有经验，编写语音程序，更是成为团队最头疼的事情。我们查阅了大量的文献资料，了解到国内外先进的机器人语音技术，并与“哈工大”“北理工”等学校的机器人爱好者交流讨论，有志者事竟成，一种属于我们自己的语音实现方法诞生了。我们的机器人不仅能说会道，更能够引吭高歌，而我们也因为这一项创新获得创意设计组的冠军。比赛结束后，几个同学实在过于疲惫，在分赛场的休息区睡着了，竟然错过了最隆重的颁奖典礼。这样的故事在我们实验室有很多，可是大家并不觉得苦与累，反倒是甘之如饴，斗志更高昂。

为了更好地传播机器人文化，我与团队成员多次携机器人参加“哈洽会”“文博会”等大型盛会。在会场上，我们的机器人总是最吸引人们的眼球的，它们进行配乐舞蹈、乐器演奏，赢得市民驻足围观和众多媒体关注。印象最深刻的，便是参加黑龙江人民广播电台《直播哈洽会》的访谈节目，当主持人问道：“机器人创新为你带来了什么？”我突然之间，陷入深思，脑海中也浮现出和机器人共同成长的一幕幕画面。我回答道：“机器人创新使我成长，让我知道了实现创新必须付出艰辛和努力，更需要我们的坚持与责任。当我们所掌握的机器人技术越来越尖端，机器人文化的受益群体越来越多，这种成就感便会油然而生，激励着我们在创新的道路上飞得更高、更远。” 2012 年 10 月，在校团委的大力支持下，我于大学生创业联盟注册公司——哈尔滨智能未来科技有限公司，亲身尝试了“虚拟注册，实体运营”的全新创业模式。作为公司的总经理，我带领团队成员开展机器人教育教学开发平台制作及销售、机器人表演和机器人技术培训等业务，将自己的科技创新成果转化为产品与服务，推广到社会各界。

三、入门科研：选择读研深造，继续起航远行

2013 年 9 月，经过反复思考，我决定继续留在本校读研，进一步完善自己的学科体系，同时也获得计算机科学与技术专业免试攻读硕士研究生的资格。研究生学习阶段的时间安排相对本科而言更加自由，可以拥有更多时间进行自主学习，不断地充实自己的能力，并有机会对学科的某一领域进行深入研究。在研究生入学之初，我的导师武俊鹏教授便告诫我：做学问，做研究，乃至做人都需要脚踏实地、保持本色，来不得丝毫急功近利，更容不得半点弄虚作假。在当今这个稍显浮躁的社会环境中，保持清醒、耐住寂寞、坚守底线便是一个人的可贵品质，更是知识分子应该具备的精神内核。

从本科到研究生的转型，对于每一个学生来说都是不小的挑战。由于多数研究生在实验操作上需要花费大量的时间去适用新环境和完成各项琐碎的事情，故不少研究生都对科研本身没有太多的思考，习惯根据导师提出的想法进行分工，仅做其中某个环节或者是按照到导师的思路逐步去做。在第一次项目组会上，导

师就语重心长地强调道:“科研思维就像人体中的躯干,更像大海航行中的指南针,离开了它,最终科学研究将会停滞不前。一个好的想法,更需要良好的实验条件和技术人员去实现,否则科研思维便会成为空想。我们没有国外实验室那样高顶尖的实验设备,更没有专门从事前沿科学的技术人员,全靠研究生一届一届地带着干。不过这不是问题,一方面我们可以不断创造条件进行研究,另一方面实验条件实在不够时我们还可以搞合作。只要你们善于思考、乐于思考,老师就愿意和你们一道,充分利用实验室现有条件达到最终的实验目的,不仅帮助你们成为一名优秀技术员,更要成为一名专家,乃至科学家。”

确定研究方向是每一位研究生的头等大事。首先,大量阅读与新方向相关的中外文文献,以便了解该领域的研究动态和需要解决的难题,这一点十分重要。其次,逐步建立新的实验平台,由易到难、由宏观到微观,甚至可以先重复别人的研究,以验证你所建立的方法的正确性。最后,研究设计前和实验期间要多与该领域的专家、老师、同学请教,同时经常与导师探讨该课题的研究进展和下一步的研究计划,或许过来人的一句话会让你豁然开朗,少走许多弯路。因为开辟新方向是有风险的,倒不是一定失败,而是因为时间的原因,很难说在短时间一定能发表论文。我建议最好先发表 1 ~2 篇论文垫底,以防影响毕业。

四、团委委员:再任学生干部,汗撒研究生会

2014 年 10 月,我成功当选哈尔滨工程大学新一届研究生会主席,同时成为校团委委员(全校唯一一名在读研究生代表),再次肩负起学生干部的责任。自上任起我便与校研究生会全体成员、各院系研究生会干部一同开展多项品牌活动,协助校党委做好研究生“自我教育、自我管理、自我服务”工作,建设具有研究生特色的校园文化生活,营造浓厚的研究生学术创新气氛,维护研究生各项基本权益,积极参与学校的各项改革工作。

任职期间,校研究生会曾受邀参加“2014 年东北地区团学工作会议”进行主题发言,“2014 年全国高校研究生媒体联席会”和“2015 年全国高校研究生自办学术刊物研讨会”分享杂志办刊经验。而我也为了开创具有时代特征、青年特点、工程特色的研究生会工作新局面做出不懈地努力,使校研究生会的各项工作和活动影响全体研究生,使校研究生会的正能量辐射范围覆盖全体研究生。

青春,只有一次,在筑梦与追梦的轮回里徘徊;梦想,不分大小,只要拼尽全力便会收获丰硕的成果。我们要记住:生命的厚礼,只会赏给那些肯于尝试的人。

同学感言 1

吕烨鑫同学的故事,让我明白一个道理:宝剑锋从磨砺出,梅花香自苦寒来。成功没有偶然,也需要付出辛劳。信念是高高飘扬的旗帜,毅力和行动成就了今

天的吕烨鑫。记忆中的吕烨鑫，不论学习任务再重，学生工作再多，科技创新再忙，都一直是那个阳光、乐观的男生。时间就是一支笔，每个人的生命都会随着时间的流逝呈现出不同的图案与色彩。吕烨鑫用自己的行动传递了青春的正能量。成熟是一种无须声张的厚实，一种并不陡峭的高度，吕烨鑫用永不止步的身影带给我们青春的感动。

——2014 级硕博连读生　杨青

同学感言 2

有一种人生，跌宕起伏中，方显惊世骇俗的芳华。有一种精神，洗尽铅华后，才知无可替代的重要。吕烨鑫从青涩到成熟，一步一个脚印，始终带着微笑上路，走过成长中的点点滴滴。成长的过程中没有平坦的大道，只有不畏劳苦艰险沿着陡峭山路攀登的人，才有希望达到光辉的顶点。"偶然"的机遇，只会给予那些准备充分且具有锲而不舍精神的追梦人。金色的梦想融汇在美丽的哈工程中，相信吕烨鑫一定会在未来的道路上走得更精彩，更辉煌。

——2014 级硕士生　孙涛

辅导员点评

提到吕烨鑫，很多人都对他的热情和专注印象深刻。作为学院的团委副书记，他每天都会有很多事情要处理。由于工作原因，他会经常在教室、办公室之间奔走忙碌。工作之时，难免会有意见不统一的情况，他也总会耐心、诚恳地听取对方的意见，站在对学院和同学有利的角度上进行思考，真诚地进行沟通，从而得出最为合适的解决方法。从处理团委日常工作到组织各项活动，每做一项工作，他都能认真负责、细致清晰地考虑各部分流程和细节，并按照工作的类别将工作细化，分配给各个部门，并及时监督工作进度。吕烨鑫在学习、科研与工作中找到了平衡点，可是背后的艰辛和牺牲又有多少人知道呢？每一位大学生都需要在学校修炼好本领，然后在这个机遇与挑战并存的社会中争取属于自己的一席之地。培养学生的核心竞争力，才是大学教育的真正意义。

——研究生辅导员　王蕾

导师点评

吕烨鑫是一名性格开朗、思维敏捷、乐于助人、热爱集体、诚实守信、适应能力强、上进心强的学生。在学习上，他目标明确、基础扎实，学习成绩在学院名列前茅，重视动手能力的培养和课外知识的积累，善于独立思考，具有创新精神。在科研上，他参与了实验室的多项课题，使自己的理论与实践水平得到了很大的提升，相信这些经历和积累都将成为其人生道路上的宝贵财富。

——硕士研究生导师　武俊鹏

仰望星空 脚踏实地

故事主人公 秦 凯

秦凯,女,中共党员。本科就读于哈尔滨工程大学,2013 保送至哈尔滨工程大学计算机科学与技术学院攻读计算机科学与技术专业硕士研究生。研究生期间获得研究生一等奖学金 2 次,研究生国家奖学金 1 次。任校团委宣传部兼职副部长、学院研究生会副主席、《研荟》杂志主编,发表学术论文一篇。目前签约至腾讯公司。

几年前,第一次听温总理与北大学生提出要“仰望星空,脚踏实地”时,我就觉得这八个字总结得特别好,今天在这里跟大家分享。研究生三年的生活,我也时刻以这句话鞭策自己,无论学习、生活还是工作,我觉得这句话都适用。

一、学习——脚踏实地,力争上游

作为学生,最重要的就是学习。我本身不是一个聪明的人,之所以一直保持着不错的成绩很大程度上得益于对自己的严格要求和不甘落后的决心。在学习过程中,几门比较难的专业课,我格外注意听讲,认真做笔记,课下做作业,复习期间遇到不懂的问题多与同学探讨学习,交流的过程有时候就会有豁然开朗的感觉。

科研工作也是研究生期间重要的工作,贯穿始终。万事开头难,我跟很多同学一样,开始时总是没有耐心读下去,尤其是外文文献,读到后面前面的内容就忘记了。这时候坚持是最重要的,因为随着专业词汇量的积累以及对研究方向的熟悉程度加深,阅读难度都会降低。而且,阅读文献要做笔记,首先,对文献的基本情况要进行记录,以便以后想翻阅的时候可以很快找到;其次,对于论文的研究方法、创新点要进行简要记录,跟你研究相似的或者差异的地方要记录下来;最后,针对论文的实验方法以及作者遗留的研究问题,要做详细记录,以便后期个人思路的扩展。

对于实验室的科研项目也要积极参与,一方面能够锻炼个人的动手能力,另一方面通过实践也能了解自己的兴趣所在,为今后择业做准备。

二、工作——脚踏实地，精诚合作

在研究生期间，我担任院研究生会副主席，带领研究生会成员为广大研究生同学举办了许多有意义的活动，丰富大家的业余生活，提高学院研究生凝聚力，开拓学术视野。所举办的活动获得学校及兄弟院系的一致好评。参与策划、筹备的活动有研究生学术文化月、研究生科技前沿讲座、研究生羽毛球赛、研究生足球赛等。策划、主持多次学术交流活动，得到了学校、学院老师和同学们的一致好评。

在主持编辑《研荟》杂志期间，杂志社成员比较少，而且大多数人对于编辑杂志没有经验，短时间内出版一本杂志可谓是困难重重。但是最可贵的是大家都很认真，都希望可以出一本自己的杂志。于是，我们几个同学一起商量制订组稿计划，让大家按照自己的兴趣去组稿。可是身边愿意写作的同学实在是少之又少，很多稿件靠编辑自己写作完成，一些约出去的稿子到收稿日期会被放鸽子。我像一个救火队员，为了补上放鸽子的稿件自己熬夜写稿，为了排出高质量的杂志自学排版软件，为了发出优质的杂志，利用业余时间反复校对。一个月的时间，四个人的团队，成功地发出第一期杂志。我们还没来得及高兴，问题就来了，杂志根本不受欢迎，很多同学看不到一分钟就关了。我们辛辛苦苦做出来的杂志根本没什么人喜欢。我的压力一下就来了，自己辛苦做的杂志大家不喜欢，使我的自信心非常受打击，杂志社的其他成员也开始打退堂鼓。

说实话，我很懊恼，但是又不想这么轻易放弃，仔细想想问题出在什么地方。其实是因为我们没有了解读者的需求，没有仔细思考过大家喜欢什么，往往只想着自己认为会受欢迎的文章，或者哪些文章好约稿。"为了做杂志而做杂志"才是问题所在。想到了症结所在就对症下药，针对杂志内容和形式在同学中进行调研。为了吸引同学们参与并且给出心里最真实的想法，我在设计问卷的时候就查阅好多资料，循循善诱，并且会给参加调研的同学一定的奖励。调研取得了比较好的结果，我们总结了调研结果，并对杂志内容和形式进行了一定的改变，杂志的阅读量得到了提升。在第三期杂志出版时，将《研荟》杂志从电子杂志落实为纸质杂志，使《研荟》杂志深入到每一个研究生实验室，提升了《研荟》杂志的影响力，为杂志进一步向更高更远的方向发展奠定了基础。

除了上述主要的学生工作经历外，我还参与了学校很多大型活动的志愿者工作，例如60周年校庆、多届国际雪雕大赛，在实践工作不断培养着我甘愿付出、心存大爱、无私奉献的精神。这些经历对我个人的成长起到了很大的推动作用，这些平台令我不断打磨品格、锤炼能力，陶冶情操。

三、寻梦——仰望星空，追逐梦想

现代社会生活压力越来越大，很多人都不敢谈理想，谈愿望，但是，我认为“梦想还是要有的，万一实现了呢”。生活的每一天都值得我们倍加珍惜，走过一段路，当我们回首望去，不会因为虚度光阴而悔恨，也不会因为碌碌无为而感到遗憾。其实，所谓的理想、梦想也不一定是“改变世界”“报效国家”这么大的，每个人都有自己向往的生活方式，都努力做好喜欢的工作。照顾好家人，“独善其身”就是实现了理想；如果天时地利人和，在“独善其身”的基础上，能够在工作上有所建树，影响更多的人，向周围人传播正能量便是更好的。

首先，我们要能够正确地审视自己，知道什么是自己喜欢的，什么是不喜欢的，哪些是擅长的，哪些是不擅长的；在这基础上还能为自己努力而又擅长的方向不懈努力，为了自己喜欢的工作、向往的生活而不断打拼。我总是觉得人有了目标、有了奋斗的方向就会干劲十足。生活中，我们脚踏实地地做好每一件小事，但是又不迷途于小事，还要有仰望星空的勇气。在低头赶路的同时还要抬头看路，有的时候方向比努力要更重要。

这里分享一个我在就业选择上的小故事。我本科拿到了保研资格后，没有安分地在学校坐等读研，仍然跟着很多要就业的同学一起找工作。因为我心里一直认为，读研也是为了找一份好工作，如果本科毕业就能找到满意的工作，也不一定要读研。可是当时找工作的结果并不理想，我想去的单位不是要求研究生学历就是我个人能力达不到人家的要求，一些给了 offer 的单位我自己又不满意。经过了一段时间的选择之后，才坚定地选择读研。从做出选择那天起，我就告诉自己，研究生期间一定要努力学习，有针对性的实习。

通过本科毕业找工作的经历，我更加了解了就业市场的行情，什么样的单位大概招聘的要求是什么样的，未来的发展通道是什么，薪资待遇怎么样，等等。我给自己定的目标是能够拿到互联网大厂的 offer 或者去研究所。互联网大厂的 offer 其实还是有一定难度的，现在高薪的工作不少，但是薪资不是我考虑的最重要因素，我认为最重要的是发展空间，也就是在第一份工作中能学到多少，成长多少。大公司在培养新人方面还是有一定优势的。很多无形的财富是不能用金钱衡量的。而且产品岗需求量相对少一些，我们这些地域不占优势的学校实习的机会少，相对处于劣势。所以，就以研究所 offer 后备。身边同学大部分都走技术路线，但是我真的不喜欢技术，想跟身边人不一样，坚持自己的选择还是挺难的。我庆幸自己坚持下来了。

互联网产品岗其实对实习经历是比较看重的，但是由于一些客观原因我不能去实习，所以只能靠自己多学习，注重积累。找工作前的两三个月基本就是全职学习，这可能也跟计算机专业特点有关系，我们很多企业面试都是好几轮，而且非常看重基础知识。我提前做好学习计划，每天都保证十个小时的学习，书籍、视频、网络多管齐下。最终，在秋招的第一家单位（腾讯）面试后，就拿到了offer。后面又陆续参加了三家单位的笔试、面试，拿到了其中两家的offer，经过了一番思想斗争，毅然决然地选择了心里最喜欢的腾讯。面试过程中遇到很多具有优秀学历、经历背景的同学，但是我能拿到东北三省两个产品offer中的一个，不是因为学历多么优秀，经历多么丰富，我认为最重要的是我坚持了自己最想要的东西，并且持续努力着。

转眼间，进入大学已经七个年头，时间飞逝，一刻都不曾停留，刚进入大学时的情景仍然历历在目，如今研究生即将毕业。再回首，人生中最美的时光能有这样一段学习经历弥足珍贵。

同学感言 1

秦凯同学的经历让我感受到平时注重积累，才不会有“书到用时方恨少”的悔恨。有规划、一直努力的大学生活和浑浑噩噩过日子、毫无目标的大学生活结果是大相径庭的。首先，我们要清楚自己想要的是什么，盲目、没有目标会浪费我们宝贵的青春；其次，要有坚持不懈的态度，遇到困难不放弃。

——研究生同学　胡亚雪

同学感言 2

初入大学，脱离了高考的强大升学压力，没有了父母的百般叮咛、督促，很多同学突然之前失去了努力的方向，不知道自己该做什么。一些同学接触到了自己从来没玩过的游戏，一些同学看到了之前从来没看过的小说。晚上不睡觉也要把游戏打完，作业没时间写也要把小说看完，青春的时光不知不觉间流逝，待到就业、毕业时发现自己两手空空。看到了秦凯同学的大学生活，不禁感叹充实的大学生活和碌碌无为的大学生活差别之大。希望大家能尽早确立目标，珍惜大学生活的每一天。

——15 级硕士　杨红磊

辅导员点评

每个大学生都会有不同的大学生活，有的全身心投入到学习中，寝室、教室、自习室三点一线；有的同学喜欢参加科创活动，入学不久就开始跟着师兄师姐们动手做东西，参加科创比赛，以赛代练；有的同学愿意参与丰富多彩的社团活动，在社团中锻炼自己的才艺了同时，也提升了管理能力。秦凯同学在兼顾了学习的同时参加了很多学生活动，给自己了一个丰富多彩的大学生活。无论是在学习方面的坚持努力，还是在学生工作中的认真负责，对她个人的成长都是非常有帮助的。学习也好，为同学服务也罢，都要从小事做起，脚踏实地地去做才会有真正的收获，才会由量变转化为质变，才能去谈理想抱负。大学生既要有脚踏实地的耐心，又要有仰望星空的勇气。

——研究生辅导员　王蕾

导师感言

研究生是国家具有高学历、高素质的研究型人才，是推动国家发展的核心力量。因此，在校研究生要以国家发展为己任，严格要求自己，不能眼高手低，好高骛远。踏踏实实从小事做起，不断充实自己的知识背景，提升综合能力。秦凯同学充分利用好了两年多的研究生时光，用知识武装自己。无论是学术科研还是就业，都是一个做好准备的人。

——硕士研究生导师　张文燚

兼职辅导员的那些事儿

故事主人公　杨　青

杨青，女，中共党员。本科就读于哈尔滨工程大学，2014年保研至哈尔滨工程大学计算机科学与技术学院软件工程专业攻读硕士研究生，2015年硕博连读至哈尔滨工程大学计算机科学与技术学院计算机科学与技术专业攻读博士研究生。硕士期间获得校一等奖学金1次，"优秀军训指导员"称号1次，"校三好学生"称号1次。目前为计算机学院2015级博士研究生。

2014年12月至2015年12月，我在软件学院任兼职辅导员，这一年的工作经历令我成长了许多，我十分荣幸能够与大家分享我担任兼职辅导员这一年的经历和收获。对于兼职辅导员这个身份，很多同学的好奇点在于：我是通过怎样的途径担任兼职辅导员的？当兼职辅导员好玩吗？下面我将通过讲述一些我的小故事来回答这两个问题。

一、目标是实现梦想的金钥匙

回答第一个问题之前，我想先介绍一下什么是兼职辅导员。对大多数同学来说，"辅导员"这个概念并不陌生，进入大学以后，这个叫作"辅导员"的人总是出现在我们身边，我们有困难的时候，他出现，我们犯点小错，偷点小懒，他又会出现。对于他们，我们心中是又爱又恨。

兼职辅导员是学校学生处为每个院系设定的一些勤工助学岗位，兼职辅导员的作用就是协助辅导员们完成一些学生工作。这份看起来简单的工作，要想真正做好，还真是一门大学问，下面我将介绍一下我第一次接触兼职辅导员的故事。

第一次接触兼职辅导员是在大一的军训时期，那时每天陪在我们身边的只有教官和指导员。我们学校军训的时候要求大家都穿统一的迷彩服和鞋子，因为鞋子是新的，第一天军训的时候觉得脚很不舒服，当时我心里在想军训就是要磨炼人的，这点不舒服不算什么，我要坚持一下，而且这是我大学的第一课，我要给教官和指导员留下好印象。抱着这样的想法，我坚持了一天。但是到了第二天早上，事情就不像我想象的那么简单了，我的脚趾已经完全肿起来了，对于刚上大学的我，当时心里是十分害怕的。指导员知道我的情况之后，立刻带我去了校医院，在医院里指导员一直在安慰我，告诉我要坚强，她的存在让我觉得不那么害怕了。最后医生诊断我得了急性甲沟炎，经过医生处理之后，我又返回了训练场。在整个军训过程中，指导员在生活上帮助我们适应新环境，在训练时鼓励我们勇往直前，她乐观向上的态度为我们的军训生活带来了阳光。军训结束才知道她是一名兼职辅导员，当时我心里便对兼职辅导员充满了向往，种下了一颗兼职辅导员的种子。

本科期间我也一直在关注兼职辅导员的信息，后来得知要到研究生阶段才有资格担任该职务。为了离兼职辅导员的目标更近一些，本科阶段我担任了学生党支书，大四的时候还主动担任了辅导员助理，希望研究生阶段能够实现心中的小梦想。机会在研一的时候出现了，学院出现了一个兼职辅导员的空位，由于之前的积极表现，我成功担任了兼职辅导员的职务。

如果正在读我的故事的同学现在还在为不能实现自己的理想而烦恼，我希望我的故事能够给予你启发，目标和努力才是开启幸运之门的金钥匙。

二、工作要做到实处

在担任兼职辅导员期间，我的主要工作任务是协助吕刚老师管理2014级软件学院的学生。工作刚刚开始，我就遇到了一个大问题。学生们上课的积极性不高，课堂的出勤率较低，任课老师将问题反映到了学院。周一例会的时候，副书记提到了这件事，问我这件事的具体情况。我将我所观察到的实际情况反映出来，包括天气越来越冷学生们起不来，学生们对这门课程兴趣不高，等等。副书记听后问：“那么你采取了哪些措施来解决这些问题？”听到这个问题我一下就懵了，仔细回忆一下自己之前做了很多工作，但都是了解情况，并没有采取具体的措施，于是我只能很尴尬地如实回答。

例会结束后，我心里觉得很不舒服，自己明明做了很多工作，找了很多学生谈话了解情况，但是为什么例会上还会出现那么尴尬的场景呢？于是我找到学院的专职辅导员，并说出了我的疑惑。他说：“今天例会上，领导只问了一个问题，你就答不出来了，这只能让大家觉得你的工作做得不到位。但是平时我们也看到了你很辛苦，每天都在忙着做各种工作，为什么还会出现这种情况呢？你的工作是兼职辅导员，你要做的不仅仅是发现学生中存在的问题，更重要的是要解决这些问题，这些才应该是你工作的重点。”

听了这一番话，我恍然大悟，原来自己之前所做的事情都不是工作的重点，花费了大量的时间去做不重要的事情，才出现了例会上的尴尬场景。事后，我自己也进行了反思，我认为出现这种问题的主要原因是因为我没有将自己的角色转变过来，仍然站在学生的角度去做工作，之前做学生干部的时候经常会帮助老师了解学生的情况，如今做了兼职辅导员仍然沿用以前的方法，出现了一些问题。

把工作做到实处,这是我做兼职辅导员学到的最重要的一课,工作的过程需要我们自己深入挖掘问题,找出解决问题的方法,而不仅仅是了解问题的表面。这样的道理对我今后的学习和生活都有很大的帮助。

三、第一次“心动”

在这一年的时间里,我每天有很多时间都是在学生办公室里度过的,感受着专职辅导员每天的工作。每天与学生沟通,处理学生事务,这些都是最基本的日常工作,最让我头疼的工作就是处理学生的心理问题,下面我将分享在兼职辅导员期间我第一次“心动”的故事。

那是新学期刚刚开始的时候,有一天晚上大概 9 点钟的时候,我已经回到寝室,换好衣服准备休息。突然手机 QQ 提醒收到一条消息,“杨导,在吗?”看到这样的消息我觉得很正常,于是我回复“在啊,怎么了?”学生回复“杨导我有点事儿想不开,能找你聊聊吗?”看到这条消息,我的心一下就紧张了起来,那也是我做兼职辅导员以来第一次有这种感觉。这可怎么办呢?他这种情况在 QQ 里也说不明白,于是我给他回复“我在办公室,你来办公室咱俩聊聊。”于是我立刻换好了衣服,跑回了办公室。后来通过聊天,得知这名学生上学期考试成绩不理想,没有得到一等奖学金,感觉自己对不起家长。了解他的情况后我的心终于稳定了下来,我跟他一起分析了一下他的成绩,找出问题的所在,并鼓励他只要继续努力,肯定会得到理想的结果。

经过这一件事,我才真真切切地体会到辅导员工作的不容易,当学生出现这样的问题时,我自己也会跟着紧张。虽然我只是一位辅助辅导员,但我这时候更应该冷静下来。用辅导员的眼光来看待这件事情。这件事给我的启发是要多锻炼自己的沉着冷静能力,增加个人的见识和眼界,这样再发生突发情况的时候才能沉着应对。

四、叔叔,您别哭

做兼职辅导员不可避免地要与学生家长沟通,特别是在学期结束的时候,要通知家长学生的学习成绩。对于之前没有工作经验的我来说,与学生家长沟通确实是一件比较头疼的事情。

有许多学生家长找我了解学生的情况,但是有一次给我留下的印象特别深刻。那位父亲来找我的起因是因为他的孩子期末考试有多门课程不及格,见面后我详细介绍了一下学生在学校的表现,这位父亲说“我的孩子在家不主动跟我们说学校的情况,我们不了解她现在的学习状况,老师,求求你帮帮我们,平时多批评我家孩子,帮帮我们这个家庭……”话还没有说完,这位家长就已经开始流泪。

一位 50 岁的父亲，在我面前哭着请求我帮帮他，我的心情无比复杂，嘴上只能说："叔叔，您别哭，我尽力帮您。"

这次家长谈话给我的触动非常大，我从来没有想过自己所做的事情竟然会影响到一个家庭。自己肩上的责任之重大，让我对兼职辅导员的工作有了更深入的理解。虽然只是"兼职"，我身上也是有一位辅导员的责任。要解决很多突如其来的问题，而很多问题都是相对棘手的。作为辅导员，更应该勇于并且乐于解决这些问题，我们不能够被这些看似难上手的问题吓倒，要有一颗积极的心，对学生和学生的家庭负责，保障学生在学习内的学习生活。

做兼职辅导员这一年是我不断进步的一年，对于这个岗位，只有在做的过程中才能不断体会真正的内涵。踏踏实实做事，认认真真做人，做对得起自己良心的事。兼职辅导员的经历让我对工作有了更深刻的理解，希望对正在读故事的你也能有所帮助。

同学感言 1

看了杨青同学的故事，让我脑海中有一个踏踏实实的形象。她的故事让我明白一个道理：脚踏实地做好每件事，才能体会到学生干部的真谛。作为当代大学生的我们，每天总是有很多想法，但是很多事情只是想象得很美好，真正落实起来却很少有人能够做到实处，这也是很多人一直碌碌无为的原因。养成踏实做事的习惯对于我们未来的工作和生活都是十分重要的，掌握真正的本领，用踏实的态度认真做事，才能做一个踏实的人。榜样就在我们身边，那些看起来很难实现的梦想，只要肯付出努力，脚踏实地，定会成功。

——2014 级硕士　徐琳

同学感言 2

本科的时候我也担任过很多学生干部，但都没有坚持到最后。今天看了杨青同学的故事，我想我没有坚持到最后的原因就是没有领悟到学生干部的真谛，只是一味地传递信息，没有通过自己的努力将事情做得更好。这个道理同样适用于未来的工作。脚踏实地，认认真真做事，用心将每一件事做好，我们每一个平凡的人都将取得不平凡的成就。

——2015 级博士　张薇

辅导员点评

很多同学在刚刚入学时，对于担任学生干部工作具有很高的热情，但是真正做工作时却缺少责任心和使命感，很多同学不能坚持到最后，在学生工作的过程中没有收获。杨青同学介绍了她自己对学生工作认识的过程，这个过程正是很多学生干部所缺乏的。大家只是进行工作，却缺少对学生工作的思考。学生工作给大家提供了锻炼的机会，但这个过程需要大家自己用心体会和感受。用脚踏实地的态度对待每一件工作，用心领悟每一份工作的真谛，才是学生工作真正能够带给大家的好处。希望每一位学生干部都踏实走好每一步，做一个内心踏实的人。

——研究生辅导员　王蕾

导师点评

杨青同学经过兼职辅导员一年的锻炼，在自身能力和思考问题的角度方面都有了很大的进步。在处理问题的过程中，她的表现比同年级其他学生更沉着，她思考问题的角度也更加全面和深刻。这一年的经历，使她更加勇于承担责任。现在很多学生身上都缺乏这种担当，面对问题时选择敷衍了事，希望每一位同学都能多参加一些学生工作，来感受自己肩上的重担，做一个有担当的人。

——博士生导师　张健沛

我　选　我

故事主人公　韩亚东

韩亚东，男，中共党员。本科就读于哈尔滨工程大学机电工程学院，于 2013 年因学业成绩优异获得推免资格，在哈尔滨工程大学机电工程学院攻读机械工程专业硕士研究生。研究生期间平均学习成绩为 88.02 分，获得“优秀共产党员”“三好学生”“军训优秀指导员”“优秀共青团干部”“优秀学生干部”等荣誉称号，并获得 2015 年度研究生国家奖学金。2016 年毕业后就职于华为公司。

一、为心中的目标执着努力追求

刚进入大学的时候，一切东西都是新的，我们带着很多美好的梦想和高中时的憧憬来到这里。这里有很多我们可以追求的东西。

2009 年的 8 月，我带着行李来到哈尔滨工程大学，开始了我“不平凡”的大学生活。大学的第一项学习任务是军训，我的第一个目标是当上军训的副班长。高中的时候我就想当班长，可是我的“最高水平”是同时当了语文、物理、化学、生物四门课的课代表，还是没当成班长，所以，我考上大学后的第一个目标就是当班长。为什么当班长？当初我也不知道，可能就是帮同学们做点事儿吧。

到了大学我就听学长说，要想成为班长，需要在军训中努力，成为军训的副班长，然后拿到军政训练“优秀”的成绩，然后就会被指导员“指定”为代理班长，最后就会顺理成章地当上班长。

于是，我先是努力训练，好好表现，在训练班里的人缘也不错。到了选军训副班长的日子，军训班长让我们三个寝室各出一个人作为副班长候选人，我自告奋勇当我们寝室的代表。三选一，怎么办呢？班长让我们三人相互推荐，第一个寝室的同学推荐我，我推荐的第一个寝室的同学，我心想，这事儿差不多成了。结果，第三个寝室的同学大喊：“我选我！”我当时也被吓住了，怎么还能这样玩，同学你怎么不谦虚一下呢？好吧，班长最后选了第三个寝室的同学做副班长。第一次，我竟然忘了可以“我选我”。

但是我没有放弃，还是努力训练。听说当方队长能拿到军训优秀成绩，到了选方队长的日子，班长问谁感觉自己齐步、正步走得好，我自告奋勇。班长让我走两步,可能是因为太在意这个事情,很紧张,我的齐步走得像第一次上 T 台的模特,惹得全场大笑。当时我连地缝都找不着。第一次“我选我”失败了。当时我并没有因此而放弃努力,一次失败算什么。成功,我在下一个路口等着你!

第一学期过后,我的机会又来了,全班重新公开竞选班委,这次我终于成为班长。当然,我投了自己一票。后来我拿这事儿问辅导员,他说,当然可以自己选自己,你自己都不认为自己能成为班长,那别人还选你干啥?我相信,如果有一个东西我们一直努力追求,信念的力量足以帮我们得到它。

二、重要的事情还是学习

大学里可以做很多事情,比如运动、社团活动、志愿活动、恋爱等。我认为大学里面最重要的一件事情还是学习。有些人学习为了父母意愿,有些人学习为了排解空虚,有些人学习为了积累知识,而我努力学习,是因为被“逼上了梁山”。

刚开始努力学习,是因为自己是班长,我们寝室还有学习委员、生活委员,俨然成了我们班的“中南海”。我们要做榜样,所以要努力。先制定规矩:寝室要保持干净的环境,每天要有人打扫卫生;上课要积极,每天的课要提前占前排座位,但不能占第一排(要留给女同学)。我们寝室 6 人轮流打扫卫生,如果没有人打扫,那就我来,因为我是寝室长。就这样,我们坚持了 4 年。我们寝室成了男生公寓那个楼层最受欢迎的寝室。直到研究生阶段,平时在寝室的时间不多,我也是我们寝室爱打扫卫生的那个。

我认为我做的最重要的一件事情就是沟通,保持辅导员和全班同学信息的沟通,保持全班同学内部的沟通。还有一件事情是公平、公开。在别的班同学的眼里,我们好像天天在学习;在我们自己心中,我们玩得挺开心。大三那年,我们全班同学的学习成绩都很高,本院系全年级共 7 个班,230 多人,而我们这一年获得的奖学金占全院本专业年级总数的半壁江山,我们寝室 6 人占了全班的一半。有人问我为什么总要坐前面,我告诉他,“这样可以更好地和老师交流。”对,我认为上课是一个和老师交流的过程,起码你让老师知道你来了吧?起码你得让老师知道他自己讲明白了吧?

有时候,我们坚持一件事情,并不是因为这样做会有效果,而是坚信,这样做是对的。后来,我们全班 34 人,全部顺利毕业并找到理想的工作,无一人掉队。当然,这不是我一个人的功劳,我反而很庆幸在这个集体里度过了大学四年。用我们的毕业宣言来说,“七班,和你在一起才是我最美的青春。”所以说,人在大学,最重要的一件事情就是学习。

三、优秀这种习惯让人再也停不下来

偶然看到知乎上有人问,跟优秀的人在一起是什么感觉?我认为就是上面我说的那种感觉:优秀的人就像一团光芒,和他们待久了,就想要不断从这团光芒中汲取能量!伟大的科学家牛顿发现了物体的惯性,我感觉,优秀也有惯性,当你优秀起来,你会发现自己根本停不下来。

临近大四的时候,因为某种机缘,辅导员需要招一名兼职辅导员。你猜对了,我又自告奋勇选了自己,而且选上了。我们院系的辅导员和副书记是很有人格魅力的,我开始向他们学习。工作的主要内容是负责我们年级的档案管理、学生工作办公室账目报销,这些事情我做得很认真,也学会了很多东西,这里感谢他们给我成长的机会。被保送本校本学院读研后,辅导员还推荐我当硕士研究生1班的班长。

进入研究生阶段的新同学,有的经过了考研的历练,专业知识很扎实。而我们保研的同学,本科学习的东西都忘得差不多了,刚开始学习新课程挺吃力,《机械动力学》这门课课时短,考试早,我考了64分,这是我5年来的最低分。后来想起了本科时候的事,发现自己其实没有原来那么努力,不仅仅是因为学习环境变了。我是“学霸”我怕谁,那就努力比比看。按时上课,占座,好好写作业,从来不无故缺课。因为研究生不少课是大课,班级一起上,冲着那股干劲儿,我还当了《数值计算》这门课的课代表,帮助老师擦黑板,而我的数学本来不太好,因为这样的机会,我接触老师多了,学习兴趣自然就上来了。研究生期间的科目不多,一年半就结束了,最后我的学习成绩平均分是88.02,全年级专业第2名。巧合的是,第1名是我们原来20090717本科班级的同学,第3名也是。原来,我们都从来都不曾懈怠。后来,我们3人都获得了研究生国家奖学金。所以,优秀不是一个人的事情吧?

研究生期间我因为学生工作做得不错,获得“优秀共产党员”“三好学生”“军训优秀指导员”“优秀共青团干部”“优秀学生干部”等称号。值得说一下的是那个“军训优秀指导员”的称号,因为担任学院兼职辅导员,我被指派带领2014级本科生的军训工作。期间,我和新生们同吃同作息,和他们一起训练,摸爬滚打。学校认可我的工作,最后我获得了军政训练“优秀指导员”称号。真好,我5年前追求的东西,现在得到了。可能就是因为,我从来都不曾放弃。

四、永远要坚持做最本真的自己

我分析我的个人特点是,能勇敢做自己想做的事情,做别人不敢做但我认为对的事情,做自己不达目的决不罢休的事情。在一些理论性内容较强的课程中,有同学因为疲惫而睡着,而我是坚持在任何课上都努力听讲,坐在前排位置。我从来不在课堂上睡觉,我妈怕我累着,还劝我说:“你要是累了,人家休息,你也睡一会儿吧。”可是,我真的睡不下去。在课堂上,我不单单认真听讲,还要找老师的疏漏,与老师辩论。我认为,这能帮助自己提升语言和思维能力。

就业时，我参加华为公司的面试。面试安排在下午，可是中午要提前到。因为我中午1点有很重要的事情——研究生国家奖学金答辩会，所以请假晚到。答辩会一结束我就赶去面试现场，在半路上老师给我打电话告诉我获得了奖学金，我实在抑制不住内心的激动，边走边掉眼泪。到了面试现场挺顺利，第一轮面试是专业知识，我学了6年的专业知识就是为了这次面试，所以表现很好，获得了哈尔滨地区第一轮面试结构设计岗位的第1名。紧接着就是第二轮，综合素质面试，我当了6年的班长，参加过那么多社团活动，做了那么多次演讲的经历对这次面试帮助很大，所以表现还是不错的。当时面试老师就给我了有特殊起薪的Special Offer。面试快要结束了，老师提出最后一个问题，“你的表现很好，只是有一点，你的性格测试没有通过，很遗憾同学，你需要再做一次测试，如果通过不了，我们可能就无法录取你了。”当时我就懵了，“为什么呀？我做了两次了，怎么还没通过？”可能是我还在激动中午刚拿到奖学金，很委婉地问老师，“老师您是否考虑过贵公司的测试系统可能并不适用所有的人？”“做过两次？好的，那我们讨论一下，回去等通知吧。”

当天晚上他们给我发信息说，我不需要再做第二次性格测试。第二天我收到了他们的录用通知。现在回想起来不知道当时哪来的勇气问招聘面试官那个质疑他们测试系统的问题，也许是源于我生来对自己真实想法的难以掩饰吧，做最本真的自己，活得踏实又有动力。

同学感言1

任何的道路都是不一样的，关键在于你能否坚持自我，活出自己的人生，韩亚东同学在大学和研究生的学习生涯中一直秉持自己的风格做人、办事，满怀积极的人生态度、向着自己想要的生活不懈努力，使他走出了一条与众不同的道路。

——S3130701班　李宏伟

同学感言2

任何人的成绩都伴随着汗水和忍耐，尽管有时并不为人所知。韩亚东同学在本科及研究生期间，认真地对待自己的学业与工作，成绩优异，勤学善思，勇于接受挑战。而且，他严于律己，宽容待人，尽力给予同学们帮助，以忠厚、真诚的性格影响着周围的人，他热爱生活和活泼积极的人生态度也给予周围人启发。在大学的这几年里，他用自己的故事告诉我们，只要有所坚持，终有所收获。

——20090717班　张亚楠

同学感言3

每个成功的人背后都经历了普通人不曾经历的艰辛，有时候我们只看到了别人光鲜亮丽的一面，却不曾体会到别人的辛勤和汗水。韩亚东一路走来，总是把微笑、关心、体贴带给别人，总是很积极、很用心、很负责任地把每一件事做好。他不断努力、默默付出，其中的酸甜苦辣只有他自己知道。他是我见过的最用心做事的班长，一位充满正能量的班长，他能取得今天的成绩就是他努力的最好证明。

——20090716 班　李红群

辅导员评语

韩亚东同学绝对不是我学生中最聪明的那一个，但一定是最勤奋的那一个，多年来我一直这样评价他。他所经历的挫折远比文章里面写的多得多，但他好像并不在意，是乐观和自信让他看起来比常人坚强勇敢。我不知道到底是什么给了他那样强大而持久的动力，但我知道的是，他一定能够继续坚持下去，并且也一定会成功。

——2009 级辅导员　齐云鹤

导师评语

没有人会随便成功，既需要机遇，更需要实力，而最重要的是坚持不懈、努力追求的精神。韩亚东同学具备乐观、积极、勇往直前的精神，有很强的责任感，在学业上、工作能力上都很优秀，他的成功是持久的努力换来的。

——导师　王平

支教一年 无悔一生

故事主人公 刘 喆

刘喆琼,女,中共党员。本科就读于哈尔滨工程大学,2013 年由于学业成绩优异获得推免资格,进入哈尔滨工程大学马克思主义学院思想政治教育专业攻读硕士研究生,于 2015 年进入哈尔滨工程大学马克思主义学院思想政治教育专业攻读博士研究生。曾担任班长、校礼仪队队长、校学生会副主席、校第四届研究生支教团团长、校团委学生兼职副书记、学院党支部书记等职务,现任校团委学生兼职副书记。曾作为校研究生支教团团长赴国家级贫困县——吉林省延边朝鲜族自治州汪清县开展为期一年的支教服务工作。研究生期间曾多次获得校优秀学生奖学金,并获得"第十届中国青年志愿者优秀个人""吉林省优秀志愿者""吉林省延边州志愿服务先进个人""校优秀学生干部""校优秀共青团干部""校军工英才大学生骨干培训班优秀学员""校园十佳歌手大赛"亚军、"校电视台优秀学生记者""校园礼仪风采大赛冠军""第五届全国马克思主义博导论坛优秀志愿者""第四、五届国际大学生雪雕大赛优秀志愿者"、学院"学习先进个人"等荣誉奖励。

一、志存高远,支教梦想渐渐萌芽

出生于教育世家的我,受家庭环境的影响,从小对教育事业充满向往,也乐于参加各种公益活动。我的心中一直有一个深藏的梦想:渴望走上讲台,亲身体会作为一名人民教师的感受。有一年,还在上小学的我跟随很多大学生一起到农民工小学开展志愿活动,看到大哥哥、大姐姐们在讲台上声情并茂地为孩子们传授知识,那时还没有"支教"概念的我,就对这些大学生心生敬佩和崇拜。上大学后,我积极参加学生工作和校园活动,担任校学生会副主席和校团委学生兼职副书记期间,我在多项校内外大型活动中担任志愿者;在负责学校团委"团聚爱心"公益项目期间,我亲身参与到慰问敬老院、走访农民工子弟小学、关爱留守儿童等公益活动中,积累了丰富的志愿服务经验;此外,在校电视台担任记者和多次主持学校大型活动的经历也让我的语言表达能力得到了充分的锻炼。我在大学时代的学生工作和活动中受益匪浅,同时也觉得,应该用我的能力去做更有意义的事情。

在家人的支持下，我于2012年10月报名校第四届研究生支教团志愿者招募，并成功入选。

二、脚踏实地，用爱与热忱浇灌学生成长

2013年8月，我和队友们来到支教服务地——吉林省延边朝鲜族自治州汪清县，之后在团县委和教育局的分配下，我来到汪清县第一实验小学。

刚到服务地之后，小学的赵校长找到我，说学校有一个紧急情况，学前班缺一名班主任。说实话，面对这个安排，一开始我是拒绝的。因为我也想像其他队友一样，站在三尺讲台上给小学生、初中生滔滔不绝的讲授新奇知识。可是既然到了支教服务地，服务地学校的需求就是我们的第一任务。在之后与孩子们相处的过程中，我发现这些孩子们虽然有时不听指挥，有时调皮捣蛋，可是他们是那么纯真和美好。我们班有一名朝鲜族的男孩儿，叫小毅，他妈妈因为工作原因常常最后来接他。那是冬天的下午，他妈妈来时天已经漆黑了，我又是整个学前班最后走的老师。送走了孩子和家长之后，我锁好门、借着微弱的走廊灯光准备下楼，我看到小毅又跑了回来站在楼梯口，我正纳闷儿呢，他对我说："刘老师，外面太黑了，我陪你走。"那一刻，我心头涌上一股暖流。

学前班的工作忙碌繁重而且要求细致全面，队友们常常笑称我是"刘妈妈"，我觉得很幸福，因为我被44名孩子需要着、依赖着、信任着。记得有一次我因为生病请了一周的假没有去上课，而等我再次回到班里时，孩子们欢呼着涌到我身前，围着我抱着我的腿对我喊着："刘老师你去哪儿啦？我们想死你了！"那一刻，我真切地感觉泪水在眼眶中打转。

我的辛劳付出得到了校领导和老师的认可，有一次校长对我说，"刚开始把你分到学前班我还不是很放心，现在的90后大多都娇生惯养，不愿意吃苦。没想到你很喜欢孩子，也很能吃苦耐劳，哈军工培养的学生素质的确过硬！"

支教的第二学期，由于岗位调整，我调到五、六年级，担任国学经典和综合实践教师。从学前班到高年级，学生年龄跨度之大让我在学期初有些不适应，但我积极向教导处老师和高年级班主任请教学习到了一些教学方法。在给五六年级的学生授课过程中，我本着严于律己、虚心求教的态度认真地向有经验的老师学习适合当地教育现状的教学方法，注意发掘学生们的闪光点，注重培养学生对学习的兴趣。为了上好每一节课，我在课下精心准备，搜集大量资料，这才深刻地体会到"要给学生一杯水，自己得有一桶水"这句话的道理。国学课主要内容为经典古诗、论语、古文，在课堂上，我耐心引导他们自主探寻这些经典的诗、句、文中所传达的深刻道理。在授课过程中，我注重向学生灌输"仁德"与"道义"的观念，教育他们谦和待人、严于自省。

在生活中，我觉得自己更像一位大姐姐，注重对学生的启发，与学生们相处得十分融洽。在支教结束之后，学生们还会在节庆日给我打电话、发短信送上节日祝福，每当这个时候，我就都会无比欣慰和感动。

三、青春无悔，在祖国边陲播撒奉献与希望

作为一名志愿者，我和队友积极践行“奉献、友爱、互助、进步”的志愿者精神。我经常带领支教团志愿者课余时间关爱汪清县的留守儿童、农民工子女、贫困学生。通过一次次家访、捐助，一次次“七彩小屋”圆梦之旅、周末课堂和公益活动，我们在帮助这些学生的过程中体会着志愿奉献的快乐，看到受助学生成绩提高、收获快乐、完成心愿，我们由衷地感到幸福。在一次“周末课堂”活动中，一名男孩儿在他奶奶的陪送下来到我们举办的周末课堂。来了之后，他的奶奶反复问我们：“这个课真的不收费吗?”在了解我们是志愿者义务上课后，老人十分感动地握住我们的手，不停地抹眼泪。原来，这个男孩儿的父母在外打工很多年没回来了，他和奶奶相依为命，家庭贫困的他根本上不起周末补习班，平时作业也没人辅导，而现在他终于也能拥有快乐充实的周末时光了。

在一次公益活动中，我们来到一所乡镇小学，学生们大多家庭贫寒，当我看到一个年仅8岁的孩子要独自在家洗衣做饭、照顾2岁的弟弟时，当我看到一个家庭经济困难且身患小儿麻痹症的女孩儿怯生生地说自己想要一个粉红色新书包时，当我听说一名男孩儿因为没钱买自行车每天要走将近十千米的路上学时……我感到无比的心酸，决心要和队友们一起为孩子们做点什么。

在近一年的支教过程中，我们开展周末课堂、七彩小屋、点亮你的七彩心愿等志愿活动，累计为300余名农民工子女、留守儿童和家庭贫困的学生送去关爱。尽管在这过程中有过不顺利，有过困难，有过辛劳，可是，能见到孩子们发自内心的笑容，我觉得这一切都是值得的。什么样的青春最难忘？就是无畏的向前，不计回报的付出，全心全意的奉献。

这一年我和队友们拥有太多难忘的回忆：还记得一名五年级的男孩充满向往地对我说：“老师，我要考上你读的哈尔滨工程大学。”还记得一个家庭困难、患有小儿麻痹症的女孩儿收到捐赠的书包后对我们说，她从来没见过这么好看的书包；还记得我们支教结束、离开服务地当天，小孩子哭着拉着我们的手不让我们离开，大孩子追到车站泪如雨下地目送我们随汽车远去……时光短暂留恋长，岁月匆匆回忆重，青春就应该花费在美好的事情上，支教一年，无悔一生。

这一年，我褪去浮躁与幼稚，在奉献中砥砺品格、升华自我；这一年，我和队友携手并肩，克服困难，相互帮助，彼此鼓励，支教生涯的朝夕相处已让我们亲如家人。现在回首，非常庆幸当初报名参加我校第四届研究生支教团，非常荣幸拥有

“支教志愿者”的身份，非常有幸能经历这么一段让我毕生难忘、永远珍惜的岁月。在我之后读硕士研究生和博士研究生期间，我时常想起当时支教的情景，那些事、那些人，一直激励着我不断成长，触动着我在学术、科研、工作、生活等道路上怀感恩之心，不忘当初的信念，砥砺向前。

同学感言1

刘喆琼用一年的时间，到吉林省延边朝鲜族自治州汪清县进行一年的支教服务工作，用全心全意的奉献和勇敢无畏的坚持诠释了最难忘、最美丽的青春。在大一大二的时候，我也曾参加过一些短期的支教活动，跟随学校的志愿者队伍去贫困小学支教，去看望留守儿童，所以对于支教活动本身就很向往，看过她的事迹以后，更多的是感动和敬佩。能够完成一年的支教活动，除了要有爱心和热忱，更多的是有责任、担当还有毅力，而她恰恰拥有了这些。相信她的事迹也会激励越来越多的人加入支教团，为祖国的支教事业做更多的贡献。

——20120921　刘敏

同学感言2

刘喆琼同学是个积极、乐观、不畏困苦、勇于奉献的人，同她相处总能使人如沐春风。无论什么样的难题与压力，在与她交流之后都感觉会豁然开朗，变得又重新有了动力。正是她这样热情、踏实的性格使她收获了许多社团工作上的成绩，她的付出与她的能力是我应该学习之处。了解了她利用研究生第一年的时间去边远的贫困县支教的故事之后，我更是对她由衷的敬佩，她让我了解到一个在温室中长大的90后女孩儿在生活条件困难和工作压力较大的情况下依然能够靠着自己“不忘初心”的信念坚持下来，将自己的光和热传播给别人时得到的快乐才是最珍贵的收获，我很钦佩她的选择，也很欣赏她的精神。她的成长故事带给我很多感动和启迪。

——2015级博士　赵冰鑫

辅导员点评

支教在很多人看来可能是一段艰苦而枯燥的生活，而刘喆琼同学却把这段岁月变成了人生中最宝贵的一笔财富。在祖国的东北边境和西部边疆，她带领队友们用自己的实际行动践行了“奉献、友爱、互助、进步”的志愿者精神，也展现了哈尔滨工程大学当代大学生良好的精神风貌。她的事迹也向青年学子们证明，唯有付出真诚与真心，才能将志愿服务工作做好，才能无愧于自己的青春。

——辅导员　吴岚

导师评语

“靡不有初，鲜克有终。”在支教的道路上，刘喆琼同学始终不忘初心，用一年的时间践行了自己对支教事业的热忱和对志愿服务的热爱。青年人想要在国家发展进步的进程中有所作为，就要了解国情，了解社会。在基层支教过程中，她认真负责、敬业务实，用爱心服务学生、用乐观笑对困难、用奉献锤炼品格，圆满完成志愿服务工作，用实际行动践行当代大学生的青年担当。

——导师　魏潾

转角遇到成功

故事主人公 张 沛

张沛,男,中共党员。本科就读于哈尔滨工程大学机电工程学院,于2013年以专业课第一名的成绩保送哈尔滨工程大学机电工程学院攻读设计学专业硕士研究生。本科期间5次获得校一等奖学金,3次“校优秀学生干部”称号,分别获得国家奖学金和国家励志奖学金各一次。2011年获得第四届国际设计美术大奖赛铜奖,2012年获得全国大学生工业设计竞赛黑龙江赛区二等奖,2013年7月获得“黑龙江省优秀毕业生”称号。研究生期间获得中英24小时设计优胜奖,再次获得全国大学生工业设计竞赛黑龙江赛区二等奖,连续3次获得校研究生学业一等奖学金,2015年10月获得研究生国家奖学金。

一、了解之后说爱憎——学业的转折点

2009年8月,满怀着对大学生活的无限憧憬与美好向往,我告别了温暖的家庭,独自去异乡书写自己的壮丽青春。踏上了北上的火车,来到了那之后伴我七年的母校。大学的生活一切都是新鲜的,新的校园、四面八方来的新同学、新的辅导员及各科任课老师、新的教室、新的食堂、新的图书馆、新的学习环境,这一切都是完全的新生活。对于当时的我来说,这些新鲜吸引着我,同时我也抱着试探的眼光来审视着这一切,因为我是一个调剂生,所报的专业与录取的专业不相同,内心多少有些失落。对于我一心想要投入热情的专业没有被录取的事实已经困扰了我一个暑假,工业设计这个专业曾经不在我考虑的范围内,如今却阴差阳错地被录取了,从收到录取通知书到新生报到的短短几天没有时间让我充分查阅到这个专业的信息,于是也是抱着试试看的态度只身来到了学校。经过了将近一个月的军训之后,终于开始上课了,通过军训的磨炼,我逐渐在情感上接受了这个严谨求实的大学文化,但是开始上课之后的迷茫和困惑让我当初的失落感又逐渐出现。从专业接受度来说,由于丝毫没有绘画基础,与同班曾经接触过绘画有一定基础的同学相比,我差得太多了,这种差距不是一时半日就能够迎头赶上的,这些初入学就存在的差距更是打击着我的自信心。从未来发展角度来说,我后来了解到工业设计专业是不在学校大类培养范围之中的,也就是不可以转专业的,这让

我对未来的不确定性更加担忧。因此,有一段时间我不是很适应大学里面的学习生活。可以说,我遇到了人生中一个很大的挫折,一个需要真正靠自己的分析和思考去选择是否坚持读下去的挫折。好在我不是一个冲动的意气用事的人,不是那种会单纯因为“不喜欢”或者“此时与其他同学有些差距”就盲目地做出决断的人。当时我想了许多办法来了解这个专业,与学长交流学习心得,找专业课老师了解专业前景和前沿,又询问班主任和辅导员就业形势,并且通过上网和利用图书馆查阅相关的专业知识,总之是用我能够想到的所有办法去了解这个专业,只有深入地了解了,才能够说自己喜欢不喜欢、适合不适合。回想起来,真的要感谢那个时候“能折腾”的自己,经过自己的调查和分析,终于决定还是留下来,正是在这个选择“去与留”的转折点,让我充分喜欢上这个专业,也在某种程度上相较于同班同学更深入、更长远的看到了专业的发展方向,更愿意将自己的时间、精力倾情投入专业学习中,这对于我之后能够保持住较好的学习成绩是有着非常大的帮助的。

二、“大我”之后谈“小我”——能力提升的转折点

在我的心里,大学就是实现梦想的乐园,它让无数青涩的面孔在这里变得成熟,它让一颗颗稚嫩的心变得坚强,它让无数有志青年收获了知识,它让青春正当年的孩子们在这里形成新的价值观、世界观、人生观。新生军训之后,在学习文化课的同时,讲座和比赛也很多,各种社团生活也丰富了起来,人际交往也显得多姿多彩,一时之间,我和周围的同学们都忙得不可开交。大学生的学习是第一位的,我在解决学习困扰的过程中,也在同时思考着是否应该让自己在大学里面学习到、体会到一些学习之外的知识,获得一些学习能力之外的能力。由于我是一个南方人,个子比较小,说话带有口音,虽然性格开朗乐观,但是起初总还是有一些难以融入集体的不适应感。我很想尽早突破这种不适感,于是也研究了很多办法,其中一个办法就是在精力允许的情况下尽可能多的加入社团,以期望以此来提升综合能力。这段挖掘自己能力欠缺点和真正兴趣的经历虽然消耗掉我许多的精力,但是也是一段让人铭记的过程,不尝试就不会了解,我在这个过程之中找到了自己的兴趣所在,并且也渐渐地体会到如何将自己的能力提升与有价值的事情有效结合。经过一段时间的摸索,最终我在学院的辩论队坚持到了最后,并且在班级担任着班长一职。

想要特别谈一谈班长这个职位,如今仍然特别感谢老师和同学的信任,将这样一个重要的岗位交予我。通过这个岗位的历练,让我个人成长了很多。在最初的较长一段时间里,我对班长的认识也只是觉得自己学习好就好,学习好就会得到同学们和老师的认可,才能让自己更有信服力。然后,通过一段时间的摸索,我发现,在大学这个环境下,班长需要做的不只是学习,更主要是提高班级的核心凝

聚力，促进整个班级良好学风的形成，不应该只注重自身的学习成绩，更应该抓好整个班级的学习成绩，努力做到让每一名同学都不掉队，同时帮助其他同学更好地学习、生活，解决他们遇到的各类问题。在与同学们频繁交流的过程中，我从他们身上学到了许多之前不懂的知识，认识到了许多之前未想过的问题。我们一边竞争、一边成长；一边合作、一边提升。这段经历让我积极地发现自我、思考自我、重塑自我，是我对自己认识的一个转折点，让我清楚地看到自己从曾经的思维角度单一到现在的考虑相对周全，从曾经的口无遮拦易伤人到现在的言谈间懂得尊重，从曾经的眼里只有小我到现在的凡事考虑大局，这些成长是这个岗位带给我的，是这个岗位上接触到的事情教给我的，也是我的老师们同学们教会我的。这就像大家常常说的，先有“大家”才有“小家”，我觉得这话绝对不是唱高调，只有在实践中认同这个观点的人，才能知道成就“大我”，顾全大局，就是在提升“小我”，就是让自己成长，这是我能力成长的最大的收获。

三、失败之后话成功——科研的转折点

四年的本科学习让我由一个懵懂的少年成长为一个有志向的青年，而研究生的深造和历练让我成长为一个更有价值的人。学习和积累的本科专业知识，在读研期间得到了很好的实践和应用。

在攻读硕士研究生期间，我仍然注重学习基础知识，丝毫不敢放松，时刻保持紧张的状态，因为我深知，在别人都努力的情况下，自己一点点的松懈就是大大的退步。靠着这种紧张感和韧性，我的学习成绩始终保持专业第一名，最终获得研究生国家奖学金，这是对我学习态度和投入精力的强有力的认可。在之后进入科研项目进行系统钻研、学术论文和外观设计专利的撰写中，我继续秉承这种态度，坚持这种精神，也逐渐取得了一些科研方面的成绩。当然，在刚刚接触科研时，我也经历了从理论基础到实践转化的转折。

刚刚进入研究生阶段时，我还认为继续将理论课程学好就是目的了，但是当导师将项目一个个交给我之后，我才发现原来研究生和本科生有如此大的不同，随着对于项目的一点点了解，我找寻到了将理论知识转化为实际产出的快乐。我几乎在做每个项目的时候都遇到了不同的问题和各种困难，但是经过刻苦的钻研和学习，通过与导师的积极沟通以及师兄弟的广泛交流，最后都得到了解决。

攻读硕士研究生期间，我参与了“十二五”规划国家重大专项——深水铺管起重船作业视景仿真技术研究，在此项目中主要承担铺管作业视景仿真文件的初步制作工作。刚开始进行研究的时候，我的心情是很激动的，十分兴奋，但是马上就遇到了难题，因为对于很多专业领域的知识我之前并没有学习过，于是我在激动之余，强迫自己静下心来，开始查阅大量的相关专业资料。记得那段时间我几乎每晚都只睡三四个小时，最后经过不懈的努力与艰辛的探索，解决了遇到的困难。

之后我还陆续参与了多个项目，充分提升了自己的专业理论水平和动手操作能力。比如，我参与了视景仿真界面设计及视景效果设计，主要负责仿真交互过程中体感设备的开发；参与了某船的建造工艺规划，在此项目中主要承担虚拟场景的三维建模；参与了影片镜头设计，进行内舾装、动画设计制作及输出；参与了哈尔滨工程大学船舶装备科技有限公司新加坡海事展宣传片制作，在此项目中主要承担游艇外观设计与优化，重点负责游艇动画制作；参与了某船舱室环境综合研究，在此项目中主要承担虚拟样板舱策划工作及参与虚拟样板舱的制作，并进行了舱室布置图、家具详图的设计并绘制三维效果图；参与了某舰船外观设计，在此项目中主要承担舰船外观设计、舰船 3D 模型制作；参与了某船的虚拟展示，在此项目中主要承担交互设计制作、虚拟交互制作；参与了某船系列家具设计研究，在此项目中主要承担房间布置图、家具详图设计并绘制三维效果图，等等。在项目研究过程中，我依靠认真钻研的精神和刻苦扎实的作风，体会到了潜心科研的快乐。

为了在专业方面得到认可，我还积极准备申请专利和发表论文。虽然这对于我们专业来说有很大的困难，但是我毅然接受了挑战，一遍遍地修改所要申请的专利产品的外观，学习国内外先进的设计理念以及查阅大量的优秀设计资料，最后专利申请成功。经过艰苦的努力，我最终得到授权的专利有：外观授权专利 22 项，其中 16 项为第一作者，6 项为第二作者。同时，我发表了三篇论文：一篇国际会议论文（IEEE 收录），一篇国家级期刊论文（电子技术与软件工程），一篇普通外文期刊论文。

由于我的专业能力在硕士研究生期间有了极大的提升，我也对自己的人生价值有了更加深刻的思索。专业知识的深入学习和理解让我大大开阔了视野，同时在进行项目攻关时遇到的这些困难也让我深刻认识到，人如果有一分钟一秒钟自满，那么在这一分一秒间，进步就停止了，只有正视失败、接受批评才能继续前进，同时，信念则能够鞭策人、鼓舞人，使人勇敢面对未知的前途，这些历练让我在工作过程中感受到高度的满足与快乐。

这一路上，我收获了许多成长，包括知识的成长、思维的成长、人格的成长。我感恩于母校的一草一木，感谢于导师的谆谆教导，感动于每次号角响起。号角迎来了激情满满的少年，送走了满怀志向的热血青年。由于之前的学习和积累，毕业时，我顺利签到了上海一家研究所，让我得偿所愿，觉得自己多年的持续努力终于有了回报。机会真的是留给有准备的人的，我对于未来的工作同样充满期待。我会把在母校学到的精神带到之后的工作中去，继续踏踏实实做好每件事，为家庭、为社会、为国家做出自己的那一份贡献。

同学感言 1

张沛同学的成长经历很励志。他很努力，目标明确，信心满满，他对自己的学习和人生都有规划，珍惜时间，珍惜生活。他让自己的生活在学习之余丰富多彩。他的学习经历是我的楷模，他在本科和研究生期间做了大量的积累，毕业得到了很好的发展机会，这与他的付出与努力是分不开的。他的事例告诉我们，只要努力做好自己就好，机遇真的只给有准备的人。

——S314070128　李雪

同学感言2

心中充满希望、坚定信念的生活是我们每个人都需要具备的精神。人们都知道坚持的力量，但是很少有人能耐得住寂寞坚守最初想要达到的目标。张沛同学在坚持的过程中找到了乐趣与成就感，把枯燥的学习变成了有滋有味的生活。这是一种智慧，也是在无数次历练中得到的真正的成长，他敞开怀抱迎接生活中的所有，正面面对生活，这种乐观的态度也是我该学习的。相信他将来的生活也会丰富多彩。社会对于他来说像是海洋，而他是鱼，他不会畏惧逆流，更不会永远在安逸的顺流中游走。

——S313070121　闫敏洁

辅导员点评

张沛同学算是班级中比较突出的同学，看似很平凡的一名学生，却有着不一样的责任心。担任班长工作时，一直心系班级同学利益，无论是大事还是小事，都能够第一时间站在同学利益的角度考虑问题，这也许是他成功的原动力吧。

——2009级辅导员　齐云鹤

导师点评

张沛同学是综合能力比较强的学生。他在本科期间学习成绩优异，有一定的知识储备和积累，学习能力较强；同时，他也很注重个人能力的均衡发展，担任学生干部，体现出比较强的决策和组织能力，在学生中认可度比较高；更可贵的是，他也是一个能够潜下心来做研究的学生，在面对多个项目和多重困难的情况下，他不怕苦和累，积极求真、勇于探索、敢于创新的精神使得他更加优秀，成为实验室师兄弟和同届研究生同学的榜样。因此，对于一个学生的培养，我们应该更加关注学生的综合能力，这是帮助学生走得更远、飞得更高的关键。

——导师　李震

后　记

自《关于进一步加强和改进大学生思想政治教育的意见》以及《关于进一步加强和改进研究生思想政治教育的若干意见》颁布以来，哈尔滨工程大学始终坚持以立德树人为人才培养的根本任务，坚持“以学习为中心、以学风建设为主线、以课外科技创新为重点、以学生全面发展为目标”的学生工作指导思想，不断推进研究生思想政治工作理论、内容、方式、方法的创新和实践，形成有层次、可推广的科学工作方法。为了落实全国高校思想政治工作会议精神，完善全员、全过程、全方位育人体系，组织编纂了《高校学生思想政治教育实践与探索丛书》系列，以期搭建一个示范引领、经验交流、成果转化，促进学生、学生工作者共同成长和发展的有效平台。

本书是继《与成长对话，为青春启航——哈尔滨工程大学学生成长故事汇》之后，又一本“高校学生思想政治教育实践与探索丛书”入选书目之一，以研究生中的优秀学生典型讲述自己成长故事的形式，分别从科研攻坚篇、科技创新篇、实践探索篇、厚积薄发篇、全面发展篇等五个篇章，收集、撰写了 38 名真实的研究生成长案例。虽然成功案例具有特殊性而难以复制，但是成功者成长路径中好的经验却可以模仿和移植，能够为思想政治教育工作者和广大学生的健康成长提供借鉴和帮助。

本书由哈尔滨工程大学校党委学生工作部牵头组织，吕开东、于欣欣、刘铁、许钟元等同志参与本书的策划、统稿和修订等工作。在统稿和修订过程中，研究生优秀典型案例的主人公密切配合，提供了翔实的、生动的故事细节，其导师、辅导员和同学也做了大量的组织、协调工作，在此一并表示感谢！因为时间仓促、工作量大，在某些方面难免存在问题和错误，为此我们将虚心接受您的批评和指正。

本书编委会

2017 年 7 月